LE
SAHARA ALGÉRIEN

ÉTUDES
GÉOGRAPHIQUES, STATISTIQUES ET HISTORIQUES
SUR
LA RÉGION AU SUD DES ÉTABLISSEMENTS FRANÇAIS
EN ALGÉRIE

OUVRAGE

RÉDIGÉ SUR LES DOCUMENTS RECUEILLIS PAR LES SOINS

DE M. LE LIEUTENANT-COLONEL DAUMAS

Directeur central des affaires arabes à Alger

ET PUBLIÉ AVEC L'AUTORISATION DE

M. LE MARÉCHAL, DUC DE DALMATIE

PRÉSIDENT DU CONSEIL, MINISTRE DE LA GUERRE

PARIS

LANGLOIS ET LECLERCQ   FORTIN, MASSON ET Cie
RUE DE LA HARPE, 81   PLACE DE L'ÉCOLE-DE-MÉDECINE

Mêmes maisons, chez Michelsen, à Leipzig

ALGER, DUBOS FRÈRES, RUE BAB-AZOUN

1845

A MONSIEUR

LE MARÉCHAL BUGEAUD,

DUC D'ISLY,

GOUVERNEUR GÉNÉRAL DE L'ALGÉRIE.

Monsieur le Maréchal,

Après plus de deux années d'études opiniâtres, la direction centrale des affaires arabes vient enfin d'accomplir le travail dont elle a l'honneur de vous faire hommage.

La conquête de l'Algérie, maintenant achevée, a victorieusement résolu la question si longtemps débattue de l'occupation générale et de l'occupation restreinte. Vous avez ramené tout le monde à cette opinion que nous devions être, ici, partout, sous peine de n'y être en sécurité nulle part. Mais si, grâce à vous, toutes les tribus du Tell nous sont soumises, nous avons été mis, par ce fait même, en contact avec des populations nouvelles.

Arrivés à cette limite extrême des terres cultivables sur laquelle nous avons trouvé, de l'ouest à l'est, les postes de Sebdou, Saïda, Frenda, Takdimt, Tiaret, Teniat el Had, Boghar, Bou Saâda, Msila, Biskra et Tebessa, nous avons cru d'abord, sur la foi des anciens géographes, que nous étions en plein désert, que là commençait le vide, et qu'à part quelques tribus égarées, errantes dans les sables ou fatalement circonscrites dans d'étroites oasis, il n'y avait plus, sur ce sol déshérité, ni famille humaine ni végétation.

Ce désert fameux, nous l'avons sondé : et à mesure que nous avancions dans ses plaines, sa limite gagnait au large. Partout, ou presque partout, des villes et des villages; partout des tentes, partout la vie; vie exceptionnelle, il est vrai, mais active, importante à étudier pour les relations communes que nous allions avoir avec elle; curieuse pour tout ce qu'elle allait révéler à la science.

Le désert proprement dit existait-il ou non? Les tribus nomades, les populations sédentaires que nous y trouvions étaient-elles nombreuses? Quel était leur commerce, quelle était leur industrie? Qu'avions-nous à craindre, que pouvions-nous espérer?

Si elles étaient nombreuses, ne pouvait-il pas s'élever au milieu d'elles un fanatique, un autre Abd el Kader peut-être, qui, lui aussi, au nom de la religion et de la nationalité menacées, ameuterait les masses contre nous? Étudier le pays, en faire la statistique, c'était nous mettre à même de parer à cette éventualité.

Au cas où leur commerce et leur industrie seraient de quelque importance, ne devions-nous pas chercher à nous en assurer les bénéfices?

Cette question complexe une fois posée, nous avons dû, avant tout, et pour arriver à sa solution sinon exacte, du moins probable, tenter une reconnaissance du pays, en relever tous les points, en faire enfin la carte.

Nous avons donc pris pour nord de la carte destinée à servir de complément à cet ouvrage, la limite de nos possessions, les forts de séparation qui couronnent le Tell et dominent le Sahara. Partis de là, nous nous sommes avancés de renseignements en renseignements dans l'espace.

Un jour viendra sans doute, peut-être n'est-il pas loin, où quelque autre plus heureux, et nous lui en aurons facilité les moyens, pourra voir par ses yeux ce que nous n'avons pu voir que par les yeux des autres, et rectifier les erreurs qui, sûrement, nous auront trahis dans notre bonne volonté; mais, sûrement aussi, l'œuvre que nous avons accomplie, sera longtemps encore d'un utile enseignement.

Pour l'exécuter, la position de directeur des affaires arabes m'a été en effet singulièrement favorable.

Alger est maintenant le grand centre de commerce, le rendez-vous obligé de tous les voyageurs indigènes qui viennent forcément se mettre en contact avec nous.

Pour l'est, nous avions sous la main les gens de Biskra, qui exercent ici le métier de portefaix, les marchands-voyageurs de Bou Saâda, de la grande tribu des Ouled Nayl, de Tougourt, de Souf et de Nefta.

Pour le centre, ceux de El Agouat, d'Aïn Madhi, des K'sours de cette circonscription, de la grande tribu des Arbâ, des Beni Mzab et d'Ouargla.

Pour l'ouest, ceux des Chamba, ces intelligents colporteurs du Sahâra, de Metlili, de Gueléa, des ouled Sidi Cheïkh, des Hamian, de Figuig, du pays de Touat, et enfin la corporation des nègres, dont plusieurs sont nés à Tembek'tou et dans d'autres villes du Soudan.

Pour tout l'ensemble à la fois, nous avions les nombreux pèlerins de la Mecque qui passent par Alger.

Nous ne nous sommes réellement appesantis que sur le Sahara algérien, sur le sud proprement dit de nos possessions; et si nous avons, à l'ouest, pénétré dans l'empire de Maroc, à l'est, dans la régence de Tunis, c'était seulement pour indiquer les grandes routes commerciales et servir plus tard à l'intelligence du travail que nous préparons sur le commerce de l'intérieur.

Pas un point de cette carte, pas un mot de sa notice, n'ont été placés ou écrits qu'après renseignements fournis par des gens du lieu même; et toujours, pour chaque localité, ces données de la veille étaient contrôlées le lendemain par des gens inconnus aux premiers.

Pour les distances, les Arabes ne connaissant ni les heures ni les lieues, nous prenions comme terme de comparaison un point des environs d'Alger qui nous était mutuellement connu.

J'ai interrogé moi-même tous les jours, pendant deux ans, des Arabes de tous les pays et de toutes les conditions, au nombre de mille au moins; M. Gaboriaud, capitaine d'état-major, dessinait, séance tenante, et coordonnait ensuite le tracé de tous les lieux dont la connaissance était ainsi obtenue; M. Ausone de Chancel, secrétaire archiviste de la direction centrale des affaires arabes, prenait des notes et c'est ainsi qu'il a rédigé le travail que j'ai l'honneur de soumettre à votre haute appréciation.

Je n'insisterai pas, monsieur le Maréchal, sur toutes les difficultés qu'il nous a fallu vaincre, sur tout ce qu'il nous a fallu dépenser de patience et d'adresse pour fouiller, ainsi que nous l'avons fait, un pays où les chrétiens sont des profanes, et dans lequel nous n'avions pour guides que des gens soupçonneux, malveillants, intéressés à nous tromper. Quelque répugnance que j'éprouve à parler de moi, qu'il me soit permis d'invoquer en faveur d'un travail auquel je me suis livré tout entier pendant si longtemps, et qui a été exécuté avec la conscience la plus scrupuleuse, les titres de garantie dont je puis l'appuyer.

Si quelques travaux de même nature, exécutés

dans la province d'Oran, avant la conquête, et auxquels la connaissance réelle du pays n'a pas donné de grands démentis; si les nombreuses expéditions que j'ai eu l'honneur de faire avec vous, monsieur le Maréchal; si huit années passées au milieu des Arabes, dont deux en qualité de résident de France à Mascara, auprès d'Abd el Kader, si une étude constante des mœurs des indigènes et la connaissance familière de leur langue, n'ont pas suffi pour nous faire arriver à un résultat d'une vérité mathématique, au moins pouvons-nous espérer que cette longue expérience nous a été d'un grand secours pour nous faire éviter toute erreur grossière.

Toutefois nous prendrons franchement nos réserves : nous n'en doutons pas, beaucoup d'irrégularités de détail se sont glissées dans ce vaste ensemble, bien que nous ayons à cinq fois recommencé la carte et la notice; mais si, dans l'état actuel des choses, nous sommes parvenus à donner la position à peu près exacte de toutes les montagnes du désert, des cours d'eau, des puits, des villes, des villages; le nom des tribus, en indiquant leurs dépôts de grains, leur territoire de station et de parcours; si nous avons recueilli quelques notions sur le commerce, l'industrie, les races, les mœurs, le langage de ces peuplades, nous espérons que les esprits sérieux apprécieront tout ce qu'il nous a fallu de peine et de travail pour arriver à ce résultat, et nous sauront gré de nos efforts.

Vous avez donné l'Algérie à la France, monsieur le Maréchal ; rien de ce qui s'accomplit en elle ou pour elle ne vous est étranger, ne peut vous être indifférent ; c'est donc à vous que revenait de droit l'hommage de notre œuvre ; daignez l'accepter et comme témoignage de notre haute admiration pour les grandes choses que vous avez faites, et comme tribut de notre reconnaissance pour la protection dont vous n'avez cessé d'honorer la direction des affaires arabes.

J'ai l'honneur d'être, avec un profond respect, monsieur le Maréchal, votre très-humble et très-obéissant serviteur,

Le lieutenant-colonel, directeur central des affaires arabes,

E. DAUMAS.

MODE DE TRANSCRIPTION

DES

MOTS ARABES EN CARACTÈRES FRANÇAIS

ADOPTÉ POUR LA PUBLICATION
DES TRAVAUX DE LA COMMISSION SCIENTIFIQUE D'ALGÉRIE.

On a cherché à représenter les mots arabes de la manière la plus simple et en même temps la plus conforme à la prononciation usuelle.

Il a paru convenable de rejeter les lettres purement conventionnelles, dont l'emploi augmente les difficultés de l'orthographe, sans retracer plus exactement l'expression phonique.

Il a été reconnu que, sauf deux exceptions, tous les caractères arabes rencontrent des caractères ou identiques ou analogues dans l'alphabet français. On a donc rendu par les lettres françaises simples ceux des caractères arabes qui leur sont identiques pour la prononciation, et par les mêmes lettres, accompagnées d'un accent ', ceux qui leur sont analogues.

Les deux lettres qui n'ont, dans notre langue, ni

' Cet accent est celui qui, désigné en algèbre sous le nom de *prime*, y est employé comme signe de l'analogie entre les quantités.

identiques, ni analogues, sont le ع et le خ. La première est partout remplacée par une apostrophe, accompagnée des voyelles que la prononciation rend nécessaires; la seconde, par la double lettre *kh*, conformément à l'usage.

Trois autres caractères, qui n'ont pas dans la langue française d'identiques ou d'analogues simples, ont été rendus par des lettres doubles, savoir : le ج par *dj*, le ش par *ch*, le و par *ou*. La prononciation arabe se trouve ainsi fidèlement reproduite.

Les avantages qu'a paru offrir ce mode de transcription sont surtout :

1° De ne point exiger la fonte de caractères nouveaux, et de pouvoir être ainsi adopté, sans aucune dépense, dans tous les établissements typographiques.

2° De fournir un moyen facile de rétablir les mots dans leurs caractères primitifs.

Lettres.	Valeur.	
ا	A, É, I, O.	L'emploi de ces divers caractères est déterminé par la prononciation et l'accentuation de la lettre arabe.
ب	B.	
ت ث	T.	Ces deux lettres sont généralement confondues dans la prononciation.
ج	Dj.	
ح	H'.	
خ	Kh.	
د ذ	D.	Généralement confondues.

EN CARACTÈRES FRANÇAIS. xv

Lettres.	Valeur	
ر	R.	
ز	Z.	
س	S, C, Ç...	L'emploi de ces trois lettres sera réglé de manière à conserver le son sifflant de l'S.
ش	Ch.	
ص	S', C', Ç'..	Même observation que pour س.
ض / ظ	D'.....	Ces deux lettres sont confondues par tous les Barbaresques dans la prononciation et dans l'écriture.
ط	T.	
ع	'.....	Apostrophe précédée ou suivie de celle des voyelles dont la prononciation nécessite l'emploi.
غ	R'.	
ف	F.	
ق	K', G, Gu..	Le g et le gu seront employés dans les mots où l'usage attribue au ق la prononciation gutturale du g; ex.: Gafs'a, Guélma.
ك	K.	
ل	L.	
م	M.	
ن	N.	
ه	H.	
و	Ou, O.	
ي	I, I.	

OBSERVATIONS.

1° Dans les mots qui, étant précédés de l'article, commencent par une lettre solaire, on se conformera à la prononciation en redoublant la lettre initiale. Ainsi on écrira *'Abd er Rah'man, Naç'er ed Dîn*, et non *'Abd el Rah'man, Naç'er el Dîn*.

2° Les mots terminés par la lettre ة, qui prend alors le son de l'*a* sans aspiration, seront terminés, dans la transcription française, par la lettre *a* simple et non par *ah*. On écrira donc *Miliana*, *Blida*, et non pas *Milianah*, *Blidah*.

3° Les consonnes placées à la fin d'une syllabe ne seront jamais suivies de l'*e* muet. Toutefois il ne faut pas oublier que dans la langue arabe les consonnes se prononcent toutes distinctement, et qu'aucune ne prend le son nasal ni ne s'élide. Ainsi *Bibàn* doit se prononcer *Bibàne*; *Manns'our*, *Manns'oure*; *Tôser* se prononce *Tôsere*; *Kouìn'n*, *Kouìnine*; *Zdr'ez*, *Zdr'ezz*; *Gàbes*, *Gàbess*.

LE SAHARA ALGÉRIEN.

APERÇU GÉNÉRAL.

Nous avons consulté beaucoup de livres, et beaucoup de t'olba (lettrés) pour trouver la définition et l'étymologie du mot Sahara.

Les livres nous ont donné cette définition : « Le Sahara est une contrée plate et très-vaste, où il n'y a que peu d'habitants, et dont la plus grande partie est improductive et sablonneuse. »

Les t'olba nous ont donné cette étymologie :

« On appelle sehaur ce moment presque insaisissable qui précède le point du jour (fedjer), et pendant lequel nous pouvons encore, en temps de jeûne, manger, boire, fumer. L'abstinence la plus rigoureuse doit commencer, dès qu'on peut distinguer un fil blanc d'un fil noir.

« Le sehaur est donc une nuance entre la nuit et le point du jour qu'il nous est important de saisir, de préciser, et sur laquelle a dû se porter l'attention de nos marabout'. Un d'entre eux, Ben el Djirami, en partant de ce principe que le sehaur est plus facilement et plus tôt appréciable pour les habitants des plaines, dont rien ne borne l'horizon, que pour les habitants des montagnes, enveloppés qu'ils sont dans les plis du terrain, en a conclu que du nom du phénomène on avait formé celui du pays où il était plus particulièrement apparent, et qu'on l'avait nommé Sahara, le pays du sehaur. »

Cette étymologie, si elle n'est pas sévèrement grammaticale, car l'un des deux mots commence par un *s'ad* (Ç) et l'autre par un *sin* (S), n'en est pas moins ingénieuse, et nous la donnons à défaut d'autres.

Elle serait confirmée par celle du mot *tell*, qu'on s'accorde généralement à faire dériver de *tellus*, terre cultivable; mais qui, selon le même savant, serait tout simplement un dérivé du mot arabe *tali*, qui signifie *dernier*, et désignerait ainsi le pays en arrière du Sahara, où le sehaur n'apparaîtrait qu'en *dernier*. Cette phrase : *Enta tellia ou saharaoui?* qui, vulgairement, veut dire : *Es-tu des gens du tell ou des gens du désert?* représenterait celle-ci : *Es-tu des premiers ou des derniers à voir le sehaur?*

Un autre t'aleb (savant), Fekheur el R'àzi, dit la même chose dans un opuscule estimé, et il ajoute que *tali el tell,* le dernier après le dernier, signifie la mer, à cause de sa position en arrière du Tell.

Quoi qu'il en soit, le mot Sahara n'entraîne point nécessairement l'idée d'une immensité déserte. Habité sur certains points, il s'appelle Fiafi; habitable sur certains autres, il prend le nom de Kifar, mot dont la signification est la même que celle du mot vulgaire Khela, abandonné; inhabité et inhabitable sur d'autres encore, on le nomme Falat.

Ces trois mots représentent chacun un des caractères du Sahara.

Fiafi, c'est l'oasis où la vie s'est retirée autour des sources et des puits, sous les palmiers et les arbres fruitiers, à l'abri du soleil et du choub (simoun).

Kifar, c'est la plaine sablonneuse et vide, mais qui fécondée un moment par les pluies de l'hiver, se couvre d'herbes (a'cheb) au printemps, et où les tribus nomades, campées ordinairement autour des oasis, vont alors faire paître leurs troupeaux.

Falat, enfin, c'est l'immensité stérile et nue, la mer de sable, dont les vagues éternelles, agitées aujourd'hui par le choub (simoun), demain seront amoncelées, immobiles, et que sillonnent lentement ces flottes appelées caravanes.

D'après les observations de M. Fournel, la lisière du Sahara, contrairement à toutes les opinions jusqu'à présent acceptées, ne serait que très-peu élevée au-dessus du niveau de la mer.

« J'ai fait à la lisière du désert, dit le savant ingénieur, une soixantaine d'observations barométriques, qui, comparées à celles qui se faisaient simultanément à Constantine, me donnent 75 mètres pour la hauteur de Biskra au-dessus du niveau de la mer.

« A partir du littoral, le terrain s'élève successivement jusqu'à un point qui est à une ou deux lieues de Bat'na, et que j'ai trouvé être de 1 083 mètres. Par ce point passe la ligne de partage des eaux ; à partir de là, on redescend vers le Sahara, dont la lisière est assez peu élevée (75 mètres), pour qu'on puisse supposer que les grands lacs de l'intérieur sont, comme la mer Caspienne, au-dessous du niveau de la Méditerranée. »

Ajoutons que le sol du désert se relève dans la région placée au sud d'Oran et de Tlemsen, entre le 32° et le 29° de latitude, sous le nom de Djebel Batten. La ligne de partage des eaux suit cette arête, et présente alors deux grandes pentes, l'une, de l'est à l'ouest, vers l'Océan ; l'autre, de l'ouest à l'est, vers l'intérieur du Sahara.

Selon Strabon, Cnéius Pison comparait le désert à une peau de léopard. Il y a longtemps que l'on vit sur cette comparaison, moins exacte que poétique. Celui qui, le premier, l'a comparé à un océan parsemé d'îles, et nous ne savons à qui en revient l'honneur, a été plus heureux. Disons, toutefois, en continuant la métaphore, que ces îles, pressées en archipels dans la zone nord, entre les 36° et 29° de latitude, ne sont plus, en partant de là, que des points égarés dans l'espace, et disparaissent enfin tout à fait jusqu'aux archipels inconnus du Soudàn.

A partir du 29° de latitude, nous sommes dans le désert proprement dit, El Falat. La vie semble cesser jusqu'au 27°, où elle reparaît un moment dans les montagnes des Touareg, et disparaît enfin tout à fait jusqu'au pays des nègres. Les Touareg, ces géants pillards, se hasardent seuls dans ces vastes solitudes, où ils guettent les caravanes, les protégent ou les pillent, selon qu'elles paient un droit de passage et de protection, ou qu'elles cherchent à passer en contrebande.

Nous n'avons à nous occuper ici que de cette partie du Sahara qui fait face à nos possessions, et qui, comprise, à l'est et à l'ouest, entre deux lignes qui prolongeraient les frontières de Tunis et du Maroc, est bornée au sud par une ligne brisée sur laquelle se trouvent Neft'a, S'ouf, Ouargla et Ins'alah'. Nous ne l'esquisserons qu'à grands traits : les détails de sa physionomie ressortiront du cadre de cet ouvrage.

Dans son ensemble, le Sahara présente sur un fond de sable, ici des montagnes, là des ravins; ici des marais, là des mamelons; ici des villes et des bourgades, là des tribus nomades dont les tentes en poil de chameau sont groupées comme des points noirs dans l'espace fauve.

Les montagnes, toujours parallèles à la mer, sont dans la zone nord, élevées, rocheuses, accidentées à l'est, mais elles s'abaissent graduellement en courant à l'ouest, et se fondent enfin par une succession de mamelons et de dunes mouvantes que les Arabes appellent a'rouk' (veines) ou chebka (filet), selon que le système en est simple ou composé. Presque toutes sont abruptes sur le versant qui fait face au Tell; et, du côté du sud, toutes, après plus ou moins de convulsions, vont mourir de langueur dans les sables.

De ces montagnes descendent, à la saison des pluies, d'innombrables cours d'eau, dont les lits, desséchés au premier soleil, usurpent, huit mois de l'année, le nom de rivière (oued). L'hiver, c'est un réseau de torrents; l'été, c'est un réseau de ravins. Tous ces oued, à l'exception de l'Oued Djedi et de l'Oued Mïa qui sont encaissés entre des montagnes parallèles à la mer, offrent cette particularité qu'ils coulent du nord au sud, et qu'ils se perdent dans les sables.

L'hiver laisse inégalement réparties, dans le Sahara, des flaques d'eau que les chaleurs de l'été dessèchent; quelques-unes sont des marais salants bordés de végétation marine.

Dans la première zone du Sahara, les centres de population, quoique beaucoup plus nombreux que dans le Tell, sont quelquefois séparés entre eux par des espaces complétement nus, complétement stériles et distants de plusieurs journées de marche. Cependant, sur toutes les lignes, dans toutes les directions, des puits échelonnés servent à la fois de lieu de station et d'indication pour les routes. Il est rare de voyager trois jours sans en trouver un; et d'ailleurs l'eau ne manquera jamais avec deux outres pleines pendues aux flancs du chameau qui fait trente lieues par jour, et peut rester trois jours sans boire.

Chaque grande oasis du Sahara a sa ville principale, autour de laquelle rayonnent les k's'our (villages) de sa dépendance et les tentes des tribus ses alliées, errantes au printemps pour faire paître leurs troupeaux, émigrant pendant l'été pour aller acheter des grains dans le Tell, toujours de retour en novembre pour les emmagasiner, pour cueillir les dattes ou s'en approvisionner, et passer l'hiver en famille sous la maison de poil.

Une observation frappe tout d'abord : comment trouvons-nous dans le Sahara tant de populations sédentaires? Pourquoi les hommes s'y sont-ils pour la plupart groupés dans des enceintes? Pourquoi tous n'y vivent-ils pas de la vie nomade?

Un double motif a concouru, selon nous, à établir cet ordre de choses.

D'abord, c'est que les soins incessants à donner aux palmiers ont dû grouper les populations autour du pied de l'arbre qui les nourrit. Il est remarquable ensuite que celles-ci ne sont point de race arabe : leurs pères vivaient autrefois, sur le littoral, dans des villes et des villages; chassés par les invasions successives, refoulés dans l'intérieur, ils y ont porté leurs instincts sédentaires, et se sont établis où nous retrouvons leurs enfants, là seulement où la vie leur devenait possible.

Après ces premiers occupants sont arrivés les Arabes, apportant, eux aussi, leurs instincts éminemment vagabonds, comme ceux de tous les peuples pasteurs, et auxquels se prêtait merveilleusement la configuration du sol qui, pour eux, allait devenir une patrie nouvelle. Dédaigneux de la vie sédentaire et même agricole, ce qu'il fallait à leur indépendance, c'était l'espace sans limites : que leur importait une étroite oasis où leurs troupeaux n'eussent pu tenir; où, pour vivre, il leur eût fallu descendre au travail de jardinier ? Quelques-uns, des environs de Tougourt, disaient à Mgr le duc d'Aumale : « Nos pères n'ont jamais touché la terre, nous « ferons comme eux. »

Aussi tous tiennent-ils en mépris, non-seulement leurs voisins les sédentaires, mais leurs frères dégénérés du Tell. L'Arabe de la tente croirait déchoir s'il donnait sa fille en mariage au plus riche habitant des k's'our.

Toutefois, forcés de vivre côte à côte et d'une vie qui se complète par l'association, il est arrivé de leurs relations habituelles que les uns et les autres sont devenus propriétaires sur le même sol, dans la même enceinte; mais le nomade qui possède ne cultive pas : il est seigneur, le citadin est son fermier; par contre, celui-ci s'est donné des troupeaux qu'il a confiés aux bergers de la tribu; pendant que le nomade les conduira dans les pâturages, l'habitant de la ville ou du k's'ar veillera sur les grains en dépôt, et cultivera les palmiers.

Il y a d'ailleurs entre eux double solidarité d'intérêt; car les dattes ne peuvent suffire à la nourriture commune ; non point qu'il ne s'en récolte pas assez, mais parce que, mangées sans mélange, elles deviennent nuisibles.

Or, nous l'avons dit déjà, les céréales manquent presque absolument aux habitants du Sahara; de là la nécessité de venir en demander au Tell.

Ces approvisionnements périodiques se font chaque année à l'époque des moissons. Les tribus arabes, campées autour des villes, quittent alors leurs campements pour se rapprocher du nord, où leurs troupeaux qui, avec le soleil, ont dévoré toutes les herbes du sud, trouveront des pâturages; et, moyennant un impôt, Lazma, Eussa, qu'il nous importe de régulariser, elles se rendent sur les marchés du Tell, pour y échanger contre des grains les produits de leur sol ou de leur industrie : dattes, h'aïk fins, bernous, plumes d'autruche et objets venus du Soudân.

Les nomades ne sont pas seuls cependant à accomplir ces pérégrinations : les marchands des villes se mettent sous leur protection et les suivent. Pendant que leurs frères de la tente font leurs achats, ils vont, eux, dans les villes du littoral, se fournir d'objets manufacturés en Europe, et tous ensemble ils reprendront la route de leur oasis, de leurs villages, de leurs k's'our, où les blés achetés par les nomades seront emmagasinés, d'où les objets achetés par les marchands s'écouleront, soit en détail, soit par caravanes, sur toute la surface du Sahara et jusque dans le Soudân.

Le Tell est le grenier du Sahara dont nous tenons les habitants par la famine; ils le savent si bien, ils l'ont si bien compris qu'ils s'en expriment franchement par cette phrase, devenue proverbiale : « Nous ne pouvons « être ni musulmans, ni juifs, ni chrétiens; nous som- « mes forcément les amis de notre ventre. »

De toutes ces observations, maintenant acquises à l'histoire, il résulte cette conséquence importante :

Que les habitants du Sahara sont forcément soumis au peuple qui tient le Tell, de quelque religion qu'il soit : « La terre du Tell est notre mère, disent les Sahariens; celui qui l'a épousée est notre père. »

Si donc la sûreté des routes, si la protection et la justice leur assurent chez nous des garanties qu'elles ne trouvent ni à Tunis ni à Fès (Fas), le prix de nos marchandises n'étant pas d'ailleurs plus élevé que dans les États musulmans, ces populations viendront à nous; non point que nous puissions espérer en faire de longtemps encore nos alliées de cœur; mais, soumises d'abord, elles paieront l'impôt; et, en cas de querelle entre nous et leurs voisins, elles resteront neutres par intérêt; plus tard, et à mesure qu'une politique intelligente nous les attachera, elles deviendront nos auxiliaires.

Ainsi a-t-il été déjà fait :

Sur la lisière du Sahara, nos postes ne dépassent pas Bor'ar au sud d'Alger et Biskra au sud de Constantine, et cependant nous dominons en réalité, d'un côté, jusqu'à El Ar'ouat' où nous avons un khalifah; de l'autre, jusqu'à Tougourt, qui a payé l'impôt à S. A. R. M⁼ʳ le duc d'Aumale, et dont le chef a reçu le bernous d'investiture : déjà les Beni Mzab, qui sont à quarante-huit lieues sud d'El Ar'ouat', ont fait des ouvertures de soumission, et Ouargla qui est à cinquante-deux lieues sud des Beni Mzab et le point le plus avancé du désert, a envoyé un des chefs de sa djema' (assemblée nationale) pour prendre connaissance du pays, et savoir s'il y aurait pour elle avantage à se lier de commerce avec nous.

Il n'est donc pas besoin, et nous insistons sur ce fait, il n'est donc pas besoin pour dominer les deux zones de l'Algérie, d'étendre l'occupation jusqu'aux dernières limites du pays habité, ainsi que semblaient le craindre quelques personnes qui faisaient de cette nécessité supposée un obstacle à l'accomplissement de notre conquête.

Ce qu'il faut, mais ce qu'il faut absolument, c'est occuper vigoureusement le Tell et les passages principaux qui sont les portes du Sahara.

Ce livre n'est que la mise en ordre de documents recueillis pendant deux années de la bouche même de 2 000 Arabes au moins, voyageurs, pèlerins ou marchands.

En les suivant pas à pas à travers le Sahara, nous nous sommes arrêtés avec eux partout où il y avait une étude géographique à faire; une oasis à visiter, un village à décrire, des renseignements à prendre sur le commerce, les mœurs et l'industrie des peuplades sédentaires ou nomades chez lesquelles nous voyagions.

Nous avons ainsi obtenu un réseau de routes qui couvre le Sahara algérien et qui toutes viennent se nouer à des points principaux. Cet ouvrage en est l'historique.

La division en deux grandes parties, l'une orientale, l'autre occidentale, que nous avons adoptée, nous a été tracée par le caractère des populations de l'est et de l'ouest, les unes particulièrement agricoles, les autres éminemment guerrières.

La grande ligne d'Alger à Ouargla qui partage nos possessions d'Afrique et le Sahara algérien en deux portions à peu près égales, limitera la distinction que nous venons d'établir et sera notre point de départ. Nous la suivrons dans toute son étendue; ensuite, procédant toujours par itinéraire, nous étudierons tout l'est jusqu'aux frontières de Tunis, et enfin tout l'ouest jusqu'aux frontières du Maroc.

PARTIE ORIENTALE

ROUTE
D'ALGER A OUARGLA.

		lieues.
1ᵉʳ jour	à Blida.	12
2ᵉ ...	à Médéa.	9
3ᵉ ...	à Bouroua'guia.	6
4ᵉ ...	à Bor'ar.	8
5ᵉ ...	sur l'Oued Moudjeliel.	3
6ᵉ ...	sur l'Oued Nahr Ouaçel (on laisse sur sa gauche les trois lacs appelés Cha'bounia).	7
7ᵉ ...	auprès du marabout de Sidi el A'djel, situé au confluent de l'Oued Soufsellem et de l'Oued Taguin, qui par leur réunion forment le Chelif.	6
8ᵉ ...	à Souagui el Fritissa, petits villages assis sur une chaîne de montagnes qui s'étend de l'est à l'ouest.	7
9ᵉ ...	à Taguin ; on entre dans la plaine de Taguin que l'on suit jusqu'au village de ce nom, village abandonné, situé sur un sol marécageux et sillonné de sources qui donnent naissance à l'Oued Taguin.	9
10ᵉ ...	à Mekhaoula, sur l'Oued el Beïda qui vient se perdre dans les marais de Taguin. On a voyagé	
	A reporter....	67

	lieues.
Report.	67
dans une plaine de sable en laissant des mamelons de sable sur la gauche.	7
11ᵉ jour à Sidi Bou-Zid, petit village situé sur le versant est du Djebel A'mour; on a remonté le cours de l'Oued Sidi Bou Zid jusqu'à sa source, près du village	9
12ᵉ . . . à R'orfa, autre village du Djebel A'mour. . .	5
13ᵉ . . . à Debdeba, situé sur un des contre-forts du Djebel A'mour	6
14ᵉ . . . à Tadjemout, joli petit village situé sur l'Oued Mzi. Depuis Sidi Bou Zid, jusqu'à Tadjemout, on a voyagé à travers le Djebel A'mour, par une route très-difficile et très-accidentée	3
15ᵉ . . . à El Ar'ouat' en suivant l'Oued Mzi.	10
TOTAL.	107

La route que nous venons de donner est celle qui a été suivie par la colonne expéditionnaire, au mois de mai 1844.

EL AR'OUAT'.

El Ar'ouat', qui se trouve par 33° 48' latitude, et par 0° 48' longitude ouest, est le centre, le chef-lieu du khalifat de ce nom, créé cette année dans cette partie du désert; il est borné :

Au nord, par Djebel A'mour;

A l'est, par les Ouled Nâïl ;

Au sud, par les Beni Mzab ;

A l'ouest, par la tribu de El Ar'ouat' K'sal.

Il comprend les villes, villages et tribus dont les noms suivent :

VILLES ET VILLAGES.

El Outaia'.
Tadjemout.
El H'aouita.
El Assafia.
A'ïn Màd'i.
K'sir el H'aïran.

TRIBUS.

La grande tribu des Arba'.
Les Ouled Sidi At'allah'.
Les A'r'azlia.

El Ar'ouat' est une ville de sept à huit cents maisons, bâtie sur les pentes nord et sud d'une petite montagne à l'est de laquelle coule l'Oued Mzi. Elle est entourée d'une enceinte rectangulaire, crénelée et défendue par deux tours élevées sur les points culminants, et auxquelles viennent se rattacher les murailles.

Elle peut lever sept à huit cents fusils.

El Ar'ouat' est très-ancienne et a tour à tour dépendu du Maroc et des Turcs. Avant 1830 elle payait un tribut de sept nègres au dey d'Alger pour avoir le droit d'acheter des grains dans le Tell.

Elle a été du reste toujours fort impatiente de ses suzerains qui ne pouvaient exercer sur elle qu'une action très-indirecte, et leur a souvent résisté avec succès. Ses divisions intestines l'ont seules empêchée sans doute de vivre tout à fait indépendante.

El Ar'ouat' est divisée en deux quartiers bien distincts : l'un, celui de l'ouest, habité par les Ouled Ser'rin; l'autre, celui de l'est, par les H'allaf; chacun ayant autrefois ses chefs, son gouvernement, ses intérêts à part.

Le pouvoir, bien qu'héréditaire, n'était pourtant point absolu. Le chef de l'est, comme celui de l'ouest, n'était, à proprement parler, que le président de sa djema', ou assemblée nationale, composée des chefs du quartier et des villages qui en relevaient.

Cette combinaison bizarre était une source intarissable de querelles. Les deux quartiers faisaient alors le coup de fusil sur leur ligne de démarcation et dans leurs jardins, jusqu'à ce que l'un des deux imposât un tribut à l'autre.

L'Oued Lekhïer', petit ruisseau qui prend sa source à une lieue de la ville, dans un endroit sablonneux, traverse les jardins du quartier des H'allaf; aussi pouvaient-ils soutenir la lutte bien plus longtemps que leurs voisins, réduits en temps de guerre à l'eau très-rare de leurs puits.

Des chances diverses donnèrent le pouvoir tantôt aux H'allaf, tantôt aux Ouled Ser'rin, jusqu'à ce qu'enfin, en 1828, le parti d'Ah'med Ben Salem, maintenant notre khalifah, ayant massacré Lakhdar, chef du quartier des Ouled Ser'rin, resta maître de la ville.

Les jardins d'El Ar'ouat' forment, au nord et au sud des mamelons sur lesquels elle est assise, deux forêts de 3 000 mètres de longueur. On y trouve pêle-mêle des poiriers, des abricotiers, des grenadiers, des figuiers, des amandiers. Aux troncs de presque tous ces arbres grimpent des vignes qu'on ne taille jamais, et qui courent de l'un à l'autre : c'est un fouillis sans ordre, comme tous les vergers du Sahara. Çà et là des carrés mieux cultivés fournissent des légumes de toute espèce : concombres, pastèques, oignons, etc. Les plantations de dattiers sont à part; bien que très-vastes, elles ne suffisent pourtant point à la consommation des habitants.

Jardins et dattiers sont arrosés par l'Oued Lekhïer', d'où partent de nombreuses saignées. Chaque propriétaire a le droit, droit écrit sur son acte de propriété, à un arrosement d'une heure, de deux heures, plus ou moins. Ce temps est mesuré avec un sablier, par un homme qui se tient à la tête de l'écluse de déversement, et qui l'ouvre pour ceux-ci et la ferme pour ceux-là à heure dite.

Les maisons d'El Ar'ouat' sont construites en terrasses d'une maçonnerie assez mauvaise; quelques-unes sont blanchies à l'extérieur, presque toutes le sont à l'intérieur.

Chaque quartier avait autrefois son marché ; celui des Ser'rin s'appelait Souk' et Ka', et celui des H'allaf, Souk' Lekhïer'. Il est situé sur l'Oued Lekhïer'. Ce dernier quartier a de plus un Fondouk' dont les arcades forment une espèce de péristyle où les marchands se mettent à l'ombre pour traiter leurs affaires.

Ces marchés sont fréquentés par :

 Les Arba'.
 Les A'mour.
 Les Ouled Khélif.
 Les Ouled Cha'ïb.
 Les Mekhalif.
 Les Ouled Nâïl.
 Les Rah'man.
 Les Beni Mzab.
 Les A'r'azlia.
 Les Ouled Mokhtar.
 Les Ouled Sidi At'allah'.
 Les Sa'ïd.
 Les H'all Bou Sa'da.
 Les Chamba, etc.

Les Beni Mzab y apportent de la poudre et quelques nègres ; les Ar'azlia, par Tougourt, des armes, des pierres à fusil qui viennent de Tunis ; les gens de Bou Sa'da, des laines et de l'huile ; les tribus nomades, du beurre, des dattes, des grains venant du Tell, des moutons, du fromage, etc.; les Chamba y conduisent des nègres qui sont revendus ou échangés dans le Tell contre des grains. Un beau nègre vaut de 120 à 180 boudjous. Les habitants d'El Ar'ouat' achètent ces divers objets, ou les échangent contre des bernous blancs et noirs, des h'aïk de toute qualité, des gandoura de laine fabriquées par leurs femmes; contre de la coutellerie, des pioches, des socs de charrues, des fers pour les chevaux, des épiceries, des essences, du sucre, du café, dont les riches usent seuls, de la verroterie, des ornements de femme, etc., etc., qui leur venaient autrefois de Tunis par Tougourt, et qu'ils commencent à tirer directement d'Alger.

On trouve d'ailleurs dans la ville : des forgerons, des armuriers qui réparent les armes tant bien que mal, des menuisiers et quelques petites boutiques des choses les plus usuelles. Quinze ou vingt familles de juifs y exercent comme partout les métiers de cardeurs de laine, d'orfèvres, de teinturiers, etc.

A certaines époques de l'année, ordinairement après la moisson, les gens d'El Ar'ouat' partent en petites bandes et vont dans le Tell s'approvisionner de grains argent comptant ou par échange; cette excursion rayonne depuis l'Oued Ser'oua jusqu'à Tak'demt.

Autrefois, point de zekkah, point d'a'chour, le gouvernement des deux quartiers vivait des amendes nombreuses levées sur les délits de tout genre et des droits sur les marchés; les pauvres étaient nourris à frais communs. A la saison des dattes chaque famille était tenue de désigner un palmier de son jardin, dont les fruits versés à la mosquée étaient distribués aux nécessiteux;

ces palmiers s'appelaient les palmiers de l'amour de Dieu.

Les habitants d'El Ar'ouat' ont la réputation d'être bons, humains et hospitaliers. Si quelqu'un se réfugie chez eux, disent les Arabes, ils mourraient plutôt que de le livrer. A la saison des fruits, les voyageurs peuvent entrer dans les jardins et en manger à discrétion.

Les mœurs sont généralement pures dans l'intérieur de la ville; cependant les filles des Ouled Nâïl et des Ar'azlia viennent y faire, comme autour de toutes les grandes villes du Sahara, commerce de leurs amours.

Ah'med ben Salem, seul maître du pouvoir dans El A'r'ouat' depuis 1828, gouvernait sans opposition ; il s'était rallié tous les esprits lorsqu'A'bd el K'ader, qui, en 1838, voulait de gré ou de force se donner le Sahara, vint mettre le siége devant A'ïn Mad'i, où commandait un homme que cette guerre a rendu célèbre : le vieux marabout' Tedjini. Yahïa ben Salem, frère du chef d'El Ar'ouat', s'était jeté dans la place assiégée ; belle occasion que ne laissa point échapper l'émir d'attaquer El Ar'ouat'.

Justement il avait sous la main l'homme qu'il lui fallait : Sid el H'adj el A'rbi, marabout', l'un des anciens chefs des Ouled Ser'rin, chassés par Ah'med ben Salem.

Double garantie sur la même tête : El A'rbi, le proscrit, serait, sans nul doute, aveuglément fidèle à celui qui lui rendrait sa patrie ; El A'rbi le marabout' devait être un instrument puissant dans la main de l'émir, qui, marabout' lui-même, voulait constituer son autorité par la théocratie absolue.

« Voici une pièce de canon et un bataillon, lui dit A'bd el K'ader; va prendre El Ar'ouat', chasses-en Ben Salem, je te fais khalifah à sa place. »

A quelques jours de là, en effet, Ben Salem, trop faible ou mal préparé à la résistance, fuyait devant son compétiteur et allait demander un asile aux Beni Mzab.

Cependant le nouveau khalifah imposé par l'étranger se trouvait face à face avec la haine énergique du parti national; il dominait, mais ne possédait pas.

A'bd el K'ader s'aveuglait sur cet état de choses; car par un des articles de la capitulation d'A'ïn Mad'i, il permettait aux Ben Salem de rentrer dans El Ar'ouat' et à Tedjini d'y aller chercher un refuge : c'était donner des chefs à ses ennemis.

Sa conquête d'A'ïn Mad'i lui avait d'ailleurs aliéné toute la population de la tente et des k's'our; c'était par la fraude qu'il l'avait faite, et Tedjini, l'homme qu'il avait trompé (voir A'ïn Mad'i), était le plus saint marabout' du pays.

Le parti national d'El Ar'ouat', fort à l'intérieur de la présence des Ben Salem et de Tedjini, fort au dehors de la sympathie des masses, se fit bientôt si puissant que le khalifah' de l'émir, n'osant pas même s'en remettre aux chances d'un combat, se sauva dans le petit village d'El Assafia, à une lieue d'El Ar'ouat', et s'y enferma avec trois cents fantassins.

De là il demanda des secours à A'bd el K'ader qui, pour toute réponse, le destitua et nomma à sa place Sidi K'addour ben A'bd el Bak'i, de la tribu des Ouled Khelif.

A'bd el Bak'i, appuyé de huit compagnies d'infanterie et de quelques canons, vint camper à Tadjemout, d'où il signifia aux Ben Salem la volonté de l'émir : force leur fut de lui ouvrir El Ar'ouat', où ils conservèrent toutefois une part aux affaires ; c'était une condition du traité. Leur ami Tedjini, moins confiant dans la parole de l'émir, se retira chez les Beni Mzab.

Les relations du nouveau khalifah avec les Ben Salem n'accusèrent d'abord aucune mauvaise foi. Mais peu à peu, sous prétexte d'assurer la tranquillité de la ville, A'bd el Bak'i dispersa des soldats dans tous les quartiers, et dès qu'il crut ses précautions suffisantes, il en écrivit à A'bd el K'ader qui lui répondit :

« Tue les chefs, saccage la ville, coupe les arbres. »

Ce coup de main fut tenté quelques jours après : quinze membres de la famille des Ben Salem, attaqués brusquement, furent faits prisonniers ; mais aux premiers coups de fusil la ville s'était soulevée, le combat s'était engagé sur tous les points, et les soldats du khalifah, poursuivis et acculés de maison en maison, furent presque tous massacrés. Les trésors d'A'bd el Bak'i, ses deux canons, tous ses bagages, tombèrent aux mains des El Ar'ouati ; lui-même n'eut la vie sauve et n'acheta la liberté qu'à la condition de ne jamais remettre les pieds dans la ville.

A'bd el K'ader, forcé peu après d'abandonner A'ïn Mad'i, inquiété qu'il était constamment par les nomades voisins, n'en poursuivait pas moins, avec la ténacité qu'on lui connaît, ses idées d'envahissement sur le Sahara et renomma khalifah d'El Ar'ouat' El H'adj el A'rbi, rentré en grâce auprès de lui.

Cette fois la grande tribu des Arba' prit parti dans la querelle, moitié pour le parti national, moitié pour El A'rbi, qui avait commencé les opérations par s'emparer de K's'ir el H'aïran. Battu dans un premier combat où il perdit beaucoup de monde, il vit, le lendemain, ses alliés de la veille, les Arba', l'abandonner pour se joindre à quatre cents hommes envoyés d'El Ar'ouat' contre lui. Battu une seconde fois, il reprit encore la campagne peu de temps après, à la tête des débris de sa troupe régulière et de quelques Arba', dont il payait la fidélité par des promesses de pillage ; mais sa cause et celle d'A'bd el K'ader étaient à jamais perdues dans le Sahara ; toutes les populations s'étaient soulevées ; mille fantassins commandés par les deux Ben Salem, et appuyés des deux pièces de canon prises autrefois à Sidi K'addour ben A'bd el Bak'i, enlevèrent K'sir el H'aïran, massacrèrent la troupe entière du khalifah, et lui-même fut fait prisonnier.

Il fallait en finir avec cet homme, et Yah'ia ben Salem le fit tuer par son domestique, pour *ne pas se souiller du sang d'un traître.*

A ces nouvelles, la fureur impuissante d'A'bd el K'ader, alors occupé de la guerre contre nous, éclata dans

cette imprécation : « Je jure de faire arracher les yeux
« à tous les habitants d'El Ar'ouat' qui tomberont entre
« mes mains, de les faire écorcher, et de faire faire des
« tambours avec leurs peaux. »

Cette terrible menace a reçu une fois son exécution, en partie du moins. Un malheureux el Ar'ouat', prisonnier de l'émir, a eu les yeux arrachés avec un éperon arabe.

Ah'med ben Salem, depuis la mort d'el A'rbi, jouissait à El Ar'ouat' d'une autorité incontestée : il avait compris cependant que, pour parer aux éventualités de révolutions nouvelles, il devait s'étayer d'une puissance qui pût le protéger contre A'bd el K'ader, et au mois d'avril 1844 il envoya de son propre mouvement demander à M. le gouverneur général l'investiture et la confirmation du titre de khalifah d'El Ar'ouat' : « Car, » disait-il, « tous les sultans musulmans à qui je me suis « confié m'ont trahi ; je trouverai peut-être le repos « dans la justice du sultan français. »

L'occasion fut saisie avec empressement de faire succéder l'ordre à l'anarchie dans cette partie du Sahara, d'y opposer l'exemple de notre justice au souvenir des vexations et des cruautés de l'émir, de régulariser le commerce de grains que les tribus font avec le Tell, et de leur ouvrir la route et les marchés d'Alger.

Ben Salem a guidé lui-même la colonne expéditionnaire qui, sous les ordres de M. le général Marey, est allée le faire reconnaître dans son gouvernement. Cette mission s'est accomplie sans coûter un seul homme, un seul mulet, un seul coup de fusil; et El Ar'ouat' est à cent sept lieues du littoral. Quand M. le maréchal duc d'Isly est arrivé en Afrique, il y a quatre ans, la Metidja était en feu.

Nous avons à dessein insisté sur cette guerre d'A'bd el K'ader dans le Sahara, et nous y reviendrons en parlant d'A'ïn Mad'i, parce qu'il en résulte ce fait important, qu'elle lui a pour jamais aliéné les populations sahariennes. Ne craignons pas qu'il y recrute des troupes; peut-être pourrait-il soulever encore quelques fanatiques, mais jamais une armée.

En nous rattachant El Ar'ouat', nous nous sommes ouvert le désert qu'elle venait de fermer à l'émir. Déjà ses habitants et ceux des k's'our et des tentes du khalifah dont elle est le centre, viennent à nos marchés. Ah'med ben Salem a été le premier à céder à cette nécessité du *ventre* dont nous avons parlé plus haut, et qui doit amener forcément à nous, les maîtres du Tell, tous les habitants du Sahara.

TADJEMOUT.

Tadjemout est un joli petit village d'une centaine de maisons, situé dans la plaine à sept lieues nord-est d'A'ïn Mad'i, et dix lieues nord-ouest d'El Ar'ouat'. Il n'a point de murs d'enceinte, mais les jardins au milieu desquels il est bâti, et qui lui font ceinture, sont circonscrits par une muraille, dans laquelle sont ménagées deux portes surmontées de petits forts crénelés.

Ces portes se nomment :

Celle du côté d'A'ïn Mad'i, Bab Sfaïn ;

Celle du côté d'El Ar'ouat', Bab Ouled Moh'ammed.

Les jardins de Tadjemout sont très-fertiles ; on y cultive tous les arbres fruitiers dont nous avons déjà parlé ailleurs, et beaucoup de légumes. Les dattes n'y sont pas en très-grande quantité.

La grande rivière de l'Oued Mzi qui, dans cette partie de son cours, a de l'eau toute l'année, baigne les jardins de Tadjemout et les arrose par deux saignées pratiquées l'une au nord, l'autre au sud de son lit.

L'Oued Mzi est, assure-t-on, très-poissonneux, mais nous n'avons pu parvenir à constater les espèces de poissons qui s'y trouvent.

Sur un petit mamelon, au-dessus de la ville, s'élève, au milieu des arbres, le dôme blanchi à la chaux du marabout' Sidi At'allah'.

Deux ou trois maisons seulement partagent avec le marabout' l'honneur d'éclater blanches au milieu de leurs voisines d'un gris sombre et la plupart mutilées encore par la guerre d'il y a deux ans.

Tadjemout est célèbre par le massacre de deux cents fantassins réguliers qu'A'bd el K'ader y avait envoyés sous la conduite du khalifah Sid el H'adj el A'rbi, pour inquiéter de là Tedjini, rentré à A'ïn Mad'i.

Les Ouled Salah', fraction des Arba', et les Sidi At'allah', tribu de marabout', déposent leurs grains à Tadjemout, dont les habitants, pauvres en terres labourables, vivent de dattes, des fruits de leurs jardins et des grains que leur vendent ou leur échangent leurs voisins.

Leur industrie se borne à la fabrication de vêtements de laine.

Le chef de ce petit k's'ar se nomme Fa'l ben el A'rbi; il peut fournir au khalifah d'El Ar'ouat' un contingent de cent vingt fusils à peu près.

EL H'AOUITA.

El H'aouita est un k's'ar de quarante à cinquante maisons, à cinq lieues sud-est d'A'ïn Mad'i et douze lieues ouest d'El Ar'ouat'. Il est bâti au-dessus d'un ravin où coule une source qui prend naissance à très-peu de distance au sud, baigne les jardins et va se perdre un peu plus loin dans les sables. Elle se nomme Oued Dakhela.

El H'aouita est entouré d'une petite muraille en mauvais état.

Les Ouled Sidi At'allah' et certaines fractions des Arba' y déposent leurs grains.

EL ASSAFIA.

El Assafia est un k'ś'ar d'une trentaine de maisons, situé en plaine à deux ou trois lieues est d'El Ar'ouat'. Il n'a point de murailles d'enceinte, mais toutes les maisons se touchent et font corps; quelques-unes sont crénelées. La mosquée est au centre.

Une source abondante, qui prend naissance dans les jardins et qui se déverse dans un bassin, les arrose. Il n'y a qu'une trentaine de dattiers.

Les Ma'mera, fraction de la tribu des Arba', déposent leurs grains à El Assafia.

C'était autrefois une ville considérable, et dont le voisinage inquiétait fort El Ar'ouat', avec laquelle elle était en mauvaise intelligence habituelle et souvent en guerre.

Si l'on en croit la tradition, les habitants d'El Ar'ouat' intercédèrent auprès d'un marabout' vénéré, el H'adj A'iça, pour qu'il détruisît El Assafia, et promirent de lui payer ce miracle argent comptant. Le saint homme se mit en prière, et une grêle horrible, avec tous les accessoires d'une tempête, comme on n'en avait pas vu de mémoire d'homme, détruisit de fond en comble la ville maudite. Cependant l'argent promis n'arrivant pas à la zaouïa du marabout', il se prit d'indignation contre les faussaires et leur prédit qu'ils se déchireraient toujours entre eux. De leur côté, les gens d'El Assafia vinrent le trouver les mains pleines et lui demander des prières et des conseils. « Bâtissez une ville un peu au-« dessus de l'endroit où était l'autre, leur dit-il, et Dieu « la protégera. » Il en fut ainsi fait, et les habitants d'Assafia, à l'abri cette fois d'un coup de main par leur position, vécurent très-longtemps sans être inquiétés par les gens d'El Ar'ouat'.

Le khalifah de l'émir, Sid el H'adj el A'rbi, a ruiné la moitié de cette nouvelle ville dans la dernière guerre.

K'S'IR EL H'AIRAN.

K's'ir el H'aïran est situé à cinq ou six lieues sud-est d'El Ar'ouat'; c'est un k's'ir de cent à cent vingt maisons, avec cours et silos; il est entouré par un mur d'enceinte en mauvais état, mais assez élevé. Les gens de K's'ir el H'aïran se nomment les Rah'man. Leurs jardins sont peu étendus et peu fertiles, les dattiers y sont rares; mais leurs terres arables suffisent à leur consommation en orge et en blé; elles sont arrosées par des puits auprès desquels sont creusés des bassins : l'eau qu'on y verse avec des seaux de peau de bouc s'en écoule par des rigoles à travers les champs.

L'Oued Mzi passe très-près de K's'ir el H'aïran, mais y est à sec une partie de l'année. Un puits creusé au milieu du village pourrait, en cas de blocus, fournir aux besoins des habitants, mais l'eau en est très-mauvaise.

Les femmes de ce k'ş'ir filent et tissent des laines; les hommes s'occupent de culture.

K'ş'ir el H'airan est de fondation toute nouvelle; il a été créé, il y a quarante ans environ, par un chef d'El Ar'ouat', Ah'med ben Salem, qui se donna ainsi un poste avancé dans l'est, d'où il peut dominer les tribus voisines pendant la guerre, et où il leur loue des magasins pendant la paix. Des fractions des Ouled Nâîl et des Arba' y déposent des grains. C'est dans ce k'ş'ir que fut tué le khalifah d'A'bd el K'ader, Sid el H'adj el A'rbi.

A'IN MAD'I.

A'ïn Mad'i est située sur un petit mamelon à quinze lieues ouest d'El Ar'ouat', dans une plaine légèrement ondulée et très-aride, à six lieues environ et à l'ouest du village de Tadjemout. Ses maisons, très-rapprochées les unes des autres, sont circonscrites par une muraille d'enceinte dont les créneaux, coiffés de petits chapiteaux en pyramides, sont d'un effet très-pittoresque. La ville décrit une ellipse, de sorte qu'à une certaine distance elle présente la forme d'un œuf d'autruche que l'on aurait coupé en deux dans le sens de la longueur. On entre à A'ïn Mad'i par deux portes, l'une à l'est, Bab el Kebir, l'autre au nord-ouest, Bab el Sak'ia. Bab el Kebir est double, c'est-à-dire qu'après avoir passé une première porte, pratiquée dans l'épaisseur de la muraille et flanquée de deux grosses tours carrées, on se trouve dans une espèce de place d'armes de quarante pas de longueur, sur trente de largeur, et que pour entrer dans la ville il faut passer par une seconde porte. La disposition de ces deux issues n'est pas sans intelligence : elles ne sont pas vis-à-vis l'une de l'autre, de telle sorte que les boulets qui enfileraient la première ne viendraient pas donner dans la seconde. Les murailles peuvent avoir 2 mètres d'épaisseur et 8 mètres de hauteur. Elles sont crénelées, bâties en pierres et bien entretenues. Nos obusiers de campagne ne pourraient certainement rien contre elles.

En dehors de ces murailles sont les jardins qui en suivent les contours sur une largeur d'environ 150 mètres ; ils sont eux-mêmes protégés par un mur de clôture en très-mauvais état, de sorte que la ville est entourée d'une double enceinte ; mais celle des jardins, loin de servir à la défense, offrirait au contraire à l'assiégeant un abri derrière lequel il rassemblerait ses troupes pour les lancer à l'escalade ou à la brèche que la sape aurait faite.

Rien n'est plus triste et plus aride que l'aspect d'A'ïn Mad'i et de ses environs. Un seul arbre s'élève au-dessus des murs des jardins ; c'est le seul qui ait échappé à la colère d'A'bd el K'ader, encore est-il mutilé. Cependant les traces de dévastation laissées par l'émir s'effacent peu à peu, et d'autres arbres fruitiers remplacent déjà ceux qu'il a coupés; mais ils sont trop petits encore pour qu'on les aperçoive du dehors.

La source appelée A'ïn Mad'i prend naissance à une demi-lieue nord en dehors des murs, au pied d'une montagne appelée El Merkeb, contre-fort du Djebel A'mour. Arrivée à la porte Bab el Sak'ia, elle se déverse dans un bassin d'où elle va par deux écluses arroser les jardins. Un homme veille, le sablier à la main, à la répartition exacte des eaux. Ce sablier est l'horloge de la ville; les habitants viennent souvent le consulter.

A'ïn Mad'i a de plus quatre puits qui, pendant le siége de neuf mois qu'elle eut à soutenir contre A'bd el K'ader, suffirent à la population. Les maisons, au nombre de cent cinquante à deux cents, sont mal bâties en pisé ou en petites pierres; elles n'ont qu'un rez-de-chaussée et une terrasse. Quelques-unes ont un étage, mais très-bas. La maison de Tedjini est seule bien et solidement construite; on la distingue de loin entre toutes les autres; car c'est aussi la seule qui soit blanchie. Une mosquée sans minaret est en harmonie par sa simplicité avec les habitations particulières. Les rues sont si étroites qu'on peut à peine y passer à cheval.

Les habitants d'A'ïn Mad'i sont proprement vêtus, et se distinguent de leurs voisins par le calme et la douceur de leur physionomie.

La réception qu'ils ont faite aux officiers français, lors

de l'expédition du mois de mai 1844, a été simple, naturelle et amicale. Ils parlent de leur chef Tedjini avec vénération; A'bd el K'ader, au contraire, a laissé chez eux un sentiment de haine qu'ils ne cherchent point à déguiser, et que pourra mettre à profit une politique habile.

Tedjini est chérif d'une famille originaire de Fés; il se nomme El H'adj Moh'ammed ben Ah'med Tedjini. Ses ancêtres ont des zaouïa ou chapelles à Fés et à Tunis. Sa mère était négresse; c'est un marabout renommé par son courage, sa probité, sa religion; il ne sort jamais que pour se rendre à la mosquée, le vendredi. Tout occupé des affaires du ciel, il ne s'est jamais mêlé que par force aux révolutions de son pays. Il a juré, dit-on, de ne voir jamais la figure d'un sultan; et l'on assure qu'il n'a pas voulu se montrer au bey H'assan, en 1828, ni à A'bd el K'ader, avant, pendant, ni après le siége d'A'ïn Mad'i. Le général commandant l'expédition d'El Ar'ouat' en 1844, ne l'a pas vu non plus.

A'ïn Mad'i a soutenu plusieurs siéges sous le règne des Turcs. Presque tous les bey d'Oran ou de Maskara, à l'exception du bey Moust'afa, ont fait une expédition contre elle. Toujours ses chefs, pour se débarrasser d'un ennemi importun, qui très-probablement n'eût point pris leur ville, mais qui l'eût fatiguée par la longueur d'un siége, la privation du commerce et la dévastation de ses jardins, en ont fini en payant un impôt.

Les plus remarquables de ces expéditions, et les seules dont nous parlerons, sont celles du bey Moh'ammed el Kebir, en 1783 et 1785; celle du bey H'assan, en 1826, et enfin celle d'A'bd el K'ader, en 1838.

En 1783, le bey d'Oran, Moh'ammed el Kebir, trouva A'ïn Mad'i dans un état de dénûment complet et incapable de résister; il somma donc Tedjini (un des ancêtres du Tedjini d'aujourd'hui) de capituler, et il lui imposa une forte contribution.

Tedjini comprit qu'il devait, pour l'avenir, mettre sa ville à l'abri de l'arbitraire des Turcs : il en releva donc les murailles; et quand, deux ans après, le bey Moh'ammed revint lui demander de nouvelles contributions, il la trouva en bon état de défense et bien approvisionnée. Pendant deux mois et demi il tint le siége devant elle et la bombarda; mais il fut enfin contraint de se retirer.

La puissance des Tedjini s'accrut de ce succès, et tous les successeurs du bey Moh'ammed vinrent comme lui échouer devant A'ïn Mad'i.

En 1825, le frère aîné de Sidi Moh'ammed Tedjini, Ben Salem, loin de redouter les Turcs, résolut d'aller les attaquer sur leur terrain. Appelé par les H'achem au pied de Maskara, il part à la tête des tribus du désert, ses voisines, pour tenter un coup de main sur cette ville, et prend d'assaut deux de ses faubourgs, A'rgoub Isma'il et Bab A'li; mais trahi par les H'achem, qui passent aux Turcs, et contraint de se replier, ben Salem opère son mouvement de retraite par la plaine d'El R'ris, où il espérait se défendre avec plus d'avantage.

Enveloppé par des masses d'ennemis, il range autour de lui ses chameaux et ses bagages, place sa petite infanterie au centre de cette redoute vivante, et tous ses soldats, genou à terre, brûlent jusqu'à leur dernière amorce, et meurent bravement accablés par le nombre. Quelques jours après, la tête de Ben Salem Tedjini, dont le vainqueur avait fait hommage au dey d'Alger, pendait aux crocs de Bab Azoun.

L'année suivante, le bey H'assan marcha sans obstacle jusqu'à A'ïn Mad'i ; mais la place était bien gardée à l'intérieur, et protégée à l'extérieur par les tribus du désert. Après quatorze jours de siége, forcé de se retirer dans le plus grand désordre, il signala toutefois son mouvement de retraite par une ruse qui le débarrassa des Arba', acharnés à le poursuivre.

A la nuit tombante, il ordonna d'allumer dans son camp de grands feux d'âlfa, dont la fumée le cacha bientôt à ses ennemis, qui, le croyant parti et déjà loin, fondirent en désordre sur le bivouac abandonné pour le piller. H'assan fit alors un brusque retour offensif, tomba sur les pillards, en tua un grand nombre, et put regagner Maskara, sans être inquiété sur la route.

A'ïn Mad'i affranchie, par l'énergie des Tedjini, du tribut que les Turcs lui avaient jusque-là imposé, vivait indépendante et tranquille, lorsqu'en 1838, A'bd el K'ader, qui songeait déjà à reprendre la guerre contre nous, voulut s'en emparer, pour y mettre à l'abri sa famille, ses trésors, ses objets les plus précieux et ses munitions, au cas où nous viendrions à lui enlever les établissements qu'il avait créés sur la lisière du désert. A'ïn Mad'i devait être sa ligne extrême de défense, son dernier quartier de ravitaillement.

Miloud ben A'rach, envoyé de l'émir en France, ne lui avait pas dissimulé que la reprise des hostilités entre nous et lui devenait inévitable, s'il persistait dans les voies ambitieuses où il était entré. L'occupation d'A'ïn Mad'i fut dès lors résolue; cependant A'bd el K'ader, sentant qu'il ne pouvait pas, sans se déconsidérer aux yeux des siens, chasser ainsi brutalement un chérif qui ne lui avait donné aucun sujet de plainte, et dont les ancêtres étaient au pouvoir depuis si longtemps, prit occasion d'attaquer Tedjini, sous prétexte qu'il ne s'était point rendu à un rassemblement de guerre contre les chrétiens, auquel tous les chefs mahométans avaient été convoqués.

Il réunit donc un corps d'armée composé d'infanterie, de cavaliers réguliers, de quelques pièces de canon, et sur l'assurance qui lui fut donnée qu'un seul assaut suffirait pour emporter la place, il vint y mettre le siége.

Tous les k'sour et toutes les tribus voisines, que rattachaient à Tedjini sa réputation de bravoure, ses titres de chérif et de marabout', se déclarèrent en sa faveur. Prévenu à temps, il approvisionne sa ville de bois, de blé, de dattes, etc., et pour ne pas se charger de bouches inutiles, il s'y renferme avec trois cent cinquante hommes seulement, mais les meilleurs tireurs du désert.

Le siége dura huit mois; A'bd el K'ader dévasta tous les jardins, coupa les eaux, canonna, mina et bombarda la place, promit des récompenses à ceux de ses soldats qui voudraient s'inscrire pour monter à l'assaut : tout fut inutile. Les tireurs de Tedjini faisaient des prodiges; leur adresse avait tellement effrayé les assaillants que pas un n'osait plus se montrer à portée; « tous « leurs coups vont dans l'œil, » disait-on. M. le colonel Daumas, alors consul de France à Maskara, assure, en effet, y avoir vu rapporter beaucoup de soldats de l'émir blessés à la tête.

Il y allait cependant de l'honneur d'A'bd el K'ader d'entrer dans la place, et ce qu'il ne pouvait obtenir par la force, il l'obtint par l'adresse. Une ambassade de marabout', conduite par son beau-frère Sid el H'adj Mous't'afa ben T'ami, khalifah de Maskara, fut envoyée à Tedjini pour traiter d'un accommodement.

« A'bd el K'ader, » lui exposèrent-ils, « a juré d'aller
« faire sa prière dans la mosquée d'A'ïn Mad'i; dans
« quelle déconsidération tomberait donc l'islamisme, si
« celui qui s'en est déclaré le soutien contre les Fran-
« çais ne pouvait pas accomplir un vœu sacré, et cela
« par l'opiniâtreté même d'un homme chérif et mara-
« bout'! »

Le pieux et trop confiant Tedjini, cédant à ces considérations religieuses, de discussions en concessions, conclut enfin ce traité :

« Tedjini évacuera la ville et se retirera à El Ar'ouat', et pour que sa sortie ne soit point inquiétée, l'émir portera son camp à Sidi Bou Zid ; il prêtera ses chameaux et ses mulets pour le transport des effets de Tedjini et de sa suite ; le fils de Tedjini restera en otage entre les mains de l'émir jusqu'au retour des bêtes de charge. La famille de Ben Salem rentrera à El Ar'ouat' ; on lui rendra ses biens et elle y reprendra sa part dans le gouvernement. Après cinq jours seulement de séjour dans la ville, l'émir l'évacuera, et Tedjini pourra y rentrer et y reprendre le commandement. »

Les bases de ce traité hypocrite furent acceptées, et leur exécution jurée sur le Koran ; mais une fois dans A'ïn Mad'i, A'bd el K'ader en fit abattre les murs et ruiner les maisons ; celle de Tedjini, où il s'était logé, fut seule épargnée. Cette trahison souleva contre lui toutes les populations du désert ; chaque jour ses convois étaient attaqués et leurs escortes massacrées ; la position n'était plus tenable. Pressé d'ailleurs par les événements, il évacua la ville, en proclamant bien haut sa victoire, et en ordonnant à tous les vrais croyants de s'en réjouir sous peine de la tête.

Nous sommes heureux de pouvoir citer ici la traduction littérale de la lettre qu'il écrivit en cette occasion à son consul (Oukil) à Oran, El H'adj el H'abib-Oulid el Meh'or.

Cette lettre prouve évidemment qu'A'bd el K'ader ne s'abusait point sur le mauvais effet produit par l'immoralité de son expédition, et qu'il cherchait à en atténuer les conséquences possibles sur l'esprit des populations.

« A notre parfait ami le respectable, le bien élevé, notre
« Oukil à Oran, que Dieu le protége.

« Dieu nous ayant donné mission de veiller sur les intérêts
« des musulmans et de prendre la direction de tous les peuples
« soumis à la loi de notre seigneur Moh'ammed (salut sur lui!),
« nous sommes allé dans le désert, non pour nuire aux croyants,
« les combattre, les abaisser, les détruire, mais avec l'intention
« de les instruire dans la loi du prophète, de réunir les divers
« intérêts et d'établir l'ordre. Tous ont écouté notre voix, tous
« nous ont obéi et nous ont accepté, autant que cela peut être,
« pour leur chef. Le fils de Tedjini seul ne nous a pas écouté.
« (Dieu nous préserve de parler et d'agir comme le fils de
« Tedjini.) Nous nous sommes trouvé face à face avec ceux
« qui lui obéissaient; ils étaient prêts à combattre pour l'amour
« de Dieu et de son prophète; nous les avons conjurés de se
« réunir à nous, en leur citant les paroles saintes; tout a été
« inutile. Alors nous avons désespéré de sa conversion; nous
« avons vu que nous ne pourrions rien gagner de cet homme,
« et que nous ne pourrions lui donner le pardon. Craignant de
« manquer le but que nous voulons atteindre, qui est de réunir
« les intérêts des vrais croyants et de les instruire dans la loi du
« prophète, d'empêcher le mauvais exemple de germer chez les
« autres, de purifier la corruption qui les souille (comme cela
« est connu des Maures et des Arabes), eux, leurs biens, leurs
« femmes et leurs enfants; usant alors du droit des conquérants,
« et eux d'ailleurs commençant à nous attaquer les premiers,
« nous avons autorisé nos soldats protégés de Dieu à les com-
« battre; la religion me l'ordonnait.

« Et lorsqu'ils se sont trouvés face à face avec nous, ils se « sont enfuis, et nous les avons suppliés de nouveau, au nom « du Dieu puissant; eux, ils ont refusé avec dédain, et lui, le « fils de Tedjini, nous a dit : Je compte sur mes remparts et sur « ma ville. Alors nous l'avons bloqué, et nos soldats, sur lesquels « veillait Dieu, sont arrivés jusqu'à ces remparts. Voyant alors « que la victoire allait être pour nous, puisque nos mines arri- « vaient jusqu'au pied de leurs murailles, ils ont demandé le « pardon et l'aman; je leur ai accordé l'un et l'autre, bien qu'ils « m'aient trahi plusieurs fois. En cela nous avons obéi au Très- « Haut, qui a dit : Pardonnez et oubliez! J'espère qu'il me « tiendra compte un jour d'avoir fait ces négociations, d'avoir « évité l'effusion du sang des hommes et des enfants, d'avoir « respecté les femmes; car elles ne se sont pas dévoilées devant « les hommes. Nous leur avons accordé l'aman à la condition « de quitter les remparts et la ville, laissant chacun d'eux libre « d'aller là où il voudrait.

« Alors ils sont sortis de leurs habitations, et on ne leur a « point fait de mal; le fils de Tedjini a laissé ses femmes, sa « famille et ses enfants; nous les avons envoyés à El Ar'ouat'; « lui, est allé dans le désert. Ainsi, toute guerre, toute discussion « sont terminées. Je vous écris ces mots de la maison de « Tedjini, sur la terrasse, décidé à détruire cette ville pour « l'exemple des autres; que Dieu nous conserve la victoire et « nous préserve d'une mauvaise fin. Musulmans, priez Dieu « pour votre émir; il ne travaille que dans votre intérêt. Ré- « jouissez-vous et priez Dieu de le fortifier ; croyez en la misé- « ricorde du Très-Haut et lisez le chapitre du Koran, *el Mouedna*, « qui dit que la terre appartient à Dieu et qu'il la donne à la « créature qu'il chérit le plus.

« Écrit le h'âd au matin, 27 choual 1254 (dimanche, 12 jan- « vier 1839). »

D'autres proclamations en grand nombre furent écrites dans le même sens à tous les chefs des tribus sous l'obéissance de l'émir; mais si elles trompèrent un moment les populations, le retour précipité du conquérant à Tak'demt dévoila bientôt sa fraude.

Après les diverses vicissitudes de sa fortune, Tedjini rentra dans A'ïn Mad'i, en restaura les murailles, et n'a pas cessé d'y commander tranquillement depuis. Il jouit dans tout le désert d'une haute réputation de sainteté. Ce qu'il veut, c'est de vivre tranquille dans son gouvernement, sans se mêler des affaires de personne et sans qu'on se mêle des siennes : « car, » écrivait-il dernièrement à M. le maréchal duc d'Isly, « je suis ché-« rif et marabout'; je ne veux que faire le bien; je ne « suis pas de ce monde. » Cette abnégation des choses humaines n'exclut pourtant point chez le marabout' le courage et l'énergie. Pendant le siége d'A'ïn Mad'i, il fit proposer plusieurs fois à A'bd el K'ader d'en finir en combat singulier. L'émir aurait peut-être accepté la provocation; « mais, » lui opposèrent les t'olba et les marabout' de son camp, « Tedjini est couvert de talis-« mans et d'amulettes, la partie ne serait pas égale. » A'bd el K'ader, tout marabout' qu'il est lui-même, n'osa pas braver les sacrés talismans.

TADJROUNA.

C'est un village d'une centaine de maisons, défendu par une muraille de deux hauteurs d'homme, surmontée de quatre petites tourelles et ouverte par une seule porte. Tout cela est en assez mauvais état. L'enceinte elle-même n'est pas continue; sur plusieurs points, les maisons, mal appuyées les unes contre les autres, lui font suite en laissant entre elles des sorties sur la campagne, mais par lesquelles un cheval ne peut point passer. Dans ce groupe d'un gris sale, trois ou quatre maisons seulement et la mosquée sont blanchies à la chaux.

Les habitants de Tadjrouna vivent des fruits de leurs jardins qu'ils cultivent avec beaucoup de soin, et des blés du Tell; ils sont riches d'ailleurs en troupeaux de bœufs, de moutons et de chèvres. Ils ont pour industrie particulière de fabriquer des éperons, des mors, des selles et des objets de harnachement qu'ils vendent aux tribus voisines.

Le chef du k's'ar et du territoire est nommé par la djema'; le chef actuel s'appelle Si T'aïeb el Moulei.

Les Ouled Ia'k'oub er Raba', qui sont les djouad (nobles) de la tribu des Ouled Ia'k'oub, déposent leurs grains à Tadjrouna.

Ce k's'ar payait un impôt à l'émir; et nous ferons ici cette observation générale, que les droits prélevés par

A'bd el K'ader sur les villages du Sahara étaient de deux sortes : les ksour qui avaient des dattiers payaient tant de vêtements de laine, selon la quantité de leurs arbres ; ceux qui n'en avaient pas, payaient, dans les derniers temps, l'a'chour sur les grains qu'ils allaient acheter dans le Tell. Cette mesure avait été prise, parce que les tribus et les k'sour se plaignaient d'exactions nombreuses commises par les préposés au prélèvement de la Eussa.

TRIBU DES ARBA'.

La tribu nomade des Arba' campe aux environs d'El Ar'ouat'; elle se divise en trois grandes fractions, subdivisées elles-mêmes ainsi qu'il suit :

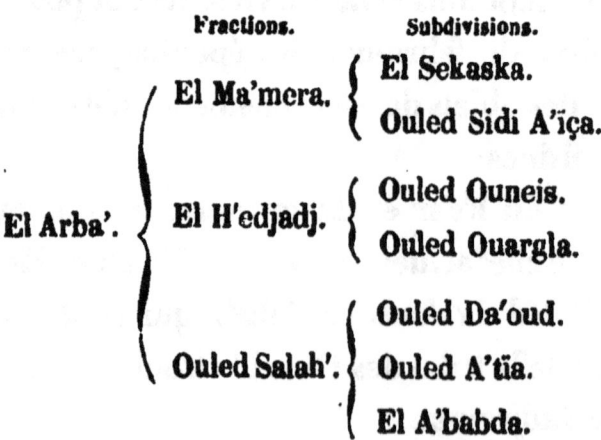

De temps immémorial et surtout pendant et depuis les expéditions d'A'bd·el K'ader contre A'in Mad'i et dans le district d'El Ar'ouat', ces diverses fractions de la tribu des Arba' vivaient en très-mauvaise intelligence; les unes avaient pris parti pour, les autres contre l'ex-émir; mais depuis la nomination de notre khalifah Sid Ah'med ben Salem, les germes de dissension commencent à s'effacer. Chacune des trois grandes fractions obéit à un k'aïd ou cheïkh relevant de Sid Ah'med ben Salem.

L'histoire des Arba', confiée à la tradition comme celle de toutes les peuplades du désert, n'existe plus maintenant qu'à l'état de légende. Nous ne croyons point cependant devoir négliger ces contes populaires : dans presque tous le vrai s'y fait jour à travers le merveilleux. Ceci sera notre réponse faite une fois pour toutes à ceux qui pourraient nous reprocher de les reproduire ou d'y attacher trop d'importance.

Voici donc ce qu'on dit des Arba'. Ils campaient autrefois près de Sidi O'k'ba et y possédaient même des jardins et des dattiers; mais ils y commettaient toute sorte d'excès contre les habitants du pays, qui s'en plaignirent enfin à leur marabout' Sidi O'k'ba. « Je vais « demander à Dieu, » répondit le saint homme, « que les « Arba' s'éloignent de vous. Je planterai sur le Djebel « A'mour un piquet où je les tiendrai attachés du côté « du sud et du côté du nord. » Les Arba' émigrèrent en effet au pays d'El Ar'ouat', et depuis ce temps-là, soit qu'ils se rendent où leur commerce les appelle, soit qu'ils aillent faire paître leurs troupeaux, ils passent par le Djebel A'mour, sans jamais mettre les pieds sur le territoire des Sidi O'k'ba.

Leur vie est celle de toutes les tribus nomades du désert. Ils passent l'automne sous la tente, aux environs dEl Ar'ouat', de Tadjemout, de K'sir el H'aïran, d'El H'aouïta, d'A'ïn Mad'i et d'El Assafia, où ils déposent leurs grains. En hiver, ceux d'entre eux qui font le commerce laissent leurs troupeaux et leurs tentes, les femmes, les enfants, les vieillards, au lieu du campement, et vont s'approvisionner de dattes et de divers objets à Temaçin, à Ouargla, à Tougourt, et y vendre ou échanger leurs produits. Au printemps tous reprennent la vie nomade et conduisent leurs troupeaux dans le désert, presque partout couvert alors d'une herbe appelée a'cheb. A la fin de l'été, ils vont acheter des grains dans le Tell.

Les Arba' vendent aux villes et villages du désert, des moutons, de la laine, du beurre, etc. Ils reçoivent en échange des bernous, des h'aïks, des vêtements tout d'une pièce, espèce de longue chemise en laine, appelée djellaba, qu'ils iront échanger encore contre les blés du Tell. Presque tous font, de plus, métier de louer leurs chameaux aux marchands des grandes villes Tougourt, Gardaïa, El Ar'ouat', etc. Le prix d'un chameau est de 4 ou 5 boudjous d'El Ar'ouat' à Gardaïa, c'est-à-dire pour une distance de quarante-cinq ou cinquante lieues.

Leurs femmes ne font absolument que des tentes en

poil de chameau, des vêtements de laine qu'elles tei gnent en noir avec du sebr'a, et des sacs à porter des fardeaux, appelés r'eraïer.

Comme presque toutes les femmes des tribus nomades, elles vont la figure découverte.

Les Arba' sont très-braves et peu soucieux d'éviter des rencontres à main armée; car, nous disait l'un d'eux, « nos fusils sont longs. » Ils mettent un grand luxe dans leurs armes : tous leurs chefs ont deux fusils, l'un de guerre, l'autre de parade; l'un simple et sûr, l'autre enjolivé de corail et monté en argent. Leur vie est aventureuse, et d'ailleurs leur instinct violent et pillard les met trop souvent en contact avec d'autres tribus, pour ne pas leur avoir fait des ennemis nombreux. La question du premier occupant pour une source ou pour un pâturage les met souvent en querelles, toujours vidées à coups de fusil, avec les Ouled Ia'k'oub, les H'arar, les Chamba, les Mekhadma, les el Ar'ouat' K'sal, les Ma'ka de l'ouest du Djebel A'mour, qui, eux aussi, courent la même partie du Sahara à la même époque.

TRIBU DES A'R'AZLIA.

La tribu des A'r'azlïa campe dans le quadrilatère compris entre Sidi Khaled, Tougourt, les Beni Mzab et El Ar'ouat'.

Elle se divise en deux fractions principales qui sont les :

>Ouled Sidi Seliman.
>Ouled Sidi Ia'h'ïa.

Elle ne possède que des chameaux et des moutons. Les chefs seuls, et les plus riches, ont des chevaux, une cinquantaine au plus.

Les A'r'azlïa mènent la vie nomade une partie de l'année, et après la récolte des dattes, ils vont s'en approvisionner à Temaçin et Tougourt, pour aller ensuite les vendre à Djebel Sah'ari, Djebel A'mour, El Ar'ouat', et chez les Beni Mzab, contre des vêtements de laine ou des objets de première nécessité.

Comme les Arba', ils louent leurs chameaux aux habitants des k'sour pour les transports des denrées ou des marchandises.

Les A'r'azlïa sont plutôt portés au commerce et à la paix qu'à la guerre ; cependant ils ne reculent pas devant la nécessité de la faire. Ils sont braves au besoin, mais peu querelleurs de leur nature.

Leurs femmes, qui passent pour très-belles, sont fort

débauchées ; beaucoup d'entre elles vont se prostituer à Tougourt, à El Ar'ouat' et dans les autres villes et k'sour du désert.

TRIBU DES OULED SIDI AT'ALLAH'.

Les Ouled Sidi At'allah' sont une petite tribu de marabout' qui campe ordinairement dans les environs de Tadjemout, où quelques-uns ont des maisons, et où tous déposent leurs grains.

Les marabout' et les tombeaux de leurs ancêtres s'élèvent au nord et très-près de Tadjemout, sur un petit mamelon : ils y vont tous les ans faire leurs prières en grande pompe.

Les Ouled Sidi At'allah' n'ont pas plus de cinquante chevaux et une centaine de tentes.

Ils possèdent des moutons et des chameaux qu'ils louent, comme toutes les autres tribus du désert, aux marchands des k'sour et des villes.

Leurs chefs principaux se nomment Si K'outder ben Moh'ammed et Si Boubeker ben Iah'ia.

SUITE DE LA ROUTE D'ALGER A OUARGLA.

lieues.

16ᵉ jour en partant d'El Ar'ouat' on va à Ras Nili, la source du Nili sur une chaîne de mamelons de sable (A'reg), appelée Chebka Mta' el Ar'ouat'. Chebka veut dire proprement filet ; nous le retrouverons souvent employé dans une signification figurée, pour représenter un ensemble de mamelons capricieusement croisés comme les mailles d'un filet. Le Chebka Mta' el Ar'ouat' porte encore le nom de Ras el Feïad, parce que de son versant s'écoulent pendant l'hiver une foule de petites rivières alimentées par les eaux pluviales, et à sec pendant les deux tiers de l'année. On a voyagé dans le sable. 9

17ᵉ . . . on suit l'Oued Nili jusqu'à Safi el Feïad ; — pays de sable. 9

18ᵉ . . . au pied du Djebel Mazedj, montagne rocheuse et très-élevée, appelée aussi Chebka Mta' Beni Mzab ; elle s'étend vers l'ouest en s'abaissant graduellement jusqu'au méridien de Timimoun, où elle se termine en A'reg ; — pays de sable. 9

19ᵉ . . . à un puits nommé Banloh' ; on a marché entre les contre-forts rocheux et broussailleux du Djebel Mazedj, que l'on a traversé du nord au sud. 9

20ᵉ . . . de Banloh' à Gardaïa ; on a marché entre des mamelons. 4

Total d'El Ar'ouat' à Gardaïa 40

Arrivés à Gardaïa, et avant d'aller plus loin, nous ferons connaître en entier la circonscription des Beni Mzab.

CIRCONSCRIPTION DES BENI MZAB.

Les Beni Mzab forment, au milieu des populations du désert, une nation à part qui se distingue par la sévérité de ses mœurs, son langage particulier, sa probité proverbiale, et par quelques modifications dans ses pratiques religieuses, bien que sa religion soit la musulmane.

Il serait hors de notre sujet d'ajouter une page, sans doute inutile, à toutes celles où l'on a déjà discuté les origines probables des peuplades du Tell et du désert semées au milieu des tribus arabes. Ce point de la science ne pourra s'éclaircir sans doute que par le rapprochement des idiomes et la découverte des filiations; ces données manquant encore presque absolument.

Un vieux juif très-intelligent, et savant de cette science d'expérience que donnent les longs voyages et les relations de commerce, nous a dit que les Beni Mzab prétendent descendre des Moabites; il serait difficile d'appuyer ici la tradition de preuves authentiques. Constatons toutefois que les Beni Mzab sont très-blancs; beaucoup ont les yeux bleus et les cheveux blonds.

Leur langue, qui s'appelle le mzabïa, semble être un dialecte de la langue berbère.

Les chefs et les gens riches en contact habituel avec les tribus nomades parlent cependant l'arabe, et tous font leur prière en cette langue, que l'on enseigne dans les écoles.

Les Beni Mzab sont mahométans, mais khouaredj (sortants, schismatiques).

Il existe, pour cette raison sans doute, entre eux et les Arabes une haine traditionnelle, mal déguisée par les relations de pur intérêt qui les unissent. Dans le désert comme dans les villes du littoral, une foule de contes populaires signalent les Beni Mzab au mépris des vrais croyants. Quand ils sont morts, il leur pousse des oreilles d'âne; ils n'auront qu'un cinquième dans les joies du paradis, etc. Nous avons dû rechercher l'origine du schisme des Mzabit, et voici ce que nous avons trouvé dans l'ouvrage du savant Sidi Khelil, un des t'olba musulmans les plus vénérés. Nous traduisons textuellement :

« Les khouaredj ont transgressé les préceptes de Sid A'li; ils
« habitaient H'aroura, petite ville dépendante de K'oufa, dont
« elle n'est éloignée que de deux milles.

« Les khouaredj n'ont changé que quelques préceptes; ils
« ont qualifié d'impiété tout péché.

« Les Beni Mzab en général et quelques habitants de Djerba
« (royaume de Tunis) appartiennent à cette secte.

« Ils sont désignés khouaredj, parce qu'ils sortent du Medheb
« H'all Senna, du chemin des gens qui suivent les préceptes du

« prophète, c'est-à-dire qu'ils n'appartiennent à aucune des
« quatre sectes autorisées :

« El Maleki.
« El H'anafi.
« El Chefa'i.
« El H'anbeli.

« Les Beni Mzab s'appellent ainsi parce que la terre qu'ils
« habitent s'appelle Mzab, ou peut-être mieux encore parce
« qu'ils ont sur cette terre une rivière qui porte ce nom.

« Il ne faut pas croire cependant que tous ceux qui habitent
« la terre des Mzab ou de Djerba soient khouaredj; car on
« trouve chez eux des gens qui suivent les préceptes de notre
« seigneur Moh'ammed; ceci a été démontré et prouvé par les
« paroles du cheïkh el Djouhari, qui a dit :

« Les Imam des gens de Djerba connus pour khouaredj ne
« sont point valables, et leur témoignage ne peut être accepté
« en justice. Ne faites point d'alliance avec eux; il y a même des
« gens très-respectables qui m'ont assuré qu'un homme de
« Djerba, reconnu khouaredj, étant mort dans le Soudan, sa
« tête s'était changée en tête d'âne.

« Ils ne sont point de la secte de Malek, quoiqu'ils prétendent
« en être, en s'appuyant sur ce qu'ils habitent les pays de l'ouest;
« mais dans le cœur, ils ne suivent ni la secte de Malek ni les
« autres; ceci est prouvé par leurs actes. »

Il résulte de l'opinion de Sidi Khelil que ce qui caractérise les khouaredj, c'est qu'ils appellent infidèles, et repoussent comme ayant fait scission avec la loi, tous ceux qui commettent des péchés, tandis que les croyants, plus indulgents pour les pécheurs, admettent que les révoltés contre Dieu peuvent rentrer dans sa grâce;

qu'ils diffèrent des autres sectes dans la pratique du culte ; qu'en un mot, ils n'admettent point la Senna, mais seulement le Ferd, ou cette partie du Koran regardée comme de révélation divine, comme donnée par Dieu.

C'est sans doute pour la raison que les Beni Mzab forment une cinquième secte, qu'ils sont ironiquement désignés par les Arabes sous le nom de Khamsïa, qui veut dire les cinquièmes. Cette qualification a pris le caractère d'une injure tellement grave que, chez eux, ils puniraient de mort tout individu qui les appellerait Khamsïa.

Quoi qu'il en soit, les Beni Mzab sont beaucoup plus sévèrement religieux que les Arabes ; ils ont pour la prière des vêtements particuliers que ne souillent point les pratiques de la vie habituelle ; ils jeûnent, prient et font leurs ablutions exactement.

Leur pureté de mœurs est poussée jusqu'au rigorisme : ce sont les puritains du désert. Ils peuvent, il est vrai, épouser quatre femmes, mais, contrairement aux habitudes du Sahara, ils les cachent soigneusement aux yeux de tous. Un fils ne peut voir que sa mère, un frère ne peut voir sa belle-sœur ; sortent-elles, elles se voilent entièrement, et de manière à ne laisser paraître qu'un œil. L'adultère est lapidée ; son complice paie une amende très-forte, reçoit cinq cents coups de bâton, et est banni du pays.

Religieux observateurs de la foi donnée, ennemis

jurés du mensonge, ils mourraient de faim auprès du dépôt qui leur est confié; un Beni Mzab vous a dit : « Dieu soit avec vous! » Dormez tranquille, il veille.

Généralement très-sobres, ils ne mangent que des mets préparés chez eux et par eux; ils ne prisent ni ne fument, c'est un péché. Ils ont l'ivresse en telle horreur que, si quelque juif vient à s'enivrer, des perquisitions sont faites dans sa maison ou même chez tous ses coreligionnaires; les jarres de vin et d'eau-de-vie de figues (ma'ia) sont brisées sur la place publique.

Si une juive se livre à la prostitution, elle est honteusement bannie.

Il est assez remarquable que les Beni Mzab, une fois sortis de chez eux, oublient si complétement leur éducation nationale, qu'il serait fort difficile d'en retrouver les traces chez nos Mzabit d'Alger et des villes du littoral. Ceux-ci sont ivrognes et débauchés à l'excès; aussi sont-ils complétement désavoués par leurs compatriotes. Quand ils sortent de leur pays, ils sortent de leur religion; ils sont oubliés comme des morts; leurs femmes peuvent se remarier; et pour rentrer chez eux, ils sont forcés de faire amende honorable, de subir une expiation : ils se coupent soigneusement les ongles des mains et des pieds; ils se purifient dans de la graisse chaude; ils se lavent de la tête aux pieds; ensuite, les mains croisées sur la poitrine, ils se rendent auprès du cheïkh Baba et l'abordent en lui disant .

Ana men Allah ou men et' T'aïebin (Je suis des gens

de Dieu et des gens qui s'amendent). Le cheïkh Baba lit sur eux le fath'a, leur donne le pardon et ils rentrent seulement alors dans la vie commune.

Comme au milieu de tous les grands centres de populations du désert, quelques juifs se sont glissés dans le pays des Beni Mzab, et là, plus qu'ailleurs, ils trouvent une tolérante hospitalité ; à la seule condition, mais à la condition rigoureuse, de se conformer aux lois du pays et de respecter les habitudes de leurs hôtes, ils jouissent d'une liberté d'action complète. Ils ont leur synagogue, leurs rabbins, leurs écoles ; il leur est permis de s'habiller à peu près comme les Beni Mzab, mais pour signe distinctif, ils ne portent point le h'aïk et sont forcés de se rouler un mouchoir noir autour de la tête. Ils ne peuvent pas non plus monter à cheval; comme partout ils sont marchands, cardeurs de laine, teinturiers et orfévres.

Cette tolérance est d'autant plus inexplicable qu'elle ne s'étend point aux Arabes. L'intérêt seul est le lien qui semble unir les tribus de la tente et les Beni Mzab, et si dans le désert un Beni Mzab est respecté, c'est que s'il était insulté, les marchés de la ville seraient fermés à la tribu d'où partirait l'insulte. L'an dernier les chefs de Gardaïa ont expulsé quarante familles arabes de leur ville, en leur signifiant que, pour y acquérir le droit de bourgeoisie, elles devaient se faire Beni Mzab ; et s'il arrive, ainsi que cela s'est vu quelquefois, qu'un Arabe consente à cette abjuration, il est obligé de faire une profession de foi nouvelle entre les mains du cheïkh Baba : encore n'est-il jamais considéré comme pur Mzabit ; sa postérité ne jouira même de ce privilége qu'à la quarantième génération.

Voici bien des traits caractéristiques d'une organisation gouvernementale et religieuse, curieuse à étudier. Malheureusement il nous manque, pour en tirer des conséquences, des documents précis sur l'origine de ce peuple singulier.

Le pays des Beni Mzab s'étend depuis El Guerara à l'est, jusqu'à Metlili à l'ouest, et depuis le Chebka Mta' Beni Mzab, jusqu'à une ligne indéterminée à moitié chemin d'Ouargla à Gardaïa. Il est, dans sa partie nord, tourmenté de ravins et de montagnes rocheuses et très-escarpées, où se trouvent, dit-on, des mines de cuivre et d'or.

Les villes principales de la confédération des Beni Mzab, sont :

    Gardaïa.
    Mellika.
    Bou Noura.
    Beni Isguen.
    El A'tef.
    Berrian.
    El Guerara.

GARDAIA.

Gardaïa, sur la rive droite de l'Oued Mzab, est située par 0° 20 longitude ouest, et 33° 25 latitude nord environ; c'est une ville presque aussi grande qu'Alger. Sa muraille d'enceinte est crénelée et défendue de distance en distance par neuf tours également à créneaux et qui peuvent contenir de trois à quatre cents combattants.

Elle est entourée de petits pics appelés kaf. Une chaîne de montagnes rocheuses, nommée Djebel Mazedj, lui fait face à douze lieues au nord, court vers l'ouest par une succession de mamelons de moins en moins élevés, jusqu'à huit jours de marche au delà de Timimoun, et va mourir dans les sables.

Gardaïa a dix portes, dont les principales sont :

>Bab el Brabechia.
>Bab Salem ou A'iça.
>Bab Errehi.
>Bab el Djedid.
>Bab Ouled Naïl.
>Bab el Mer'rara.
>Bab el Kharadja.
>Bab el H'aouch.

Les maisons de Gardaïa sont bien construites et blanchies à la chaux. On y remarque six mosquées dont l'une est immense. Les cimetières sont en dehors des murailles. D'immenses vergers, arrosés par des puits dont quelques-uns ont de cent à cent cinquante brasses de profondeur, entourent la ville. On y cultive la vigne, les figuiers de Barbarie, les pêchers, les abricotiers, les pommiers, des légumes de toute espèce. Il est remarquable qu'on n'y trouve ni oranges ni citrons, mais seulement des limons.

Le terrain des environs est montueux et raviné. Les montagnes principales sont :

Bou Ziza.
Bou H'amid.
Bin Djebelin.
Baba Sa'd.
Baba ou El Djema'.
Sidi A'iça.
} Montagnes de roches.

La rareté des pluies y rend presque nulle la culture des céréales ; mais il suffit qu'il pleuve une année en temps opportun et en abondance, pour que la terre en produise, pendant deux ou trois ans de suite, en quantité suffisante à tous les besoins.

Les approvisionnements ordinaires d'orge et de blé se font dans le Tell.

Gardaïa est administrée par une assemblée nationale, composée de douze membres, présidée par un chef suprême. Il ne peut rien décider toutefois, sans avoir pris l'avis du chef de la religion, qui s'appelle cheïkh Baba et dont la parole a force de loi, non-seulement à Gardaïa, mais dans toutes les autres villes du district.

Ce gouvernement est donc à proprement parler théocratique.

Les juifs ont, à Gardaïa, un quartier à part, appelé Azkak el Ihoud; ils y vivent aux conditions dont nous avons déjà parlé. Le chef de leur religion prend le titre de cheïkh. Ils ont une synagogue.

Les objets de fabrication indigène sont peu importants. Les femmes tissent des étoffes de laine : gandoura, bernous, h'aïk, etc. Les juifs y sont orfévres, armuriers, mais seulement capables de réparer les armes, serruriers, etc.

Il s'y fabrique aussi de la poudre, mais en petite quantité.

La ville est donc obligée de vivre du commerce qu'elle fait avec l'extérieur et dont les objets principaux sont :

>Huile, qui vient de Bou Sa'da.
>Blé et orge, du Tell.
>Fèves. qu'ils récoltent.
>Beurre, qui vient des Arabes.
>Alun et henna, apportés de l'ouest.
>Nègres.
>Kermès.
>Peaux tannées, nommées filali, qui viennent de l'ouest.
>Chaussures.
>Épiceries.
>Poteries.
>Cotonnades, qui autrefois étaient tirées de Tunis, et qui sont maintenant tirées d'Alger.

Les Arabes qui déposent leurs grains à Gardaïa sont :

>Les Ouled Ia'k'oub.

Les Sa'ïd A'teba.
Les Mekhadma.

Tout auprès de Gardaïa sont les ruines d'une ville immense que les indigènes appellent Baba Sa'd. Elle était située sur une montagne. Ce n'est plus qu'un pêle-mêle de pierres de taille bouleversées; cependant on y remarque encore des bassins et des damiers, nous disait le Mzabit que nous avons interrogé. De nouvelles questions nous ont amenés à découvrir que ces damiers étaient des mosaïques. C'est là sans doute encore le vestige d'une de ces villes romaines que le temps a oubliées dans le désert.

MELLIKA.

Mellika, ville de deux à trois cents maisons, sur la rive gauche de l'Oued Mzab, au sud de Gardaïa, est bâtie sur une montagne appelée Sidi A'iça ou El A'rgoub. Elle est entourée d'une muraille défendue par deux tours. Elle a trois portes :

Bab el A'rgoub.
Bab el A'trach.
Bab el H'amidou.

Les tribus qui y déposent leurs grains sont des fractions des Arba' et des Chamba.

Elle s'administre par une djema' sous les ordres de celle de Gardaïa.

Mellika est la ville sainte des Beni Mzab; le marabout le plus vénéré du pays, Sidi A'iça, y est enterré, et son tombeau attire une foule de pèlerins.

Elle a trois mosquées, dont une assez vaste. On n'y trouve point de juifs.

BOU NOURA.

Bou Noura est à 400 mètres plus au sud; c'est la plus petite ville des Beni Mzab; elle a pourtant son enceinte surmontée de quatre tours. Ses trois portes se nomment :

>Bab el Sour.
>Bab Beni Isguen.
>Bab Mellika.

Elle est gouvernée par une djema' sous les ordres de celle de Gardaïa. Peu de tribus y déposent leurs grains. Ses habitants cultivent, sous ses murs, quelques jardins peu fertiles.

BENI ISGUEN.

Beni Isguen est à 600 mètres au sud de Bou Noura, sur la rive droite de l'Oued Mzab. C'est une ville un peu moins grande que Gardaïa, mais plus solidement bâtie.

Elle est entourée d'un rempart surmonté de cinq tours. Ses portes se nomment :

  Bab Entissa.
  Bab el R'arbi.
  Bab el K'obli.

Les Mekhadma y déposent leurs grains.

EL A'TEF.

El A'tef est, au sud, à 600 mètres de Beni Isguen ; c'est une ville de cinq ou six cents maisons, entourée d'une enceinte garnie de tours.

Elle a trois mosquées et deux portes.

Les Mekhadma et les Beni A'llal y déposent leurs grains.

BERRIAN.

Berrïan est à neuf lieues est de Gardaïa ; c'est un village de deux cent cinquante à trois cents maisons, entouré d'une enceinte crénelée. Ses jardins sont arrosés par des puits. Il y a des écoles et des mosquées.

Les Mekhalif et les Ouled Iahïa y déposent leurs grains.

GUERARA.

Guerara est à l'est de Gardaïa, et à deux jours de marche sur l'Oued Ser'rin, qui vient du Chebka Mta'k el A'r'ouat'. C'est une ville un peu moins grande que Gardaïa; elle est entourée d'une enceinte très-élevée, et percée de trois portes, qui sont :

>Bab el R'arbi.
>Bab el Cherki.
>Bab el Oued.

Entre Gardaïa et Guerara le terrain est pierreux; cependant on trouve auprès de l'Oued en-Nça des cèdres et des bethom (térébinthes).

Les jardins de Guerara sont remarquables par leur étendue et leur fertilité; des puits assez nombreux permettent de les arroser fréquemment.

Cette ville était autrefois sous la dépendance de Gardaïa; mais, depuis longtemps déjà, elle se gouverne elle-même par une djema'.

On y a constaté la présence de quatre Européens : trois Espagnols et un Français qui se dit officier, et qui s'appelle El H'adj Ioucef.

Les tribus qui déposent leurs grains à Guerara sont :

>Les Mekhalif.
>Les A't'atcha.
>Ouled A'mer.   } Fractions des Arba'.
>Ouled Ounaïs.

El A'r'azlïa.
Ouled Seïah'.
H'all T'aïbat.
Ouled Sidi Bel K'assem.

La confédération des Beni Mzab est un centre où viennent affluer toutes les tribus du désert; selon ses besoins, chacune y vient acheter ou vendre.

Celles qui fréquentent le plus habituellement les marchés des Beni Mzab sont :

El Keraïch.
Ouled Lek'red.
Ouled Cherif.
H'alouïa.
Flitta.
El H'arar.
El H'adjalat.
El A'mour.
Ouled Sidi Cheïkh.
El A'r'ouat' K'sal.
Ouled Ziad.
Ouled Naïl.
H'all Bou Sa'da.
Ouled Sidi Zian.
Ouled Sassi.
Ouled H'arkat.
Ouled A'mera.
Embarka ou A'bid Allah'.
El A'r'azlïa.
El Arba'.
Ouled Iak'oub.

Saïd.
El Mekhadma.
Chambet Bou Rouba.
El Medabeh'.
El Mekhalif.
Ouled Iah'ia'.
Ouled Seïah'
Sa'id Ouled A'mer.
Ouled Moulat.
Selmia.
Ouled Sidi Bel K'assem.
A'rba'ia.
H'all N'efta.
H'all Ouargla.
H'all el Oued.
H'all es-Souf.
H'all Tougourt.
H'all Temacin.
H'all Gourara.
H'all Kela'.
Touareg.
El A'r'ouat'.
A'ïn Mad'i.
Tadjemout.
K'sir el H'aïran.
Ouled Mokhtar ben A'ouda.
Rah'man.
El Mefatah'.
Douaïr.

Ces tribus apportent aux Beni Mzab :

Des laines en quantité.

Du blé, de l'orge.
Beurre de brebis.
Moutons.
Chevaux.
Anes.
Quelques bœufs.
De l'huile.
Des peaux tannées.
Nègres.
Henna.
Alun.
Poudre.
Dents d'éléphant.
Poudre d'or.
Plumes d'autruche.
Glands doux.
Fèves, pois chiches.
Chachia.
Ceintures.
Chaussures.
Indiennes.
Cotonnades.
Soies.
Du drap en quantité.
Épiceries.
Mercure.
Armes.
Verroterie.
Coutellerie.
Un peu de sucre.
Un peu de kermès pour teinture.
Garance.
Dattes.

Acier.
Fer.
Tapis.
Des gazelles, des lièvres, du gibier vivant.
Des autruches vivantes, etc.

Il y a peu de temps encore que la plupart de ces marchandises étaient apportées de Tunis. Elles commencent à venir d'Alger ; et il est probable que plus nos rapports deviendront directs avec la première zone du désert, nos routes étant d'ailleurs plus sûres que celles de Tunis, plus nous accaparerons tout le commerce des Beni Mzab.

Les germes d'irritation qu'A'bd el K'ader a laissés dans le désert, et particulièrement chez les Beni Mzab, les ont à jamais éloignés de lui, et disposés peut-être à établir avec nous des relations sur lesquelles ils pourraient compter un jour, en cas d'une nouvelle incursion de l'émir dans le sud. Quand A'bd el K'ader faisait le siége d'A'ïn Mad'i, il écrivit aux Beni Mzab, pour leur ordonner de reconnaître son gouvernement, et de se soumettre à lui ; car, ajoutait-il, Dieu m'a donné la victoire, il m'a choisi ; tous les musulmans doivent me reconnaître. Il terminait en menaçant, s'ils ne se soumettaient pas, de faire couper la tête à tout Mzabit qui tomberait entre ses mains.

Les Beni Mzab lui répondirent :

« Nous ne sortirons pas du chemin qu'ont suivi nos
« ancêtres ; nos voyageurs, nos commerçants te paie-

« ront, dans les pays qu'ils traverseront, les droits ou
« tributs qu'ils payaient aux Turcs, mais nous ne te li-
« vrerons jamais nos villes, et le jour où tu viendras
« avec tes canons et tes bataillons, nous abattrons les
« remparts de nos villes, nous te le jurons, pour que
« rien ne sépare les poitrines de nos jeunes gens des
« poitrines de tes soldats; tu nous menaces de nous
« priver des grains du Tell, mais nous avons pour
« vingt ans de provisions de poudre et de dattes, et
« nous récoltons ce qu'il nous faut à peu près de blé
« pour vivre. Tu nous menaces de faire mettre à mort
« tous les Beni Mzab qui habitent tes villes; tue-les si
« tu veux, que nous importe ! Ceux qui ont quitté notre
« pays ne sont plus de nous; fais plus, écorche-les; et
« si tu manques de sel pour conserver leurs peaux, nous
« t'en enverrons en quantité.

« Tout ce que tu as dans les mains, apporte-le. »

A'bd el K'ader fut violemment irrité de cette réponse
noblement orgueilleuse, mais il dissimula son ressenti-
ment jusqu'à son retour à Tak'dim. Une fois dans le
centre de son gouvernement, il donna l'ordre d'incarcé-
rer immédiatement tous les Beni Mzab qui se trouvaient
à Médéa, Miliana, T'aza, Bor'ar, Maskara, Tak'dim, etc.
Les motifs qu'il donnait de cette mesure arbitraire
étaient que les Beni Mzab avaient envoyé des secours à Tedjini, pendant le siége d'A'ın Mad'i; qu'ils
avaient des intelligences suivies avec les chrétiens

d'Alger et d'Oran, enfin, qu'ils n'étaient que des musulmans schismatiques.

Il n'osa pourtant pas pousser plus loin une vengeance dont le véritable motif, si bien déguisé qu'il fût, n'était point inconnu, et il se vit contraint par l'opinion publique, de rendre la liberté à ses prisonniers; ce qu'il ne fit toutefois qu'après les avoir frappés d'une amende qui les réduisit tous à la mendicité.

SUITE DE LA ROUTE D'ALGER A OUARGLA.

lieues.

21ᵉ jour on traverse Beni Isguen et El A'tef en laissant l'Oued Mzab sur la gauche, et l'on arrive à un puits nommé El Noumerat; c'est le seul endroit sur la route où l'on trouve de l'eau; on a fait treize lieues dans les sables 13

22ᵉ . . . à A'reg Mta' Gourfan, petit mamelon de sables. 13

23ᵉ . . . à Khou el A'trous (le Frère du Bouc), mamelons de sables 13

24ᵉ . . . pendant onze lieues on marche encore dans le désert, et l'on arrive au pied des montagnes qui cachent Ouargla, et que l'on appelle Cha'bet el Meh'al. Sur le versant nord se trouvent les ruines d'un village abandonné, nommé Bamendil. Leur versant sud est planté de dattiers, Ouargla est à deux lieues en avant; cette journée est donc de treize lieues. 13

TOTAL 52

RÉCAPITULATION DE LA ROUTE D'ALGER A OUARGLA.

                                                                        lieues.

d'Alger à El A'r'ouat'. 107
de El A'r'ouat' à Gardaïa. 40
de Gardaïa à Ouargla 52

                      TOTAL GÉNÉRAL. 199

OUARGLA.

Du sommet aride et nu de Chabet el Meh'al, le voyageur a sous les pieds une forêt de dattiers, échelonnée sur le versant sud de la montagne, et qui, gagnant la plaine, s'étend jusqu'à une lieue plus loin dans un sol marécageux.

A mesure qu'on s'avance, la physionomie devient différente : les dattiers sont moins pressés, des arbres fruitiers de toute espèce leur disputent le terrain, et des carrés de culture annoncent l'action de la main de l'homme.

Dans le centre à peu près de cette forêt devenue jardin, une muraille crénelée, couronnée de quarante forts à deux étages, en terrasses, crénelés eux-mêmes, enceint un immense périmètre, coupé de jardins intérieurs, semé de cinq ou six cents maisons blanchies au plâtre, que dominent trois mosquées et une k'asbah'; c'est Ouargla.

Ouargla est située par 31° de latitude nord et 0°, 25'

longitude ouest, à cent quatre-vingt-dix-neuf lieues d'Alger, et à cinquante-deux du pays des Beni Mzab. Comme Tougourt, elle est protégée par un fossé parallèle à sa muraille d'enceinte, et que l'on peut à volonté remplir d'eau.

Elle a six portes :

      Bab el Rebia.
      Bab Baba Ah'med.
      Bab Rebah'.
      Bab Bou Isaak'.
      Bab A'mar.
      Bab A'zi.

Chacune d'elles s'ouvre en face d'un pont en maçonnerie jeté sur le fossé.

Au milieu des jardins extérieurs de la ville, vient mourir l'Oued el Mïa (la rivière des Cent), que l'on appelle ainsi parce qu'elle reçoit, dit-on, cent rivières sur sa route. Elle vient de Djebel Baten, à quatre jours de marche N.-E. du Tidikelt.

Malgré ces nombreux affluents l'Oued el Mia n'a d'eau qu'en hiver; son lit est très-large, et c'est pour cette raison sans doute qu'elle est à sec pendant tout l'été; il suffit cependant d'y creuser à une très-petite profondeur pour y trouver de l'eau.

Ouargla, ainsi posée sur un sol marécageux, est vivement affectée de fièvres pendant les mois de mai et d'octobre; quand les pluies cessent et quand elles commencent. Ces fièvres ne sont toutefois dangereuses que pour les étrangers ; là, comme sur beaucoup d'autres points, elles sont rarement mortelles pour les indigènes.

Ouargla ne possède pas de sources ; elle est fournie d'eaux par des conduits qui les prennent dans les jardins extérieurs, et vont, en passant sur les ponts, alimenter des bassins publics.

La ville est divisée en trois quartiers appelés du nom des habitants.

    Beni Siçin.
    Beni Ouakeïr.
    Beni Brahim.

Chaque quartier a sa mosquée, ses écoles (medeasa) où des 'tolba enseignent aux enfants la lecture, l'écriture et la religion. Les maisons sont généralement assez mal construites en briques crues et en pierre ; il semble au reste que ce soit là le moindre souci des habitants, car le minaret de l'une des trois mosquées, celle des Beni Brahim, est à peu près en ruine, et la k'asbah', qui autrefois avait ses jardins, ses écuries, ses prisons, ses bassins, sa mosquée, est elle-même dans un tel état de délabrement qu'il y reste à peine un logement pour le sultan.

Bien que les habitants des trois quartiers d'Ouargla semblent former trois familles très-distinctes, tous obéissent ordinairement à un chef suprême, qui prend le nom de sultan, et qui est élu par la djema'.

Nous avons déjà parlé souvent de la djema', ou assemblée des notables ; nous la retrouverons dans presque toutes les villes du désert, mais toujours plus ou moins soumise à un maître absolu et même héréditaire. A Ouargla au contraire, c'est la djema' qui est le véritable pouvoir exécutif; elle se compose de douze membres dont chaque quartier fournit un tiers, et si elle se nomme un chef, elle peut aussi prononcer sa déchéance; au reste, elle s'en passe assez volontiers, et c'est le cas présent; elle gouverne alors elle-même le pays.

Ouargla se prétend la ville la plus ancienne du désert; si l'on en croit la tradition, voici en quelle circonstance fut élu son premier sultan. Jusque-là elle s'était administrée tant bien que mal et sans forme précise de gouvernement; mais le désordre et la rivalité des grands l'ayant jetée dans l'anarchie, les partis s'égorgeaient, et l'on convint enfin de se donner un chef. Le prendre dans la ville c'eût été blesser trop de susceptibilités, soulever trop de haines, ne rien consolider pour l'avenir; il fut convenu qu'on demanderait à l'empereur de Maroc d'envoyer un chérif, un descendant du prophète, devant lequel toutes les ambitions se tairaient, et qui serait nommé sultan. Contre toute attente, l'empereur refusa; c'était une raison de plus pour insister, et les gens d'Ouargla firent offrir à Sa Majesté le poids en poudre d'or du prince qu'elle voudrait bien leur donner; le marché fut conclu.

Le sultan, accueilli par tous, fut logé dans la k'asbah', et « pour qu'il ne vécût pas du bien des pauvres, « et ne fût pas forcé de piller pour vivre, on lui donna « autant de jardins qu'il y a de jours dans l'année. »

Ce premier sultan et ses enfants furent bons princes ; mais, plus tard, sa famille s'étant considérablement accrue, les ambitions rivales ramenèrent l'anarchie; peu à peu d'ailleurs les sultans avaient aliéné et vendu les jardins que l'on avait donnés à leurs ancêtres. Devenus pauvres, ils furent déposés, et la ville, ou plutôt la djema' s'en nomma de nouveaux.

La race des Cherfa, autrefois princes d'Ouargla, existe encore; l'an dernier même, un de ses membres fut élu sultan; mais il oublia bientôt la sévère leçon qui avait été jadis donnée à sa famille : « Il mangeait « impudemment le bien des pauvres, et se laissait aller « à toute sorte d'excès; » aussi fut-il déposé après quatre mois seulement de règne.

La déposition d'un sultan se fait avec tous les égards dus à la dignité déchue, sans formes brutales, et comme par une convention tacite sanctionnée par l'usage; à l'heure où la musique du sultan joue, c'est-à-dire aux heures des prières, un des membres de la djema' fait signe aux musiciens de se taire. Il n'en faut pas davantage, le sultan a compris, il n'est plus que simple particulier, et il rentre dans la vie commune.

Le sultan d'Ouargla n'a plus, comme autrefois, un domaine particulier; chaque quartier de la ville défraie tour à tour sa maison; de plus, il lui est annuellement alloué 180 saâ de dattes (le saâ est une mesure variable de quarante à cinquante livres). Au moment de la récolte on prélève encore, à son profit, une charge de chameau sur le produit de cent dattiers ; cet impôt lui constitue un revenu considérable, car le district d'Ouargla ne contient pas moins de soixante mille dattiers, dont le nombre est rigoureusement enregistré.

Les amendes qu'il impose pour les vols et les délits de toute sorte lui sont également attribuées.

Il n'a aucun droit sur l'A'chour proprement dit ; l'A'chour qui n'est autre chose que la dîme, est perçu par la djema' et sert à nourrir les pauvres et les pèlerins malheureux, qui de l'ouest gagnent la Mecque par le désert.

La justice est confiée aux soins du k'ad'i de la cité ; le k'ad'i actuel se nomme Si Moh'ammed Oulid Sidi A't'allah'.

Voici quelques fragments des lois pénales que ce magistrat est chargé d'appliquer :

Les voleurs sont exposés à un poteau sur une place publique et frappés d'une amende. Les meurtres peuvent être rachetés à prix d'argent. La femme adultère qui, d'après la loi musulmane, doit être battue de lanières et lapidée, est beaucoup moins sévèrement punie à Ouargla, où, comme dans tous les grands centres de commerce, les mœurs sont fort relâchées : elle est simplement répudiée ou châtiée par son mari.

Les habitants d'Ouargla sont d'une couleur fortement

altérée par leurs alliances habituelles avec leurs esclaves négresses; et, bien que la couleur brune n'influe en rien sur les droits d'héritage et de nationalité, elle semble cependant entacher l'individu d'une espèce de réprobation morale; ainsi, les blancs purs prennent avec orgueil le titre de el h'arar (gens de race), et désignent les sangs mêlés par ce terme de mépris, el khelatia (les abandonnés). Presque tous les chefs de la djema' sont blancs, et les femmes blanches sont particulièrement recherchées en mariage; d'où l'on pourrait conclure que l'aristocratie du pays évite le mélange de sa race avec les races inférieures; elle a d'ailleurs en elle un sentiment de dignité qui se traduit par ce trait caractéristique : les femmes nobles se voilent le visage, les autres vont la figure découverte.

Les mœurs de la population entière sont, du reste, fort dissolues : non-seulement nous retrouvons près des murs de la ville et sous la tente ces espèces de lupanars qui se recrutent des belles filles du désert; mais, ce dont nous douterions sans les témoignages nombreux qui nous l'ont affirmé, c'est que, dans la ville même, on trouve des mignons qui font ouvertement métier et marchandise de leurs débauches. Ce sont de très-jeunes gens, qui vivent à la manière des femmes, se teignent comme elles les cheveux, les ongles, les sourcils et les lèvres; ils sont, il est vrai, généralement méprisés et relégués dans la classe des filles publiques, mais ils vivent, ce qui prouve que leurs compatriotes, malgré leurs dédains affectés, sont en secret plus qu'indulgents.

A certaines époques de l'année, Ouargla a d'ailleurs ses saturnales, son carnaval avec ses débauches, ses mascarades et son laisser aller nocturne.

Aux fêtes d'Aïd-el-Kebir, d'El A'choura et d'El Mouloud, on habille tant bien que mal des jeunes gens en costumes européens d'homme et de femme, car nos habits étriqués sont un sujet intarissable de plaisanteries; on figure des lions en fureur; des enfants enfarinés sont déguisés en chats; on affuble de haillons et d'oripeaux bizarres un individu qui représente le diable; et cette mascarade, escortée de la jeunesse montée sur des chameaux, et pressée par la foule des curieux accourus de tous les environs, court pendant sept nuits les rues et les marchés de la ville.

Ce jeu singulier s'exécute de temps immémorial; sa tradition, comme celle de notre carnaval, ne remonte pas jusqu'à son origine.

La langue des gens d'Ouargla n'est point l'arabe, elle semble tenir du mzabia et du z.natïa; cependant tous les chefs de la ville et les t'olba parlent arabe.

Ouargla a sous sa dépendance quelques villages dont les plus importants sont :

EL ROUISSAT.

A une lieue et demie ouest; c'est un groupe de quarante maisons, bâties dans une forêt de dattiers et sur un sol tellement fertile, qu'on ne prend aucun soin d'irrigation. L'hiver, les environs de Rouissat sont marécageux, et l'été, bien qu'il n'y ait pas de sources jaillissantes, des puits très-peu profonds, de cinq ou six pieds au plus, donnent de l'eau en abondance.

Entre Rouissat et Ouargla, on voit des carrières de plâtre.

EL H'EDJADJA et A'IN A'MER.

A une lieue et demie ou deux lieues au sud, on trouve, en face l'un de l'autre et très-rapprochés, les deux villages d'El H'edjadja et d'Aïn-A'mer : le premier de cinquante ou soixante maisons, l'autre de cent à peu près. Toujours des dattiers et des jardins, arrosés par de nombreuses sources jaillissantes.

A moitié chemin entre Ouargla et ces villages, on rencontre un lac salé appelé Sebkha et Malah', qui fournit du sel en si grande quantité qu'on peut en enlever, à certaine saison, quatre ou cinq cents charges de chameau, sans qu'il y paraisse; c'est du moins ce que nous disait l'Arabe à qui nous devons ces renseignements.

SIDI KHOUILED.

A cinq ou six lieues au sud-est est situé le village de Sidi Khouïled, habité par une famille de marabout' et, pour cette raison, exempt d'impôt. Bien que situé au milieu des sables, Sidi Khouïled est entouré de dattiers et de jardins bien cultivés, car on trouve beaucoup d'eau à quelques pieds sous terre.

Dans tous ces villages on ne parle que l'arabe.

A une lieue et demie, sud-ouest, du village de Rouïssat s'élève une montagne en forme de piton nommée Djebel Krima ; au sommet on trouve un puits très-profond, et les ruines d'un village que la difficulté de la position aura sans doute fait abandonner. On appelait ce village Krima.

A une lieue plein nord de Krima s'élève une autre montagne nommée Djebel el Ao'bad (montagne des adorateurs), et à une lieue est de Djebel el Ao'bad se trouvent les débris d'une grande ville abandonnée que l'on nomme Cedrata, et qui, selon la tradition, aurait été détruite par un chérif du Maroc, appelé K'aïd el Man-s'our.

Sous les flots de sable on distingue encore les restes de la muraille d'enceinte et les ruines d'une mosquée. Une source très-abondante, et qui se divise en quatre petits ruisseaux, coule à quelque distance de ces ruines.

A deux lieues en avant de H'edjadja, sept mamelons de sable se prolongent vers Djebel Krima. On les appelle El Bek'erat, les jeunes chamelles; ce nom consacre un miracle :

Un soir, un chamelier arrivant du désert, fatigué et mourant de soif, s'arrêta à une source connue pour boire et faire boire ses sept chamelles; mais la place était prise, un homme y puisait de l'eau pour arroser ses palmiers; « dépêche-toi, méchant corbeau noir, lui cria le chamelier. » L'imprudent venait d'insulter un marabout'. Le saint leva les yeux au ciel, étendit les mains, et les sept chamelles se couchèrent pour ne plus se relever, elles n'étaient plus que du sable.

Les trois grandes tribus des :

>Mekhadema,
>Chambet Bou Rouba,
>Sa'īd.

campent dans le territoire d'Ouargla, et quelquefois sous les murs de la ville où elles déposent leurs grains.

Chacune d'elles se compose de plusieurs fractions :

Mekhadma.	Beni H'assan. Ouled Nçer. Beni Khelifa. Beni T'our. El A'rimat. Ouled Ah'med.	60 chevaux. — 500 fusils.

TRIBUS.

Les Ouled Ah'med qui y exercent le pouvoir sont djouad (nobles).

Le chef principal de toute la tribu se nomme Cheïkh A'bd Allah' Ben Khaled.

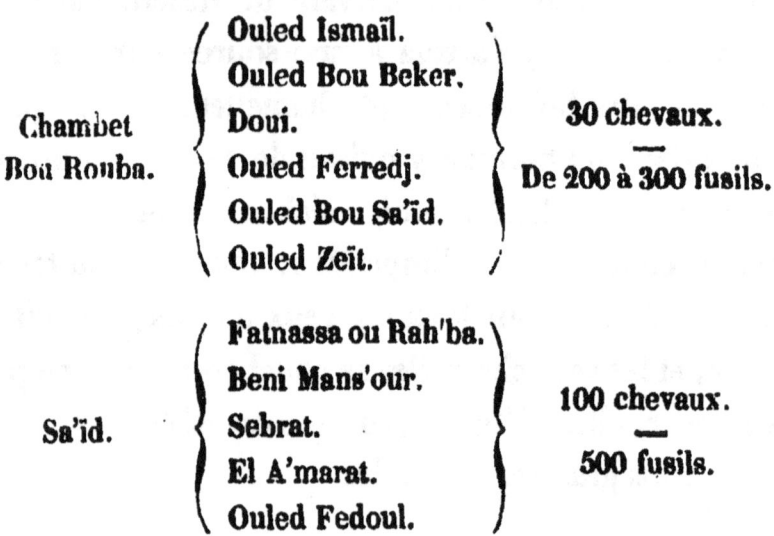

Chambet Bou Rouba.	Ouled Ismaïl. Ouled Bou Beker. Doui. Ouled Ferredj. Ouled Bou Sa'ïd. Ouled Zeït.	30 chevaux. — De 200 à 300 fusils.
Sa'ïd.	Fatnassa ou Rah'ba. Beni Mans'our. Sebrat. El A'marat. Ouled Fedoul.	100 chevaux. — 500 fusils.

Les Ouled Fedoul sont les djouad en possession du pouvoir. Le chef principal de toute la tribu se nomme Cheïkh Sa'd.

Les Sa'ïd déposent leurs grains à Gardaïa, Ouargla, Ngousça. Ils ont des troupeaux de moutons nombreux et beaucoup de chameaux qu'ils louent pour le transport des objets de commerce entre Ouargla et les Beni Mzab.

Leurs femmes, comme celles des Mekhadma et des Chambet Bou Rouba, tissent des vêtements de laine.

Quoique ces tribus aient peu de chevaux, elles sont très-nombreuses, ainsi qu'on en peut juger par le nombre de leurs fusils; et ce sont pour les habitants d'Ouargla des voisins souvent exigeants et toujours incommodes. Les hommes de la tente prennent, en effet, part à toutes les querelles de la ville, et quand un puissant veut se faire élire sultan, il cherche par tous les moyens possibles à se les attacher. Plus d'une fois ils ont mis le siége devant Ouargla, dévasté les jardins, coupé les conduits d'eau, et ce n'est jamais qu'en payant un impôt que les assiégés ont pu sortir de cette position difficile. Toutefois, si les gens d'Ouargla restaient unis, ils n'en ont pas grand' chose à craindre. La politique de Machiavel, qui sans doute est dans la nature, puisque nous la retrouvons si loin, est la meilleure sauvegarde d'Ouargla contre les Arabes. Au moindre signe de menace elle divise ses ennemis par des présents ou des espérances, et elle achète ainsi la paix; aussi n'est-il pas rare de voir les Sa'ïd et les Mekhadma en venir au mains. Les Chambet Bou Rouba, trop faibles pour faire un tiers parti, tiennent selon leur intérêt pour les uns ou les autres, mais le plus souvent pour les Sa'ïd.

Les tribus qui fréquentent les marchés d'Ouargla, sont :

> Tous les Arba'.
> Les Ouled Iak'oub.
> Les Beni-A'llal.
> Les El A'r'ouat' K'sal.
> Tous les Ouled sidi Cheïkh.

Les Beni Mzab.
Les Chamba de Metlili.

Quelques Touareg y apportent, de loin en loin, des dents d'éléphant, de la poudre d'or et des nègres.

Quelques rares individus de R'edamês y apportent un peu de poudre d'or, de l'or fondu en torsades et des esclaves.

Ces tribus s'approvisionnent à Ouargla de tout ce qui leur est nécessaire, car c'est là un des entrepôts du désert, autrefois alimenté par des provenances que les marchands allaient chercher à Tunis en passant par Souf et par Tougourt. Le voyage était de vingt jours ; ils en rapportaient :

    Des épiceries de toute espèce.
    Des essences.
    Des armes.
    Des indiennes, des cotonnades.
    Des chachia.
    Des bernous communs.
    Des draps.
    Des habits confectionnés.
    Des turbans.
    Des chaussures d'homme et de femme.
    De la quincaillerie.
    Des bijoux de femme, bracelets, pendants d'oreilles.
    Des coquillages pour faire des ornements de femme et d'enfant.

Des pelles, des pioches, des clous, des marteaux, des fers de chevaux, etc.

Des mulets et des ânes, car on n'en élève pas dans le pays.

Beaucoup de poudre qui vient de Gourara, et qui ne se vend que deux boudjous les cinq livres de quatorze onces.

Du plomb de Tunis, de Tougourt et des Beni Mezab.

Les petits marchands d'Ouargla garnissent leurs boutiques à l'arrivée des marchands voyageurs, et vendent, toute l'année, aux Arabes nomades. C'est surtout à l'époque de la récolte des dattes qu'il y a recrudescence de commerce.

La ville renferme quelques échoppes de forgerons, d'armuriers, cordonniers, menuisiers, tailleurs, enfin d'artisans indispensables à tout centre de population. L'orfévrerie y est faite par des juifs voyageurs qui y viennent passer quelques mois et se sauvent quand vient la saison des fièvres.

Notre monnaie est tenue en grande estime à Ouargla, et non-seulement elle y a cours comme le douro d'Espagne, mais on la fond pour faire des bijoux.

Tous les renseignements que nous venons de donner sur cette ville curieuse, nous les devons à un chef même de la djema', nommé Cheïkh el H'adj el Ma'ïza, du quartier des Beni Ouâkin.

« Mes compatriotes, nous a-t-il dit, m'ont envoyé
« pour étudier votre pays; car on vante beaucoup au

« désert vos richesses, votre justice et votre puissance.
« Voici deux ans que nous n'avons pas été à Tunis,
« vexés que nous sommes sur toute la route par une
« infinité de petits cheïkh qui nous imposent des tributs
« sur leur territoire; la route d'ailleurs n'est pas sûre.
« Chez vous, au contraire, on voyage en sûreté et sans
« rien payer, nous y viendrons faire nos achats. »

El M'aïza a visité avec nous tous nos établissements publics; et si nous en croyons l'impression sous laquelle il est reparti, nous devons espérer que des relations régulières ne tarderont pas à s'établir entre ce point extrême du Sahara et nos établissements.

La position d'Ouargla, à deux cents lieues d'Alger, ne l'a pas toujours préservée de l'ambition conquérante des Turcs. On conserve encore dans la ville cinq ou six boulets que des canons algériens y ont lancés. Quelques deys aventureux ont aussi poussé jusque-là, mais on ignore à quelle époque. Partis d'Alger avec de nombreux fantassins, ils auront traversé le Ziban et le territoire de Tougourt, forçant sur la route les tribus et les villages à leur fournir de proche en proche des chameaux et des mulets, et seront venus mettre le siége devant Ouargla jusqu'à ce qu'elle leur ait payé un tribut en argent, en esclaves ou en dattes, etc.

Cheïkh el H'adj el Ma'ïza nous a assuré que la djema' dont il est membre, conserve un gros livre qui serait l'histoire de la ville. Il nous a même promis de nous en envoyer un abrégé; nous n'osons croire à cette bonne fortune, mais un jour viendra, sans doute, où nous pourrons aller consulter ce monument précieux.

NGOUÇA.

Ngouça est située à six lieues N.-E. d'Ouargla au milieu des sables.

C'est une petite ville de cent cinquante à deux cents maisons, défendue par une muraille d'enceinte crénelée et couronnée par vingt-cinq ou trente fortins de forme carrée ; elle a cinq portes :

>Bab Zer'reba.
>Bab el A'llouch.
>Bab Talmounest.
>Bab el K'asbah'.
>Bab A'ïn Zerga.

Cette dernière porte doit son nom à l'eau d'une fontaine qui alimente la ville.

Ngouça est défendue par une k'asbah' assez bien fortifiée ; on y trouve deux mosquées et des écoles ; un k'ad'i est chargé de la justice.

Les habitants se nomment Ouled Babïa ; ils obéissent à un chef qui prend le titre de cheïkh, et dans la famille duquel le pouvoir est héréditaire, avec cette particularité qu'il ne passe point au fils du cheïkh défunt, mais au plus âgé de la famille. On raconte que dès qu'un nouveau cheïkh vient d'être élu, il se bâtit son tombeau qu'il orne à la façon musulmane. Chaque jour il y vient faire sa prière et n'en sort point sans y avoir laissé une offrande, qui consiste en dattes, fruits, pièces d'étoffe, etc., que les pauvres se partagent le vendredi. La famille régnante n'était autrefois qu'une famille de marchands dont le chef avait prêté diverses sommes à presque tous ses compatriotes; dans l'impossibilité où ils étaient de s'acquitter envers lui, ils le nommèrent cheïkh de la ville. Cette origine d'un petit chef du désert rappelle involontairement celle des Médicis.

Les Ouled Babïa sont presque tous de sang mêlé; beaucoup même sont tout à fait noirs, mais tous sont également libres.

Leur langue est le berberia; les marchands voyageurs et les grands de la ville que leur commerce ou leurs besoins conduisent quelquefois à Tougourt, à Souf et à Tunis, et qui d'ailleurs ont de fréquentes relations avec les tribus nomades, parlent l'arabe.

Ngouça est souvent en guerre avec Ouargla, et si l'infériorité numérique de ses habitants semble, au premier abord, devoir lui promettre peu de chances favorables, sa politique adroite, les nombreux Arabes nomades qu'elle sait toujours attirer à son parti, et les trop fréquentes divisions des trois quartiers d'Ouargla, l'ont souvent rendue assez forte pour qu'elle ait imposé des tributs à sa rivale. Elle paie cependant un impôt à Tougourt, pour avoir le droit de fréquenter ses marchés. Les environs de Ngouça sont couverts de dattiers et coupés de jardins arrosés par quelques sources et par des puits de quatre à cinq mètres de profondeur.

L'industrie de Ngouça se borne à la fabrication de très-simples objets de première nécessité; il n'y a dans la ville qu'un menuisier et qu'un forgeron; des juifs voyageurs y viennent à certaine époque vendre et faire de la bijouterie de femme.

Les habitants de Ngouça n'ont point de moutons; leurs femmes confectionnent cependant beaucoup de vêtements avec la laine que leur apportent les Arabes.

C'est donc par son commerce avec Tougourt que cette petite ville avancée dans le désert s'approvisionne; elle vit des dattes de ses jardins et des grains qu'elle achète aux nomades.

ROUTE
D'ALGER A TOUGOURT.

	lieues.
1ᵉʳ jour on s'arrête à A'ïn Khodra	8
2ᵉ . . . on traverse l'Oued Khamis, l'Oued Zeïtoun, et deux lieues plus loin que cette rivière, on s'arrête à un endroit appelé H'adjer Mer'raoua . .	7
3ᵉ . . . à Mecheta Mta' Lakhder Ben T'aleb	8
4ᵉ . . . à Sour Rezlan, petit fort en ruine, près de l'Oued el K'ah'al.	10
5ᵉ . . . au Marabout' de Sidi A'ïça, en passant par un col du Djebel Dira.	12

Du Djebel Dira descend une rivière appelée Oued Djenan, qui coule de l'ouest à l'est sur une longueur de vingt-huit à trente lieues, et va mourir près de Msila, sous le nom d'Oued Chellal, dans un marais entouré de terres labourables et nommé Sebkha el H'adna.

L'Oued Djenan reçoit sur sa rive droite plusieurs affluents :

1° L'Oued Chib, qui s'y jette à un endroit où s'arrêtent souvent les voyageurs, et que l'on nomme Foum Oued Djenan ;

2° L'Oued el Malah', qui tombe un peu au-dessous de Sidi A'ïça ;

A reporter. . . . 45

	lieues.
Report.	45

3° L'Oued el Mamoura, qui vient s'y jeter sous le nom d'Oued el H'am, à neuf lieues est de Sidi A'iça. Ces trois rivières prennent leurs sources dans le Djebel Dira.

L'Oued Djenan reçoit dans le haut de son cours, par la rive gauche, beaucoup de petits torrents, à sec pendant l'été, dont nous ignorons les noms; et plus bas :

1° L'Oued Guern Assafia;
2° L'Oued Targa;
3° L'Oued el Malah';
4° L'Oued Besseraria;
5° L'Oued Faïd el H'amara.

6° jour, on s'arrête sur l'Oued el H'am 7
7° . . . à des ruines romaines appelées Khereman, près d'une rivière du même nom 7

L'Oued Khereman descend du Djebel Sah'alat, grande montagne à quatre lieues ouest de Bou Sa'da, et vient mourir dans un marais salé appelé Sebkha Mta' Baniou, après neuf lieues de cours environ.

8° . . . à Bou Sa'da 3

BOU SA'DA.
(LE PÈRE DU BONHEUR.)

Cette ville, placée entre Biskra et El A'r'ouat, peut contenir cinq ou six cents maisons, et lever un millier de fusils.

Elle est divisée en huit quartiers qui sont :

>El H'oumanin.
>Ouled Sah'arkat.
>El Achacha.
>H'art Cherfa.
>'Ouled H'ilig.
>El Zekoum.
>Ouled H'amida.
>Et El Argoub, où sont relégués les juifs.

Ces huit quartiers semblent être un groupe de petits villages très-rapprochés les uns des autres et reliés par des jardins.

Le chef, qui prend le nom de cheikh, se nomme maintenant Ah'med ben A'ziez. Cinq chefs inférieurs, qu'il désigne à son choix, composent avec lui le conseil, la djema', où sont discutées et décidées toutes les choses importantes.

Bou Sa'da a cinq mosquées, dont la plus belle est celle du quartier des Achacha. Chaque quartier a son école, où l'on enseigne aux enfants la lecture, l'écriture et les préceptes de la religion.

La plaine dans laquelle est située Bou Sa'da est aride et pierreuse; mais l'emplacement de la ville même est d'une fertilité remarquable et abondamment pourvu d'eau.

Un petit mamelon stérile la domine seul, du côté de l'ouest ; sur tous les autres points, elle est entourée de jardins, dans lesquels coule et va se perdre une petite rivière appelée Mek'ta el A'mer. Au milieu de la ville jaillissent deux sources abondantes et limpides, dont l'une s'appelle A'ïn el H'oumanin, et l'autre A'ïn el K'sar.

Les jardins sont plantés de grenadiers, de vignes, figuiers, abricotiers, pêchers, dattiers en quantité et de bethom (térébinthe); on y cultive le melon, la pastèque, le concombre, l'ail, l'oignon, etc....; on trouve, à quelque distance, des mines de plâtre et des fours à chaux.

Il n'est point de ville, dans cette zone, où l'industrie ait pris un aussi grand développement qu'à Bou Sa'da. On y compte quarante fabriques de savon ; dix boutiques de forgerons et d'armuriers, dont l'adresse à faire des bois de fusil est en grande réputation ; plusieurs échoppes de maréchaux ferrants ; quatre maisons de teinturiers, et de nombreuses boutiques de petits marchands. Chaque famille fait sa poterie et ses vêtements.

Les juifs, relégués dans un quartier à part, ont leur synagogue, leurs écoles, leur cimetière. Un mouchoir noir, roulé autour de la tête, est tout ce qui les distingue dans leur costume, qui, d'ailleurs, est le même que celui de leurs compatriotes. Ils ne peuvent point monter à cheval : c'est un honneur réservé aux seuls musulmans; mais ils sont généralement traités avec beaucoup de tolérance ; ils exercent les métiers de cardeurs de laine, tailleurs, orfévres, etc., et, comme partout, ils se sont faits les intermédiaires obligés de toutes les relations commerciales.

Par sa position entre Biskra et El A'r'ouat', Bou Sa'da devient un centre de commerce important, sur lequel nous appelons l'attention. Les tribus du désert s'y rendent avec leurs produits, et, de là, peuvent aisément les écouler vers Constantine et Alger, en même temps qu'elles s'y approvisionnent.

Le marché de Bou Sa'da se tient dans la ville et se nomme Rah'bat el Nader ; c'est une foire de tous les jours, où il n'est pas rare de voir cinq ou six cents chameaux. Les tribus arabes qui le fréquentent sont :

    Les Ouled Mad'i.
    Les Ouled A'mer.
    Les Ouled Sidi H'amla.
    Les H'aouamed.
    Les Ouled Sidi Brahim.
    Les Ouled Naïl.
    Les Mouïadat.
    Les Ouled Sidi A'ïça.
    Les Metarfa.
    Les Souama.
    Les Ouennour'a
    Les Kabiles Beni A'bbas.
    Les Zouaoua.
    Les H'all Zemoura.
    Les Beni Mzab, les A'riazlïa, les gens de Biskra, de Msila et de Tougourt.

Celles de ces tribus qui habitent le Tell apportent à Bou Sa'da :

    Du blé.

De l'orge.
De l'huile.
Des bernous.
Des étoffes.
Des batteries de fusil.

Elles y conduisent :

Quelques bœufs.
Beaucoup de chameaux.
Des chevaux.
Des mulets.
Des ânes.

Celles qui viennent du désert y apportent :

De la laine en quantité.
Des moutons.
Des plumes d'autruche.
Des h'aïk.
Des dattes.
Du beurre de brebis.
Des fromages.
Du henna.
Des tellis (sacs à porter des fardeaux).
Des tentes en poil de chameau.
Beaucoup de sel tiré de A'ïn el Meleh', à l'est; et de Djebel Zar'ez, à l'ouest.

Elles y conduisent des nègres esclaves venus à Tougourt et à Souf par R'edamés; les A'r'azlia et les Beni Mzab y font particulièrement le commerce des plumes d'autruche.

Tous ces produits sont vendus ou échangés contre :

Des chachîa.
Des mouchoirs d'indienne.
Du calicot.
De la soie.
Des épiceries.
Des teintures.
Des chaussures.
Des essences.
Des bourses
Des aiguilles.
Des épingles.
Des ceintures d'hommes et de femmes.
Des fers et des aciers.
Des ustensiles en cuivre pour la cuisine.
Des pioches.
Des pelles.
Des socs de charrues.
Des serrures.
De la coutellerie.
De la verroterie dont on fait les colliers de femmes.
Du corail.
Des bracelets en corne et en ébène.
Des bijoux de femmes en or et en argent.
Du sucre.
Du café.
De la cire en bougie.
Du bleu de Prusse.
De l'alun, dont il est fait un grand usage dans la médecine arabe.

Les gens de Bou Sa'da, en venant chercher ces produits à Alger ou à Constantine, apportent ceux qu'ils reçoivent du désert. Ces échanges, déjà considérables, peuvent prendre une bien plus grande extension si nous savons les favoriser.

Placée sur la limite du Tell et du Sahara, ouverte aux Kabyles vers le nord, voisine, au sud, des Ouled Naïl, sillonnée en tous temps par tous les habitants des villages des Ziban, en relations habituelles avec Médéa, Constantine, Biskra, Tougourt, el A'r'ouat' et les Beni Mzab, Bou Sa'da devait, par la force des choses, devenir le dépôt général de tout le commerce dans ce vaste rayonnement.

Deux routes conduisent de Bou Sa'da à Biskra : l'une à l'est, par Msila ; l'autre au sud-est, par les villages des Ziban. Nous les donnons toutes les deux, en continuant à compter les étapes par jours de marche.

ROUTE DE L'EST.

lieues.

9ᵉ jour, de Bou Sa'da à Msila. 13
    A trois lieues de Bou Sa'da on traverse le petit marais appelé Sebkha Mta' Baniou ; pendant l'hiver, il est rempli d'eau et rend la route impraticable. — Pays de sable.

MSILA.

Petite ville de deux à trois cents maisons, partagée en deux par l'Oued Msila. Elle se compose des quartiers suivants :

A l'est de la rivière :

>El Djafra.
>Ouled Terk.
>Chetaoua.
>H'all Msila.

A l'ouest

>El H'aouch.
>H'all Msila.

Ces six quartiers sont coupés de jardins plantés d'arbres fruitiers et semés de légumes. Il n'y a que peu de dattiers.

L'Oued Msila descend des montagnes des Ouen-nour'a, sous le nom d'Oued Ksab ; elle prend un peu plus loin celui d'Oued el Benïa ; plus loin encore elle prend le nom de El Khemiça, et enfin celui de Msila à hauteur de la ville. Elle va se perdre à une lieue, au sud, dans le Sebkha el H'adna. Le Sebkha el H'adna, dont nous avons déjà parlé, est un vaste marais salé qui s'étend de l'est à l'ouest, sur une longueur de douze ou treize lieues, et qui peut avoir de trois à quatre lieues de largeur. Les chaleurs de l'été laissent sur ses bords desséchés une grande quantité de sel que les Arabes recueillent, vendent ou échangent.

Les marchés de Msila sont sans importance : Bou Sa'da absorbe tout le commerce.

Quelques familles juives, au nombre de sept ou huit tout au plus, exercent à Msila leur industrie habituelle d'orfévres, teinturiers, cardeurs de laine, etc. Toutes leurs teintures sont faites avec du bleu de Prusse qu'ils tirent de Constantine ou d'Alger.

Les fractions suivantes des Ouled Mad'i déposent à Msila leurs grains et leurs marchandises :

>Ouled A'bd el H'ak'.
>Ouled Matoug.
>Ouled D'eïm.
>Ouled Sd'ira.

Cette ville est encore l'entrepôt des deux tribus :

>El Metarfa.
>El Souama.

	lieues.
10ᵉ jour, on va coucher, en prenant toujours la direction est, à une fontaine appelée A'ïn Kelba.	12
A l'est d'A'ïn Kelba coule l'Oued Barika, qui descend des montagnes des Ouennour'a, et va se jeter dans le Sebkha el H'adna.	
11ᵉ ... on remonte un peu au sud jusqu'à Mdoukal; à trois lieues de A'ïn Kelba, on traverse le lac El H'adna, à un gué connu des indigènes; trois lieues avant d'arriver à Mdoukal, on trouve des sources appelées Fek'arin. Cette étape est de.	12

MDOUKAL.

C'est un petit village de cent à cent cinquante maisons bâties en pisé. Il est situé à l'extrémité du lac H'adna, et arrosé par une source qui descend d'un pic isolé situé à l'est de la ville. Les gens du pays s'appellent Rebot, ceux du village même H'all Mdoukal. Leur commerce est presque nul ; ils s'approvisionnent des choses indispensables à Bou Sa'da ou à Biskra. Leurs jardins sont plantés d'arbres fruitiers et de dattiers ; mais, comme dans toute cette zone, les dattes y mûrissent mal. La grande tribu des Ouled Deradj dépose ses grains à Mdoukal.

A huit ou dix lieues de ce village, dans la direction de Constantine, on trouve, sur l'Oued Barika, des ruines romaines appelées T'obna.

	lieues.
12ᵉ jour, de Mdoukal la route appuie légèrement au sud-est jusqu'à El Out'aïa.	12
Deux lieues avant El Out'aïa, on traverse un petit col formé par la chaîne de montagnes qui sert de ceinture ouest à l'Oued el Kantara.	
13ᵉ . . . de El Out'aïa à Biskra.	31
Total.	43

2ᵉ ROUTE DE BOU SA'DA A BISKRA.
DIRECTION SUD-EST.

Nous reprenons au neuvième jour de marche :

                                                                                                           lieues.

9ᵉ jour, de Bou Sa'da à l'Oued Mechmel, source coulante d'une lieue de cours. 8

    On traverse l'Oued Roumana qui descend du Djebel el H'alig et se perd dans des marais après six lieues de cours. A trois lieues plus loin, on traverse l'Oued D'efla qui descend également du Djebel el H'alig et vient se perdre dans le même marais que l'Oued Roumana.

10ᵉ . . . de l'Oued Mechmel à l'Oued Meh'ari, Ser'an. . . 11

    A quatre lieues de Mechmel, on traverse l'Oued Malah' qui descend du Djebel Mah'aguen, au sud du Djebel el H'alig, et vient mourir dans le Sebkha el H'adna après seize ou dix-huit lieues de cours.

    Le Meh'ari Ser'an, qui sert de terme à cette dixième étape, prend naissance dans les montagnes des Ziban, appelées Djebel K'soum, court du nord au sud, et va se perdre dans les terres.

11ᵉ . . . de Meh'ari Ser'an au village de Foukhala. 7

    A trois lieues avant Foukhala, on trouve une petite rivière appelée Raïatz qui descend du Djebel K'soum, et va se perdre dans les sables.

12ᵉ . . . de Foukhala à Biskra. 11

    en passant par El Bordj, T'olga, Ferfar, Lichana,

                                            A reporter. . . . 37

Report. . . . 37

Bouchar'oun, tous les villages du Zab Dah'a-
raoui.

RÉCAPITULATION.

D'Alger à Biskra par la route de l'est. 124
— par la route du sud-est. 99

BISKRA ET LES ZIBAN.

Biskra est moins une ville, proprement dite, que la réunion de sept villages ou quartiers disséminés dans des plantations de dattiers qui couvrent environ 20 000 hectares de terrain. Au centre, à peu près, s'élève la casbah, espèce de château fort où la garnison est casernée. La mosquée principale se distingue par son minaret dont le sommet domine les plus hauts palmiers. L'ensemble des constructions n'a rien de remarquable ; comme dans tout le Sahara les maisons, bâties en pisé, sont couvertes en terrasses. On y compte quatre mille habitants.

Cette ville est la capitale politique des Ziban.

Les Ziban sont fermés au nord par une chaîne de montagnes habitées par des tribus insoumises ; cette chaîne s'étend de l'est à l'ouest depuis El Kantara jusqu'à Megaous, chez les Ouled Sultan. Ces deux défilés sont les seules portes qui, de ce côté, donnent passage pour aller du Tell dans le Sahara. Le village d'El Kantara a pris son nom d'un pont de construction romaine, jeté sur une petite rivière qu'encaisse une gorge ravinée, d'un effet très-pittoresque, et que les indigènes appellent aussi El Kantara. Nous donnons son parcours avec la description du bassin de l'Oued Djedi.

Les Ziban (pluriel de Zab) faisaient autrefois partie de la Mauritanie sitifienne ; les ruines que l'on y trouve encore en grand nombre attestent que les Romains y avaient élevé des établissements nombreux.

Les Ziban sont maintenant divisés en trois parties appelées de leurs positions :

Zab Dah'araoui, Zab du nord.
Zab K'ebli,   — du sud.
Zab Cherki,   — de l'est.

Les villages du Zab Dah'araoui sont :

El Amri.
El Bordj.
Foukhala.
Tolga (ruines romaines).
Ferfar
Za'tcha.
Lichana (ruines romaines).
Bouchar'oun.
Felaouch (ruines romaines).

Les villages du Zab K'ebli sont :

Lioua.

Sah'ira.
Mekhadama.
Bent'ious.
Zaouïa Sidi el A'bed.
Our'lal.
Melili.
Bigou.
Feliach.
Oumach.
Kora.
Biskra.
Sidi O'k'ba.

Nous donnerons, à la description du bassin de l'Oued Djedi, le nom de quatorze ruines romaines qui se trouvent dans le Zab K'ebli.

Les villages du Zab Cherki sont :

El Out'aïa.
Branès.
Chetma.
Gr'ata.
Seriana.
Touda.
Sidi Khelil.
A'ïn Naga.
Zriba.
Zribet Ah'med.
Bades.
Eliana.
El Khanga.
El Feïd.

Les populations de ces villages, ainsi que nous l'avons

fait remarquer pour presque tous les habitants sédentaires du Sahara, ne sont point d'origine arabe. On retrouve dans leurs mœurs, dans leurs habitudes politiques, religieuses ou agricoles, les traits caractéristiques des aborigènes.

Les principales tribus qui vivent sous la tente dans les villages des Ziban sont les

> Hal Ben Ali.
> Cherfa.
> Ghamera.
> Dreïdes,

sous la protection desquelles se sont mises quelques petites tribus ou fractions de tribus trop faibles pour former unité ; telles sont les

> Ouled Sidi Amer, qui suivent les Ghamera.
> Beni Brahim.   —   —
> Adissa.   —   —
> Kletema,   —   les Hal Ben Ali.
> Frehat,   —   les Dreïdes.
> Loumouisset,   —   les Cherfa.

Toutes ces tribus obéissent au cheickh el arab.

Quoique le territoire des Ziban soit fertile en fruits, légumes et céréales, les récoltes de blé et d'orge ne suffisent point à la consommation des habitants, et les nomades viennent s'en approvisionner dans le Tell.

Les palmiers constituent la véritable richesse des Zibaniens; les plus riches propriétaires de palmiers sont les Hal Ben Ali et les Cherfa.

Au printemps, quand le moment d'entrer dans le Tell est arrivé, les tribus se réunissent près d'Outaïa et s'acheminent lentement vers le but de leur voyage en faisant de fréquentes haltes jusqu'à El Becheria.

Beaucoup d'autres tribus du Sahara opèrent, à la même époque, le même mouvement, et toutes passent par les Ziban, suivies de leurs innombrables troupeaux. C'est un fléau périodique pour les propriétaires de jardins. Du lieu de la dernière station, des convois de chameaux, chargés de dattes et d'autres produits du désert, sont expédiés, dans toutes les directions, sur le Tell, pour y opérer des échanges. En attendant leur retour, les tribus passent le reste du printemps et une partie de l'été, campées dans les pâturages environnants. Auprès d'elles se rendent alors les cultivateurs du Tell pour recruter des moissonneurs, qui, se détachant par groupes, vont camper à proximité des champs qu'il faut moissonner. Chaque travailleur reçoit pour salaire le douzième du blé et le dixième de l'orge qu'il a moissonné.

Ces travaux terminés, les tribus se réunissent pour se rapprocher du grand marché de la Temania, où la zmala du cheickh el arab qui doit le présider s'est déjà établie. A un jour indiqué, le cheickh el arab plante son drapeau sur le point culminant de la colline, et des crieurs annoncent que le marché est ouvert et se tiendra tels jours de la semaine. Des cavaliers partent en même temps pour aller en donner avis aux caïds des tribus connues pour fréquenter habituellement la Temania, et à celles qui, du Sahara, se sont rendues dans le Tell par Megaous.

Le marché de la Temania est l'un des plus importants du Tell; c'est un rendez-vous général où tous les produits du nord sont échangés contre ceux du sud.

Les tribus des Ziban importent :

Des dattes, des kessoua (vêtements de laine), du henna, des abricots séchés dont sont très-friands les Arabes, et dont ils usent pour accommoder certains mets, de la garance, des armes et autres objets apportés de Tunis par le Djerid; elles exportent des laines brutes, des moutons, du beurre, de l'huile, des fèves, des pois chiches, beaucoup de céréales.

Les tribus des environs de Tougourt et quelques-unes des environs de Souf, exportent les mêmes denrées et importent des nègres, des plumes d'autruche, de la poudre d'or, des kessoua, du henna. Les affaires terminées, le retour au désert se fait en sens inverse de l'arrivée dans le Tell.

Depuis une douzaine d'années ce mouvement commercial, paralysé par un état de guerre continuel, avait subi un ralentissement notable : les tribus de Tougourt n'y prenaient plus qu'une part très-indirecte; celles de Souf n'allaient plus qu'à Tunis; mais les relations avec le Djerid offrent si peu de sécurité, menacées que sont les caravanes par les bandes armées qui les guettent au passage pour les piller, que peu de spéculateurs osent s'aventurer dans ces dangereux voyages. Aussi, voyons-nous toutes les tribus revenir peu à peu où les appellent leurs intérêts et leurs besoins et reprendre le chemin de nos marchés. Les Oulad Moulat, tribu guerrière qui n'avait jamais fait de voyage dans le Tell avant la domination française, y sont venus cette année et s'y sont rencontrés avec les Fetaït, les Ouled Zeït, les Beni Brahim, les Ouled Sidi Amer, les Ouled Na'ïl, les Draïssa et beaucoup d'autres petites tribus ou fraction de tribu venus des points les plus éloignés du Sahara.

Le mouvement progressif de ces migrations est un fait d'une haute importance et qui prouve la confiance des tribus nomades dans l'équité de notre administration. Il est remarquable d'ailleurs que les Sahariens n'éprouvent pas pour nous cette antipathie que nous avons trouvée chez les montagnards et chez les habitants du Tell. L'appât du gain domine chez eux et fait taire les scrupules du fanatisme. Les Cherfa, les Dreïdes et les Beni Brahim, tendent même à venir s'établir dans le Tell où plusieurs de leurs familles sont déjà fixées. Chaque année voit se détacher de la fraction nomade quelques familles nouvelles qui viennent planter leurs tentes près de celles de leurs frères, dès qu'elles ont pu réaliser les premiers éléments nécessaires pour se livrer à l'agriculture, ce qu'elles font en vendant leurs palmiers aux Hal Ben Ali et aux Ghamera, chez lesquels on ne retrouve point ces tendances vers la vie agricole.

TRIBU DES HAL BEN ALI.

Les Hal Ben Ali disent descendre d'une colonie djouala (idolâtre) qui habitait jadis Tobna, sur le versant sud du Djebel Ouled Sultan. C'est une opinion accréditée chez eux et chez tous les Arabes, que leurs pères se seraient faits chrétiens avant de se faire musulmans, et qu'ils auraient ainsi subi les influences de tous les dominateurs de l'Afrique.

Ils semblent, en effet, entachés de réprobation aux yeux des autres croyants; car, lorsque pour la première fois après leur soumission à la France, ils marchèrent avec nous au combat, les Arabes ennemis les insultaient en leur criant : « Chiens de chrétiens ! vous êtes bien « dignes de votre origine ! infidèles ! fils d'infidèles ! »

Selon leurs tolbas, voici leur histoire :

Autrefois, vivait à Tobna une ancienne famille en grande vénération dans tout le pays et dont le chef s'était acquis une juste réputation de sagesse. C'était à l'époque de l'invasion musulmane. Cet homme, aimé de Dieu bien qu'il fût idolâtre, reçut en songe cet avertissement, que Tobna serait menacée le jour où l'on découvrirait dans les environs la trace d'un chameau. Or, un jour qu'il avait envoyé un domestique chercher, avec un âne, des fruits dans un jardin à quelques lieues de la ville, il vit sur le soir l'âne revenir sans son guide et les paniers inégalement chargés; donc on avait tué son serviteur, donc on avait pris des fruits dans le panier à moitié vide. Son rêve lui revenant à l'esprit, il partit le lendemain pour visiter les environs, et découvrit avec effroi les pas d'un chameau empreints dans le sable. A quelques jours de là, ses préparatifs de fuite étaient faits, il avait réalisé tous ses biens en numéraire, et il allait chercher sur la montagne un refuge hospitalier. Cependant l'homme sage ne pouvait pas partir sans prévenir ses compatriotes du malheur qui les menaçait; il prit donc un couple de pigeons, pluma la femelle et la renferma sous un vase avec ce billet : « Qui fera « comme le compagnon de ce pigeon fera bien; qui « ne fuira pas, sera dépouillé comme celui-ci. » Et il alla se réfugier sur le Bou Taleb, d'où il lâcha le second pigeon après lui avoir attaché au cou un billet sur lequel ce seul mot, *Bou Taleb*, était écrit.

Les habitants de Tobna qui n'avaient pu s'expliquer l'avertissement symbolique du pigeon plumé, en comprirent le sens en voyant revenir le pigeon messager. Tous cependant n'y voulurent pas croire; les esprits forts bravèrent l'oracle, les plus peureux se sauvèrent sur le Bou Taleb; ceux-ci furent les plus sages, car Tobna, assiégée quelque temps après par Ali, chef de l'armée musulmane, fut prise, pillée, saccagée.

Au milieu du désordre, une femme se sauvait à travers les rues ensanglantées, en pressant sur son cœur un fardeau, enveloppé dans ses vêtemens; comme un soldat voulait le lui arracher, elle tomba à genoux en s'écriant : « C'est mon fils, Mouloud! » et elle entr'ouvrit son haïck; l'enfant sourit au soldat en lui tendant les bras. Ali passait par là : la mère était belle, il la fit conduire dans sa tente. Plus tard, il adopta l'orphelin et lui donna son nom.—Ce fut le père des Hal Ben Ali.

Mouloud Ali parvint à une haute fortune dans le Tell, et, à sa mort, son commandement fut partagé entre ses trois fils.

Saoula, l'aîné, fut hakem de Constantine; Ali Ben Ali, le second, commanda dans le Tell depuis Sétif jusqu'au Roumel; Dif Allah, le troisième, placé directement sous les ordres d'Ali Ben Ali, partageait avec lui l'autorité.

Des querelles leur mirent bientôt les armes à la main. Ali Ben Ali, battu d'abord, puis abandonné par ses troupes, se vit enfin contraint de fuir dans le Sahara, où l'accueillirent les Dreïdes, alors maîtres absolus du désert.

Selon la chronique, il dut ce bienveillant accueil à cette circonstance, que les Dreïdes n'avaient pas de chevaux à cette époque, et qu'il arriva chez eux monté sur un très-beau cheval. Hardi cavalier, Ali fixa sur lui l'attention de ses hôtes, qui lui donnèrent une tente et le marièrent à l'une des plus belles filles de la tribu. Son courage à la guerre aidant sa fortune, il fût bientôt, et d'une voix unanime, élevé à la dignité de cheikh el arab; dignité héréditaire qui devait se perpétuer dans sa famille, mais qui, par suite de guerres et de révolutions dont il est difficile de suivre les phases, passa, vers l'époque de l'invasion turque, chez les Gannah, descendants de Dif Allah. Les Hal Ben Ali, restés au désert, y devinrent si puissants, bien que leur chef eût été déshérité du titre de cheikh el arab, qu'ils prélevaient des impôts jusque chez les Beni Mzab. Vaincus plus tard et soumis par les Turcs, ces nouveaux conquérants les tinrent néanmoins en si grande estime, qu'ils les constituèrent makhzenia, titre qui les exemptait de tout impôt.

Cette tribu, vraiment aristocratique, très-orgueilleuse de son antique noblesse, a conservé sa race dans toute sa pureté; ses familles ne s'allient qu'entre elles; il n'est permis aux jeunes gens de déroger à cette règle qu'en faveur des belles filles de la tribu des Abd el Nour.

L'arbre généalogique des Hal Ben Ali était déposé dans la mosquée de Sidi Okba; il a disparu, et toutes les recherches pour le trouver ont été vaines. Ils accusent les Hal Ben Dif Allah, leurs frères de la branche cadette, de l'avoir brûlé lorsque Ben-Gannah, le cheikh el arab, fit en 1840 une expédition à Sidi Okba.

La tribu des Ben Ali est du nombre de celles où se recrutent ces audacieux aventuriers, qui courent le désert pour piller les voyageurs. Des espions disséminés dans toutes les oasis informent exactement leurs bandes de l'arrivée d'une caravane, de la nature et de l'importance de son chargement, du nombre de cavaliers qui l'accompagnent, de la direction qu'elle doit prendre.

De leur côté, les chameliers étudient le terrain; ils ont eux aussi leurs espions, hommes spéciaux, roués au métier d'éventer la marche des flibustiers du Sahara. C'est par eux que la caravane sait où croisent la bande Doudène, celles de Mamraf, de Nami, et surtout celle de Refèze, la plus redoutée de l'est. Si le péril est imminent, si la caravane est trop faible, elle attendra, dans l'oasis où elle est campée, pendant trois, quatre, six mois au besoin, que d'autres voyageurs viennent la renforcer, ou que les pillards, fatigués, soient allés chercher fortune ailleurs; mais, quand ils ont flairé la proie, quand ils savent qu'elle est là sous les palmiers, à l'horizon, sous les murs de cette ville, protégée par une tribu amie, et qu'il faudra bien enfin qu'elle reprenne la route, ils luttent avec elle de patience: feignant une retraite, ils la provoquent à la confiance et ce sont alors des marches et des contre-marches dans tous les sens; au jour, ils décampent à grand bruit et s'enfoncent à l'est si la caravane est à l'ouest, au sud si elle est au nord; mais ils laissent en partant un espion, couché dans le sable comme un chacal au guet, ou recouvert de branches comme un buisson, gardant jusqu'à la nuit l'immobilité la plus complète. Ils reviendront alors, au grand galop de leurs chevaux ou de leurs chameaux, au bivouac de la veille, interroger leur vedette. Ces hommes de fer manœuvrent ainsi pendant des mois entiers, sous le soleil ardent, mangeant un peu de farine, buvant un peu d'eau saumâtre; et si enfin, les chameliers abusés, ont plié leurs tentes et se sont remis en voyage, « alors, disait Refèze, dont nous citons textuellement « les paroles, il se fait dans l'air un changement que « je ne puis définir; mais la solitude du désert est « troublée, et, quoique toute une journée de marche « nous sépare de la caravane, un bruit imperceptible « m'apprend que le moment d'agir est arrivé. Lé- « gers comme la gazelle, nous nous élançons dans « une direction qui n'est jamais la mauvaise, et nous « découvrons bientôt à l'horizon de la grande plaine « le bienheureux nuage de sable qui achève de nous « orienter. »

Ces rencontres sont d'horribles luttes où l'un des deux partis est anéanti.

Une de ces expéditions fut entreprise il y a deux ans par cinquante cavaliers. Ils avaient été avertis du prochain passage d'une riche caravane sur la route du Djerid à Souf. Leur première halte, en sortant de Biskra, fut à El Haouch, nom que prend la rivière de Biskra à dix ou douze lieues de cette ville, au sud-est de Sidi Okba. Comme dans le lit desséché de beaucoup d'autres rivières, on trouve de l'eau dans celui de l'Oued Haouch en creusant à quelques centimètres de profondeur.

La seconde halte fut à Bou Loutet où l'on se procure de l'eau par le même procédé, peine qu'évitent souvent aux voyageurs les nombreux sangliers qui fouillent le ravin pour se désaltérer.

La troisième halte fut à Ben Mel où l'eau est rare et saumâtre.

Le quatrième jour au matin, la caravane était en vue; elle se composait de 69 chameaux; à midi, elle était pillée. Une partie des objets volés appartenait à des marabouts vénérés : elle leur fut religieusement renvoyée par l'intermédiaire du cheikh el arab.

Les Ziban fournissent deux bandes de ces voleurs; elles se réunissent pour faire leurs coups de main si les caravanes sont bien escortées.

Refèze, chef de la bande à laquelle il a donné son nom, est un homme vraiment extraordinaire : c'est une célébrité. On dit de lui qu'il a une si grande habitude du désert, qu'il lui suffit de flairer le sable pour reconnaître, sans jamais se tromper et quelle que soit d'ailleurs l'obscurité de la nuit, le lieu où il se trouve. La teinte plus ou moins foncée du terrain lui indique où gît un filet d'eau et à quelle profondeur.

Nous avons entendu répéter cela si souvent par tant d'autres Arabes, et particulièrement par des gens de Souf, que, sans oser le donner comme un fait acquis, nous n'oserions pas non plus le révoquer complétement en doute.

Avant l'occupation de Biskra par l'armée française, le cheikh el arab et les cheikhs des tribus avaient une part de prise dans ces expéditions.

TRIBU DES CHERFA.

Les Cherfa sont originaires du royaume de Fez, et il existe encore à Tafilet une fraction considérable de leur famille.

Cette tribu, dont le nom indique une origine religieuse noble, n'avait cependant pas autrefois un seul membre qui pût faire preuve authentique de noblesse. Aussi, les tribus voisines l'appelaient-elles ironiquement cherfa ble cherif (cherif sans cherif). Pour en finir avec ces plaisanteries, les Cherfa assemblés réunirent une somme d'argent considérable et la confièrent aux plus dignes avec mission d'aller à la Mecque chercher un cherif dont la généalogie fût incontestable. Un saint homme de Médine, nommé Abderahmann, descendant de père et de mère du prophète, consentit à suivre les ambassadeurs, à la condition qu'on lui donnerait son pesant d'or. Le marché conclu, Abderahmann partit pour le Tafilet, où les Cherfa le reçurent à genoux et l'élurent sultan. Selon la tradition, il envahit le pays jusqu'à Merakech, et c'est de lui que descendrait la famille impériale du Maroc.

La fraction des Cherfa, maintenant établie dans les Ziban, se serait détachée du gros de la tribu parce que son chef, Sidi Ndejim, ayant tué un de ses frères, aurait été obligé de fuir. De nouveaux émigrants, chassés par les guerres qui désolaient alors le sud du Maroc, rallièrent bientôt Sidi Ndejim, et il devint si puissant que toutes les tribus des Ziban se liguèrent contre lui. Cette haine, encore active, força, dans l'origine, quelques familles des Cherfa à s'exiler jusque dans le beylik de Tunis, et beaucoup d'autres à venir s'établir dans le Tell. Le noyau de la tribu habite les Ziban, mais, chaque année, des émigrations nouvelles viennent planter leur tente auprès des douars de leurs frères les Tellia. Il est remarquable que les nomades ne s'acclimatent que très-difficilement dans le Tell, et qu'ils y perdent beaucoup de monde pendant les deux premières années de séjour.

TRIBU DES G'RAMERA.

Les G'ramera font remonter aux temps les plus reculés leur migration en Afrique. Leurs ancêtres, disent-ils, habitaient et habitent encore les bords du Seguia el Amera (le canal rouge), la mer Rouge sans doute.

Arrivés au pays des Nayls, ils y campèrent et vécurent d'abord en bonne intelligence avec les premiers occupants. Mais, entre voisins, surtout entre voisins arabes, la guerre est toujours imminente, et la guerre les refoula dans les Ziban. La cause futile de cet événement offre un trait caractéristique de mœurs arabes : Un de leurs bergers, faisant paître son troupeau dans la plaine, eut l'imprudence de tuer un chien des Nayls qui s'était jeté sur un de ses moutons et l'avait étranglé. Aux cris du chien, le maître accourut et frappa le berger d'un coup de sabre à la tête ; cette scène se passait en vue des deux tribus. Les parents du blessé voulurent le venger, les parents du vainqueur coururent à son secours, puis vinrent les amis de chacun, si bien qu'en un instant la mêlée devint générale, et que les G'ramera perdirent quatre cents hommes.

Cette journée fatale, qu'ils appellent encore le combat des quatre cents et du chien noir, les réduisit à l'impossibilité matérielle de se maintenir plus longtemps chez les Nayls, et ils vinrent dans les Ziban, où ils se partagèrent entre chaque tribu. Ils vécurent ainsi, louant leurs services, jusqu'à ce que, devenus plus nombreux, ils pussent se reconstituer en tribu.

TRIBU DES DREÏDES.

Les Dreïdes n'ont conservé qu'un souvenir confus de leur origine; ils prétendent cependant venir du nord, où leurs pères Djouala (idolâtres) occupaient une grande partie du Tell, et même le Sahel. Ceux que nous trouvons dans les Ziban et qui sont, disent-ils, les descendants d'une très-petite fraction de leur grande famille, se vantent d'être parvenus dans le désert à un haut degré de puissance, et d'avoir fait des expéditions jusqu'à G'redamez. Constitués makhzenia par les Turcs, ils perdirent plus tard ce titre et les prérogatives qui y étaient attachées pour avoir refusé à leurs maîtres de leur livrer un Turc proscrit, réfugié chez eux.

Quand le premier Gannah fut élevé à la dignité de cheikh el arab, les Dreïdes, toujours attachés de cœur à leur ancien chef, subirent tant de vexations, qu'une partie de la tribu se sauva dans le Djerid de Tunis.

Nous devons d'avoir pu compléter ce chapitre à la communication toute bienveillante que S. A. R. Mᵍʳ le duc d'Aumale a daigné nous faire de ses notes sur les Ziban. Qu'il nous soit permis d'en témoigner ici notre respectueuse reconnaissance à S. A. R., et de la remercier des encouragements qu'elle a daigné donner à nos études sur le Sahara algérien.

TOUGOURT.

L'occupation de Biskra nous a ouvert la route de Tougourt; d'une ville à l'autre on compte soixante-seize lieues dont voici les étapes :

	lieues.
De Biskra à El Guera'.	15
D'El Guera' à Ouled el Malah' ou El dour.	12
D'Ouled el Malah' à El Mer'ier.	12
Total pour la première partie.	39

Cette première partie du voyage se fait à travers les sables; on n'y trouve que très-peu d'eau, et la route que nous indiquons n'est pas la seule qui s'offre au voyageur en sortant de Biskra ; mais, outre que toutes viennent se relier à Mer'ier, nous avons, comme dans tout le cours de cet ouvrage, suivi celle des marchands et des caravanes.

	lieues.
Première partie.	39
De Mer'ier à Our'lana.	11
De Our'lana à Meguer.	13
De Meguer à Tougourt.	13
Total	76

Avec Mer'ier commence l'oasis de Tougourt, cette suite de trente-cinq villages sous une double haie de palmiers que les Arabes appellent métaphoriquement *une rivière*: la rivière des Rouar'a, du nom de ses habitants, Oued Rir'; c'est une vallée fertile au milieu des sables, abondamment pourvue d'eau, coupée de jardins ou plutôt de vergers et animée d'une population nombreuse.

Les trente-cinq villages de l'Oued Rir' forment un petit État dont Tougourt est la capitale. Voici leurs noms :

    Mer'ier.
    Sidi K'relil.
    Dendouga.
    Bared.
    Zaouïa.
    Djama.
    Tineguenidin.
    Mazer.
    Our'lana Kebira.
    Our'lana Ser'ira
    Sidi Amran.
    Temerna Djedida.
    Temerna Kedima.
    Sidi Rached.
    Berame.
    Megguer.
    Sidi Selyman
    Kesour.
    Megarin Kedima.
    Megarin Djedida.
    Gr'omera.
    Zaouiet Sidi el Arbi.
    Beni Souid.
    Zaouiet Sid el Abed.
    El Harihira.
    Zaouiet Sidi Abd Esselam.

Tebesbest.
Zaouiet Sidi Ben Hiaia.
Nezela.
Sidi Bou Djenan.
Blidtamer.
Telalis.
El Alia.
El Temacin.

Cette dernière ville, bien que très-voisine de Tougourt, en est indépendante et se gouverne elle-même.

Il va sans dire que les trois villages désignés plus haut comme points de station des voyageurs dans l'Oued Rir', ne sont pas des stations obligées, mais seulement les plus habituelles.

Le pays des Rouar'a n'est arrosé qu'artificiellement ; il n'a ni ruisseau ni rivière; les sources même y sont très-rares. Il semblerait pourtant qu'une immense nappe d'eau, « une mer souterraine, » *bah'ar el tah'atani*, selon l'expression pittoresque des indigènes, soit emprisonnée sous le sol à une profondeur variable de cinquante, cent, deux cents et jusqu'à quatre cents mètres.

Schaw parle de puits profonds que creusent les Rouar'a ; nous avons recueilli à ce sujet des renseignements d'une précision telle, qu'il nous est permis d'affirmer que ces puits sont de véritables puits artésiens. Dans chaque village, nous ont dit vingt Arabes au moins, on a fait des puits, et l'on en fait encore, au besoin, qui ont jusqu'à *cent hauteurs* d'homme de profondeur. La section en est de forme carrée; un seul ouvrier est employé au travail d'intérieur, et, au fur et à mesure qu'il avance, il soutient les terres avec quatre poutres de palmiers. A certains signes infaillibles, par exemple quand la terre est noirâtre et très-humide, il reconnaît qu'il touche au terme de son travail. Il se met alors de la cire dans les oreilles et dans les narines pour éviter d'être suffoqué par l'eau qui va jaillir, s'attache sous les bras avec une corde et prévient qu'on ait à le retirer à un signal donné. Sous un dernier coup de pioche enfin, l'eau jaillit avec une telle force d'ascension, que le malheureux travailleur n'est souvent ramené sur terre qu'asphyxié.

Cette source inépuisable est commune au village qui l'a créée, et elle est distribuée dans les jardins par des conduits faits en troncs de palmiers.

A l'est de l'Oued Rir', se trouvent des marais d'eau salée qui, desséchés en été, donnent une grande quantité de sel; les Rouar'a l'écoulent dans le désert. Ces marais semblent suivre la parallèle de l'Oued Rir' dans toute sa longueur, de Mer'ier à Tougourt.

D'après ces données, on peut se faire une idée du pays auquel commande Tougourt et dont elle tient le haut bout du côté du sud. Cette ville, qui contient cinq ou six cents maisons, est bâtie dans une plaine, sur l'emplacement et, en partie, avec les ruines d'une ville que nous pouvons croire le Turaphylum de Ptolémée, le Téchort de Léon l'Africain, qui y avait longtemps vécu dans l'intimité du chef. La k'asbah' est tout entière bâtie de pierres carrées bien taillées; d'où les fondateurs de Turaphylum tiraient-ils ces pierres? les environs ne donnent aucun indice de carrières. Deux Européens, qui sont maintenant naturalisés à Tougourt, et dont nous parlerons tout à l'heure, disent avec orgueil à leurs nouveaux compatriotes: « Nos ancêtres étaient là « avant vous; ce sont eux qui ont bâti votre ville! »

Les habitants de Tougourt sont de sang mêlé; « c'est, dit Léon l'Africain, qu'ils se joignent avec des esclaves noires. » Ajoutons que là, comme dans tous les pays régis par la loi musulmane, le fils d'une esclave, de quelque couleur que soit sa mère, jouit de tous les droits, même d'héritage, dont jouissent ses frères légitimes, et que, du jour où une esclave a donné un enfant à son maître, elle fait partie intégrante de la famille. Ce fait du mélange constant de la race blanche et de la race nègre, sur la lisière extrême du Sahara, est depuis longtemps acquis à la science; mais la tradition du pays donne une autre raison de l'altération de la couleur des indigènes: « Dans le principe, dit-elle, les familles de Tougourt étaient noires. » Devons-nous en conclure que les peuplades nègres s'avançaient autrefois jusque-là, et que les Berbères des côtes, refoulés dans le sud par les invasions romaines, vandales et même arabes, se seraient confondus avec leurs hôtes?

Il n'y a dans Tougourt que soixante familles blanches dont les ancêtres, encore selon la tradition, étaient juifs; elles sont maintenant musulmanes. Mais pourquoi ne sont-elles pas mélangées comme les autres? Serait-ce, que par cette religion de la famille, si remarquable dans la race juive et dont elles auraient conservé les instincts, elles ne forment d'alliances qu'entre elles? C'est au reste ce qui résulte des renseignements qui nous ont été donnés. Les juifs dont ces familles descendent sont peut-être de ceux dont parle Salluste, et qui, de temps immémorial, mêlés aux populations gétules, libyennes et numides, les auraient suivies dans leur fuite vers le sud, devant les armées conquérantes des peuples d'Occident? Nous livrons timidement ces observations à la science.

La famille régnante de Tougourt est de couleur blanche; cela s'explique par son origine arabe, et donne à penser que ses membres s'unissent seulement entre eux.

Tougourt peut lever sept à huit cents fusils. Elle est entourée d'un mur d'enceinte en mauvaise maçonnerie et d'un fossé profond « de deux hauteurs d'homme, large de dix à douze semelles. » Ce fossé est presque constamment à sec; mais, en cas d'attaque, il peut être rempli d'eau par les fontaines de la ville qui s'y déversent par des conduits ménagés dans les murailles.

Tougourt a deux portes : l'une à l'est, qui s'appelle Bab el Khodra; l'autre à l'ouest, qui s'appelle Bab el Selam; toutes deux sont garnies en fer. Elles s'ouvrent en face d'un pont-levis jeté sur le fossé de défense, et qu'on relève à volonté.

Cet ensemble de constructions, presque savantes, est

évidemment calqué sur le plan de la ville ancienne dont Tougourt occupe la place.

Les fontaines principales sont : A'ïn el Meleh', près de la porte de l'est, A'ïn el Megaria, A'ïn Sultan, A'ïn el A'bbas, A'ïn el Mestaoua ; les eaux en sont recueillies dans des bassins d'où partent des canaux qui vont les verser aux jardins extérieurs.

La place la plus vaste de Tougourt se nomme Rah'bet Soufa, et sa mosquée la plus remarquable Djema' el Kebir. La ville entière est, du reste, assez mal bâtie. Les maisons du peuple sont basses et construites en briques de sable et de terre ; celles des riches sont également en briques, mais en briques faites d'une pierre crayeuse qu'on trouve dans la plaine, et qui, cuite avec du plâtre dont les carrières sont aux environs de la ville, offrent une assez solide résistance.

Les jardins dont Tougourt est entourée s'étendent sur un sol abondamment arrosé, presque marécageux, et sont d'une fertilité remarquable ; mais cette cause même de l'active végétation qui fait la richesse de la ville y développe, à certaines époques de l'année, au milieu du printemps, au milieu de l'été et au commencement de l'automne, des fièvres très-dangereuses pour les indigènes, et mortelles pour les étrangers. Tout le pays, de Biskra à Tougourt, est alors si malsain que peu de voyageurs osent s'y hasarder.

Les habitants de Tougourt, comme les Rouar'a, sont jardiniers plutôt qu'agriculteurs ; les terres labourables leur manquent, et ils ne récoltent que très-peu de céréales. Leurs vergers sont plantés de figuiers, de grenadiers, d'abricotiers, de pêchers et surtout de dattiers. On y cultive la garance en telle quantité qu'il n'est pas rare de voir un seul individu en récolter cent charges de mulet. On y cultive encore des melons, des citrouilles, des concombres, des oignons, de l'ail, des choux, des navets, du poivre rouge, du millet, du blé de Turquie, du coton et une plante qui s'appelle tekrouri, c'est el h'âchich. On sait que el h'âchich se fume seule ou mêlée avec du tabac, et qu'elle donne cette espèce d'ivresse extatique si fatale aux fumeurs d'opium.

Sous le gouvernement du dey, il y avait à Alger un café réservé aux fumeurs de el h'âchich.

Tougourt et sa circonscription obéissent à un chef qui prend le titre de cheikh, et que les Arabes appellent généralement le sultan. Il gouverne avec l'aide d'une djema' ou conseil présidé par son khalifah'.

Le pouvoir est héréditaire. La famille actuellement régnante est celle des Ouled ben Djellab (les enfants des troupeaux); il est très-probable qu'elle compte une très-nombreuse succession de cheikh, car l'origine de sa puissance va se perdre dans l'ombre de la légende, peut-être même de la fable.

Le sultan de Tougourt était mort sans postérité, dit la tradition; les rivalités des grands, et par suite la guerre civile, décimaient la nation; lassés enfin de se massacrer sans se vaincre, les différents partis convinrent unanimement que le premier individu qui entrerait dans la ville, à jour donné, serait élu sultan. Un pauvre Arabe du désert, conducteur de troupeaux (Djellab) fut, ce jour-là, le premier qui mit le pied dans Tougourt : le hasard l'avait fait roi ! On lui obéit cependant aussi bien, et mieux peut-être, que s'il eût été choisi par son peuple, et personne n'a songé depuis à disputer à la famille des Ouled ben Djellab le pouvoir ni l'hérédité.

Le cheïkh de Tougourt est maintenant un enfant de douze ou treize ans, nommé A'bd er Rah'man bou Lifa; il a succédé à son oncle le cheïkh A'li; son khalifah', président de la djema', se nomme El H'adj el Mad'i; il est de sang mêlé; ses conseillers les plus influents sont El A'rbi ben el Achour et Mohammed ben el K'aïd. Par une anomalie assez singulière et dont les mœurs arabes n'offrent que de bien rares exemples, la mère du jeune cheïkh a la haute main dans la djema'. Cette femme, que l'on dit très-belle, et qui se nomme Lella A'ïchouch, domine le gouvernement de Tougourt, autant sans doute par l'influence de sa beauté, que par celle de son bon sens. Les Arabes l'appellent le khalifah' du cheïkh, et, s'ils vantent son aptitude aux affaires, ils parlent très-ironiquement de la sévérité de ses mœurs. Elle honore ouvertement de toute sa confiance un favori dont elle a fait tuer le prédécesseur par jalousie; on reproche surtout à Lella A'ïchouch d'aimer à s'enivrer en fumant le h'âchich.

Le sultan de Tougourt jouit de tous les priviléges de l'absolutisme le plus complet : il demeure dans la k'asbah', espèce de château fort attenant aux murailles de la ville. Pour arriver jusqu'à la cour intérieure de ce que nous appellerons son palais, il faut franchir sept portes, à chacune desquelles veillent deux nègres armés. C'est là que sont renfermées ses richesses, fort exagérées sans doute, ses quatre femmes légitimes et ses cent concubines. Un mar'zen de cinquante cavaliers nègres qu'il tient à sa solde, lui forme une garde d'honneur quand il sort, et, au besoin, une petite armée suffisante pour réprimer une émeute, prélever les contributions et assurer la marche du gouvernement. Il a sous la main les six tribus arabes des Fetaït, des Ouled Moulat, des Saïd, des Ouled Sidi A'bd Allah', des Ouled Seg'oud, des Selmia, des Ouled Rah'man, fraction de la même tribu, dont les douars sont campés tout près de la ville, et qui peuvent lui fournir jusqu'à sept ou huit cents cavaliers. Ces tribus s'éloignent de Tougourt au printemps pour reprendre la vie nomade et aller faire paître leurs troupeaux dans le désert.

Le sultan ne se montre que le vendredi, et s'il sort quelquefois pour aller se promener dans les jardins, il est accompagné de sa garde nègre qui marche le fusil chargé, et précédé de sa musique, hautbois et tambours; deux esclaves tiennent ses étriers, un porteur de parasol le garantit des ardeurs du soleil.

Le jour de la fête du prophète, quand il va faire sa

visite au tombeau du saint marabout' Sidi A'bd es Selam, des cavaliers le précèdent, des fantassins le suivent, des esclaves écartent la foule, et d'autres conduisent devant lui deux chevaux magnifiquement caparaçonnés, couverts de selles brodées d'or, avec des boucles d'or aux oreilles et des anneaux d'or aux pieds.

N'est-ce là qu'un conte, un souvenir des *Mille et une Nuits?* Ce luxe au milieu du désert, cette pompe royale dans une oasis, nous paraissent incroyables. Tous ces détails nous ont pourtant été affirmés plus d'une fois par des gens du pays qui ne se connaissaient point et qui n'avaient pu se donner le mot pour nous tromper. Ce qui nous paraît plus incroyable encore, c'est que ce petit souverain aurait, comme nos seigneurs du moyen âge, un droit fort en opposition avec le Koran et les mœurs arabes, un véritable droit du seigneur qui lui serait exclusivement réservé. Il semblerait d'ailleurs avoir le même droit sur toutes les femmes de son gouvernement. « Il n'en use que quand elles sont jolies, » ajoutait naïvement l'Arabe qui nous donnait ces détails.

Si le mari se fâche, il est pendu ou crucifié.

Nous le répétons, nous nous tenons fort en garde contre ces renseignements chargés de couleur locale ; il nous paraîtrait toutefois bien étonnant que l'imagination arabe, même la plus féconde, ait pu combiner ainsi un conte oriental avec une page du moyen âge européen.

Cette exagération du pouvoir au bénéfice d'un seul

individu n'empêche pas les rouages du gouvernement de fonctionner très-régulièrement. La justice est bien organisée ; les écoles sont très-fréquentées ; les impôts, qui ne sont autres que la dîme (a'chour), sont facilement prélevés. Les vols sont peu nombreux, et les voleurs sévèrement châtiés ; on pend les plus coupables, on coupe une ou les deux oreilles aux autres.

Dans l'intérieur de la ville les mœurs sont assez pures; mais là, comme autour de presque tous les grands centres du désert, des filles de la tribu des Ouled Naïl, et de celle des A'r'azlia, viennent camper pendant l'hiver sur un petit mamelon qu'on appelle Drâ' el Guemel (le Mamelon des Poux), et s'y prostituer argent comptant. Elles sont généralement très-belles, mais fort sales; elles vont la figure découverte, comme toutes les femmes du désert.

Est-ce la misère ou le besoin qui conduit là ces pauvres filles, après que toutes les provisions de leurs tribus sont épuisées? Est-ce l'avarice de leurs parents qui les force d'aller extorquer quelques douros à leurs riches voisins? Nous ne pouvons, ici encore, que constater un fait, sans oser nous hasarder à en donner les motifs présumés, ni à en tirer des conséquences; le temps n'est pas venu d'écrire l'histoire philosophique de ce monde presque inconnu.

Les haines entre membres de la famille régnante, et par suite les révolutions de palais, sont fréquentes à Tougourt. On se ferait difficilement une idée de l'anarchie qui, en pareille circonstance, déchire la ville, si nous ne la retrouvions pas dans l'histoire des villes musulmanes de l'Asie et dans celle de Constantinople. Ce sont alors des massacres sans fin, jusqu'à ce que le parti vainqueur ait imposé son sultan et s'en soit remis aux bourreaux pour assurer sa victoire. Les moyens sont toujours affreusement extrêmes : les traîtres, c'est-à-dire les vaincus, sont écorchés, crucifiés, ou, par grâce, pendus.

Tougourt a été attaquée il y a quarante ans à peu près par Salah' Bey, bey de Constantine. Il avait été entraîné dans cette expédition par un membre mécontent de la famille des Ouled Ben Djellab, Cheïkh Ah'med, cousin du sultan régnant Cheïkh A'mer, qu'il voulait déposséder.

Les bases du marché passé entre Cheïkh Ah'med et le bey Salah' sont assez singulières : à chaque étape de Constantine à Tougourt le bey devait compter mille boudjous à Cheïkh Ah'med qui, en échange, devait, une fois au pouvoir, lui payer une redevance d'un million. Le bey Salah', guidé par le traître, se mit en marche à la tête d'une armée appuyée de quelques pièces de canon. A son approche, tous les habitants de l'Oued Rir' se retirèrent à Tougourt. Salah' resta six mois devant la place ; car, bien que ses habitants soient plutôt commerçants que guerriers, ils se battent avec beaucoup de courage s'ils sont retranchés derrière des murailles. Malgré cette résistance opiniâtre, l'artillerie ayant fait brèche à l'enceinte de la ville, tous les palmiers environnants ayant été coupés, et la famine menaçant les assiégés, le bey Salah' enleva enfin la place dans un assaut décisif. Les énormes contributions dont il la frappa, et celles qu'il leva sur tous les villages de l'Oued Rir', le dédommagèrent largement et des frais de la guerre, et des boudjous qu'il avait religieusement comptés à Cheikh Ah'med qui, devenu sultan, paya la redevance convenue.

Cependant les bey de Constantine n'ayant qu'une action très-indirecte sur un point aussi éloigné, les contributions que leur payaient les sultans de Tougourt n'ont jamais été bien régulières; elles variaient selon que le vassal redoutait plus ou moins son suzerain. Au très-redoutable bey Salah' on payait 1 million; au moins redoutable Ah'med el Mameluk' on ne donnait que 500 000 francs; aux bey qu'on ne craignait pas, on ne donnait que quelques nègres, 5 ou 6000 h'aïk, le tout d'une valeur réelle de 40 à 50 000 francs à peu près.

L'État de Tougourt n'a, du reste, à soutenir que des guerres peu fréquentes; d'abord, parce qu'il peut mettre de trois à quatre mille hommes sur pied, force relative très-imposante au milieu de populations nomades ou circonscrites dans un très-petit territoire; ensuite, parce que cette ville de marchands, d'artisans et de jardiniers n'a ni haines, ni besoins, ni ambition.

Cependant, une voisine jalouse, Temaçin, qui, à sept ou huit lieues de là, a, elle aussi, ses marchés et ses prétentions à la centralisation des produits du désert, et qui, si elle est beaucoup plus petite que Tougourt, est beaucoup plus guerrière, Temaçin cherche souvent à attirer les voyageurs, en dépréciant les denrées et les produits de sa rivale. De là querelle, et quelquefois guerre. Des tribus arabes, qui campent autour de Temaçin et peuvent lever cent vingt à cent cinquante cavaliers, prennent parti pour leur mère d'adoption, enveniment et prolongent la lutte. L'infériorité numérique de Temaçin la force de céder tôt ou tard, et toujours elle paie quelques milliers de boudjous et donne des chevaux de soumission, comme redevance annuelle jusqu'à nouvelle guerre. Les deux villes sont maintenant en paix.

Ce que nous avons dit du luxe de Bou Lifa et du million que son prédécesseur payait, il y a quarante ans, au bey Salah', peut paraître exagéré, mais s'explique facilement par les sources mêmes où s'alimentent le trésor des sultans de Tougourt. Outre l'a'chour, dîme prélevée sur toutes les denrées, et celle sur les dattes seules est d'un revenu immense, ces petits autocrates reçoivent encore les nombreuses amendes infligées pour les moindres délits, et les présents en argent, objets de commerce ou chevaux que les tribus du désert sont forcées de leur offrir pour avoir le droit de vendre et d'acheter sur les marchés de la ville.

Ces tribus, qui sont au nombre de quarante-quatre, se donnent rendez-vous à Tougourt de tous les points du Sahara.

Celles qui viennent du Zab apportent du blé, de l'orge, des sacs en laine et en lanières de palmier, nommés tellis; et dont on charge les mulets et les chameaux des tapis, du beurre, des fromages de brebis, des fèves, des pois chiches; elles y conduisent des chameaux et des moutons.

L'immense tribu des Ouled Naïl y apporte de la laine et y conduit aussi des chameaux et des moutons.

Celle des Arba', les mêmes marchandises que les précédentes, plus des chevaux et des ânes.

Les gens d'El Ar'ouat' et de l'ouest, des figues, des raisins secs, de la garance, des laines, des bernous, des h'aïk.

Les Beni Mzab, les mêmes marchandises, et de plus des vêtements de laine, de l'huile provenant de Bou Sa'da, du poivre, de la graisse de chameau, des moutons, des nègres qu'ils achètent à Tafilet.

Les Touareg, qui vont d'abord à Ouargla et remontent à Tougourt, y apportent de la poudre d'or mais en très-petite quantité, de l'alun, du soufre, de la poudre, du salpêtre, des dents d'éléphant; ils y conduisent des nègres et des moutons d'une espèce particulière à l'Afrique; ils n'ont point de laine, mais un poil très-ras; leur queue très-grosse et très-large traîne à terre; on les appelle el a'deman; leur chair est très-estimée.

Les gens de Djebel el A'mour et de l'ouest viennent à Tougourt avec des tapis, du beurre, des fèves, des figues, des pistaches, des coings, des glands, des moutons.

Toutes ces peuplades s'y approvisionnent, par achat ou par échange, de fusils, pistolets, sabres, chachïa (calottes rouges), mouchoirs, bourses, quincaillerie, verroterie, lin, calicot, indiennes, papiers, miroirs, coutellerie, cardes pour la laine, lentilles, blé, huiles en quantité, épiceries, sucre, café, pipes, écritoires, soie, bijoux de femmes, sellerie, étriers, etc., tout cela venant de Tunis; ils achètent aussi du tabac venant de Souf, du h'âchich, des chaussures et des dattes en quantités incalculables.

Les marchandises de Tunis arrivent à Tougourt, qui en est l'entrepôt général, par les habitants des villes et des villages échelonnés sur la route, et non point par de grandes caravanes, comme on le croit trop généralement. Ce mouvement commercial se fait à petites journées, à la fin du printemps, sous la protection d'une colonne de l'armée de Tunis qui, sortie deux mois auparavant pour aller jusqu'à Neft'a faire rentrer les contributions, opère alors sa marche de retour. Les routes sont donc parfaitement sûres; les marchands de Tougourt et ceux des villages qui, dans toute autre saison, pourraient avoir à craindre les *Arabes de proie*, portent leurs denrées et leurs produits à Tunis, et vont s'y approvisionner. Ils rentrent chez eux au mois de juillet, alors que tous les Arabes sont occupés de leurs récoltes ou sont partis pour aller acheter des grains dans le Tell. Le temps n'est pas loin sans doute où tout ce commerce prendra le chemin de Constantine et d'Alger.

Cette foire perpétuelle, dont Tougourt est le centre, explique pourquoi cette ville n'a pas un seul mendiant; ceux qui s'y trouvent, en très-petit nombre, sont des Arabes venus des tribus voisines; c'est encore là sans doute la raison pour laquelle les habitants de Tougourt sont particulièrement honorés dans le désert; ils le nourrissent : « c'est la reconnaissance du ventre. »

De toutes les sources de richesses que la circonscription de Tougourt a en elle et qu'elle déverse sur tous les points du Sahara et sur Tunis, la plus féconde est assurément le commerce qu'elle fait de ses dattes. Ce qu'elle récolte de cet excellent fruit, de ce pain du désert, est incalculable. Les dattes sont la nourriture principale de tous les habitants nomades ou à établissements fixes du Sahara. Les plus riches seuls mangent du pain, ou plutôt de la galette et du kouskoussou. Il paraît cependant que, sous peine de maladie grave et même de mort, il faut absolument mélanger la datte avec un autre aliment tel que les fromages, le lait, la galette.

Nous avons recueilli sur la culture du dattier et sur la manière de conserver les dattes quelques renseignements qu'il n'est peut-être pas inutile de donner ici.

Les palmiers-dattiers venus de semis sont généralement inféconds et d'une venue beaucoup moins belle que ceux plantés de bouture; c'est donc ce dernier mode de reproduction qui est adopté. Quand un palmier est parvenu à une hauteur de sept à huit pieds, il jette des scions que l'on détache et que l'on pique dans une terre préparée; on les arrose à grandes eaux et constamment, au moyen de rigoles. A six ou sept ans l'arbre s'élève à une hauteur de huit ou dix pieds et commence à donner des fruits. Les dattiers femelles, les seuls qui produisent, sont en bien plus grand nombre que les dattiers mâles, destinés par la nature à la fécondation. Dans le Sahara, comme en Nubie, comme en Égypte, les indigènes aident l'union des deux sexes de la manière suivante : à l'époque de la floraison du mâle, floraison qui devance celle de la femelle d'une quinzaine de jours, on détache de cet arbre une grappe de fleurs, un des régimes (h'ardjoun) qui couronnent sa tête, et on l'attache sur celle du dattier femelle ; la nature fait le reste. Les fruits se cueillent vers le mois de novembre ; des magasins, destinés à les recevoir, sont ménagés dans chaque maison et sillonnés de petits canaux qui reçoivent et laissent écouler le miel de la datte à mesure qu'elle se dessèche. Ainsi préparées, et après dessiccation complète, elles peuvent se conserver dix ou douze ans : les Arabes semblent les préférer aux dattes fraîches. Celles qui nous arrivent en Europe et même à Alger, sont d'une qualité tellement inférieure que, dans le pays, on les donne en nourriture aux chameaux, aux mulets, aux chevaux, en ayant soin de les mélanger, soit avec de l'orge, soit avec une herbe nommée sefsfa.

Quand un palmier est reconnu stérile, les indigènes en tirent parti en lui faisant, au-dessous de la tête qu'ils appellent roussa ou galle, une ou plusieurs incisions à la base desquelles ils appliquent un vase qui se remplit bientôt d'une liqueur très-bonne à boire, et qui, fermentée, devient enivrante : c'est le vin de palmier (el âguemi). L'arbre, ainsi préparé, en donne pendant plusieurs mois ; on bande alors ses blessures après les avoir fermées avec du sable, et, disent les Arabes, cette opération le rend souvent fertile.

L'affluence des étrangers est toujours considérable à Tougourt. Le commerce y appelle de nombreuses peuplades qui y arrivent au fur et à mesure de leurs besoins. Souvent encore, les caravanes du Maroc, qui se rendent à la Mecque en pèlerinage, s'y reposent quelques jours.

Des juifs orfévres, cardeurs de laine, tisserands, etc., y vont également pour exploiter leur industrie; mais aucun d'eux n'y brave la saison des fièvres; tous s'en retournent, chacun chez soi, dès que la maladie commence à sévir.

La monnaie en circulation dans la ville et dans sa circonscription est la monnaie de Tunis, qu'on y appelle terbaga; elle contient beaucoup d'alliage. On y reçoit également les douros d'Espagne.

Qu'il se trouve dans cette ville, égarée au milieu des sables, des étrangers de toutes les couleurs et des peuplades les plus éloignées, même des nègres de Tombouctou, ce n'est là qu'une circonstance très-explicable; mais il est assez singulier d'y trouver deux Européens qui semblent y avoir acquis le droit de bourgeoisie.

Il y a quatre ou cinq ans que le sultan, alors régnant, voulant à toute force avoir des canons, fit enrôler à Tunis quatre ouvriers européens qui se chargèrent de lui établir une fonderie et qui partirent avec deux femmes. Une fois arrivés, on mit à leur disposition tout ce qu'ils demandèrent : des ouvriers, du charbon, du fer-blanc, du fer, du plomb, du cuivre, etc. C'étaient tous les jours nouvelles demandes aussitôt satisfaites; peut-être avaient-ils rêvé qu'on leur donnerait également de l'or à pleines mains. Cependant les canons ne paraissaient pas. « C'est que le charbon ne vaut rien, dirent-ils; il nous faut du charbon d'abricotier. — Voici du charbon d'abricotier, » leur répondit quelques jours après le sultan qui, ne voyant pas de résultats, perdit enfin patience et fit attaquer en pleine nuit les prétendus fondeurs par quelques hommes de sa garde. Deux d'entre eux furent massacrés; les deux autres, plus heureux, se sont faits musulmans et servent dans les cavaliers réguliers; ils se sont mariés et vivent de la vie des indigènes. La fille de l'un deux a épousé le porteur de parasol de Sa Hautesse. Peut-être nous attendent-ils, et peut-être qu'avant longtemps nous irons les délivrer. De cet ensemble de renseignements sur une ville aussi curieuse et aussi importante que Tougourt, cette réflexion viendra sans doute à plus d'un économiste :

« Il ne sera certainement pas impossible d'appeler vers Constantine par Biskra, et vers Alger par Bou Sa'da, ce grand courant commercial qui s'écoule de Tougourt à Tunis. Il y a à cela deux objections : l'antipathie religieuse et l'habitude; mais il est bien permis d'espérer qu'avec un peu d'adresse nous pourrions atténuer l'une, et vaincre l'autre par quelques sacrifices. »

ROUTE
DE BISKRA A EL AR'OUAT'.

BASSIN DE L'OUED DJEDI.

Cette route remonte l'Oued Djedi dans presque toute sa longueur, et est tout entière comprise dans son bassin.

Le bassin de l'Oued Djedi s'étend, dans sa direction générale, de l'ouest à l'est, sur une longueur de cent vingt lieues à peu près, et sur une largeur moyenne de dix-huit à vingt lieues.

Il est fermé au nord par les versants sud du Djebel A'mour de la chaîne de montagnes qui, partant d'El Ar'ouat', va jusqu'à Biskra en changeant de nom presque à chaque pas, et est généralement connue sous le nom de Djebel Sah'ri; par le versant sud de Djebel Lakhdar, de Djebel A'ouras, de Djebel A'mar Khedou et Djebel Khanga.

Au sud, par les versants nord d'une chaîne de mamelons de sable appelée Chebk'a, qui, partant du pied de Djebel A'mour entre l'Oued el Maïa et l'Oued el Meleh', passe à neuf lieues environ d'El Ar'ouat', et va mourir dans la plaine, à la hauteur du village d'Ouled Djellal.

L'Oued Djedi est formé, dans le Djebel A'mour, de la réunion de deux cours d'eau dont l'un, appelé Oued Merra, prend sa source au marabout' de Sidi Ioucef, et dont l'autre, appelé Oued el R'icha, prend la sienne un peu plus à l'est, auprès d'un village auquel elle a donné son nom. Un peu avant Tadjemout, l'Oued Merra et l'Oued el R'icha réunis forment l'Oued Mzi.

Un peu au-dessous de Tadjemout, la rivière, qui jusque-là a été limpide et courante, disparaît dans des marais pour reparaître, trois lieues plus loin, dans un endroit nommé Recheg; elle disparaît encore presque aussitôt, pour reparaître de distance en distance, par flaques d'eau à la hauteur d'El Ar'ouat' à droite, d'El A's-safia à gauche et de K'sir el H'aïran à droite. A partir de ce point le lit de l'Oued Djedi est presque toujours sans eau. Les pluies de l'hiver en font un torrent, les premières chaleurs le dessèchent. Il en est de même de tous ses affluents.

Sa direction a été jusque-là du nord au sud-est; arrivée à K'sir el H'aïran, elle tourne brusquement à l'est, et prend alors le nom d'Oued Djedi. En descendant son cours, on trouve sur la rive gauche un petit village abandonné ou plutôt inhabité, appelé Entila, où les tribus déposent leurs grains. Près d'Entila sont des ruines romaines; plus loin, sur la rive droite, le village de Sidi Khaled; celui d'Ouled Djellal, à quelque distance sur la rive gauche; enfin ceux de Lihoua et de Sa'da sur la rive droite; elle va mourir dans un grand lac salé appelé Sebkha Felr'ir, auprès d'un petit village appelé Sidi Nour ed Din.

L'Oued Djedi reçoit sur sa route de nombreux affluents. Les affluents de droite sont :

L'Oued Reddad, qui descend de Djebel A'mour, vient tomber au-dessous d'El Ar'ouat' sous le nom d'Oued Msa'ad, et reçoit lui-même : 1° l'Oued Bel A'roug, l'Oued Zelat el Oustani et l'Oued Zelat el Guebli; 2° l'Oued Bou Ter'fin, qui tombe à K'sir el H'aïran; 3° l'Oued Ber'rat; 4° l'Oued Medaguin; 5° l'Oued el H'amar ou Si A'li Saker; 6° l'Oued Mouça; 7° l'Oued Ben H'annan, qui vient tomber un peu au-dessus de Msa'ad; 8° l'Oued Ben Dafi, qui tombe presque en face de Demed; 9° l'Oued Remel; 10° l'Oued Semouin; 11° l'Oued el Feta; 12° l'Oued el Nakhela; 13° l'Oued Medeïra; 14° l'Oued Bedat Remel; 15° l'Oued Sek'eb; 16° l'Oued Khenafza, qui tombe en face de Sidi Khaled; 17° l'Oued Bel A'rimel; 18° l'Oued K'edarek', et 19° l'Oued Sa'boun, qui tombe en face d'Ouled Djellal.

Les affluents de la rive gauche sont :

1° L'Oued Mennas, qui vient tomber au village d'El A'ssafia; 2° l'Oued el Biod'; 3° l'Oued Khang es Sa'boun, qui tombe entre El A'ssafia et Entila; ces trois rivières descendent de Djebel Karabetit; 4° l'Oued H'amouïda, qui passe à Msa'ad et descend du Djebel el Dja'f, sur le sommet duquel est un village nommé A'mra, habité par les Ouled Na'îl; 5° l'Oued Demed, qui passe au village de Demed, habité par les Ouled Na'îl, et descend du Djebel Zekkar, sur le sommet duquel sont deux villages, Beni Maïda et Zekkar; 6° l'Oued el H'amoura, qui descend du Djebel Boukal'il, et passe à un village inhabité auquel elle a donné son nom; 7° l'Oued el R'omra, qui vient de Djebel Kaf el A'mer, et passe au village abandonné de R'omra; 8° l'Oued Betaban, qui passe auprès des puits d'El Ouba; 9° l'Oued el Djer, qui descend de Djebel Djer; 10° l'Oued el R'zas, qui descend de Djebel el R'zas; 11° l'Oued el Biod', qui descend de la même montagne et vient tomber à Sidi Khaled; une rivière dont nous n'avons pas le nom, qui descend de la même montagne et vient tomber à Ouled Djellal. La chaîne du Djebel Sah'ri, dont toutes les montagnes que nous venons de nommer font partie, se termine auprès de Biskra.

Le dernier affluent que l'Oued Djedi reçoive par sa rive gauche est l'Oued el Kant'ara, qui prend sa source sous le nom d'Oued Nezebel Metal, à El K's'our dans le Djebel Lakheder, pic de la chaîne de montagnes des Ouled Sult'an. Elle passe au petit village d'El Kant'ara, remarquable par un pont de construction romaine, qui lui donne son nom (El Kant'ara); passe à El Out'aïa, à un quart de lieue de Biskra, qu'elle laisse sur la droite, et vient se jeter dans l'Ouad Djedi, près du petit village de Sa'da, à douze lieues de Biskra.

L'Oued el Kant'ara, encaissé sur sa rive droite par des montagnes à pic, mais peu élevées, ne reçoit d'affluents que des montagnes de sa rive gauche.

Les rivières qui s'y jettent sont :

L'Oued Branès, qui descend de la montagne du même nom et vient tomber un peu au-dessus d'un bordj ou fort isolé.

L'Oued Braz, qui descend de Djebel A'mar Khedou et vient mourir à Sa'da, au confluent de l'Oued Djedi et de l'Oued el Kant'ara.

L'Oued Braz reçoit elle-même l'Oued Messilia, qui descend de A'mar Khedou et passe à Sidi O'k'ba.

ROUTE DE BISKRA A EL AR'OUAT'.

La route de Biskra à El Ar'ouat' suit une direction générale de l'est au sud-ouest. Pendant les deux premiers jours de marche on s'avance directement dans le sud pour gagner l'Oued Djedi, dont on prend alors la rive gauche pour ne plus la quitter.

		lieues.
1er jour, de Biskra au petit village de Oumach, pays sablonneux. On a laissé sur la gauche des ruines romaines appelées Oum el H'anna.		4
2e .... d'Oumach à Lihoua, en passant par les petits villages de Mlili et de Bent'ious. On est alors sur l'Oued Djedi.		12

		lieues.
3e	... de Lihoua à Sidi Khaled, en longeant l'Oued Djedi.	10

Un peu après avoir quitté Lihoua on trouve quatorze ruines romaines, dont voici les noms :

   El K'sir.
   K'sir el H'aïran.
   Mza el Oucif.
   Toual.
   Oudie ed Dîb.
   El Guemâ.
   Dra' Remel.
   El Meckh.
   El Toual.
   Cha'ba.
   Bou A'dem.
   Bou Chougga.
   El Kebabia.
   El Beldja.

Ces ruines, échelonnées sur une distance d'une douzaine de lieues, semblent être les restes de petits forts derrière lesquels se serait jadis abritée la colonisation romaine. Toute cette première zone du désert est couverte de ruines semblables; celles dont nous parlons sont encore à hauteur d'homme, et, bien qu'elles soient inhabitables et abandonnées, quelques tribus s'y réfugient pendant l'hiver pour y fabriquer de la poudre. Ces tribus sont les

   Bou A'zid.

Ouled Djellal.
Ouled Sidi Sliman.
Rah'man.
Selmia.

Le soufre qui sert à cette fabrication vient de Tunis.

Le charbon est fait avec du bois de laurier-rose.

Le salpêtre se trouve en quantité sur les lieux mêmes.

Au printemps, c'est-à-dire quand les pluies ont cessé et que les voies de communication sont devenues plus faciles, les tribus dont nous avons parlé écoulent leurs poudres vers Tougourt, au sud; au nord, chez les Ouled Bou T'aleb et les H'al el H'amma, tribus kabyles du sud de Setif, qui vont les revendre au prix ordinaire d'un boudjou la livre à toutes les tribus du désert, depuis El Ar'ouat' jusqu'à Gardaïa.

A trois lieues avant d'arriver à Sidi Khaled, on trouve le k'sar de Ouled Djellal, situé un peu au nord de l'Oued Djedi.

OULED DJELLAL.

Ouled Djellal contient cinq ou six cents maisons à peu près; il est défendu par une enceinte crénelée, entouré d'une petite forêt de dattiers et de jardins. Les terres des environs, cultivables en certains endroits, peuvent suffire, en céréales, aux besoins des habitants.

Les hommes fabriquent de la poudre, les femmes tissent des vêtements de laine.

Le commerce général de cette petite ville consiste en blé, orge, dattes, beurre, huile qui vient de Bou Sa'da, etc.; quelques petits marchands y tiennent des boutiques approvisionnées des choses les plus essentielles à la vie.

Les Ouled Djellal sont de mœurs fort dissolues, et réputés très-hardis voleurs.

Les tribus qui déposent leurs grains à Ouled Djellal sont :

>Des fractions des Selmia.
>— des Bou A'zid.
>
>Ouled A'zy.

D'Ouled Djellal à Sidi Khaled la route est coupée de ravins où coulent, pendant l'hiver seulement, les rivières que nous avons déjà nommées.

SIDI KHALED.

Sidi Khaled, sur la rive droite de l'Oued Djedi, est un k'sar de deux cents à deux cent cinquante maisons, entouré d'une mauvaise enceinte et d'une petite forêt de palmiers.

Khelaïça, en dehors des murailles, est une mosquée surmontée d'un minaret, appelée Djema' en Nebi Sidi Khaled. Elle a donné son nom au village.

Les fractions des Ouled Na'il qui y déposent leurs grains sont :

>Ouled Saci.
>Ouled H'arkat.
>Douaouda.
>Selmia.
>Rah'man.
>Bou A'zid.
>Ouled Rah'ma.

On y fabrique de la poudre qui est vendue aux Arabes du désert et à Tougourt. Le chemin qui conduit à cette ville débouche en face de Sidi Khaled sur la rive opposée de l'Oued Djedi, par un ravin appelé Oued Khenafsa.

	lieues.
4ᵉ jour, de Sidi Khaled au puits d'El Ouba, en traversant l'Oued R'zas et l'Oued el Djer.	7
5ᵉ . . . d'El Ouba, en traversant l'Oued Betaban, à R'omra, village abandonné, sur la rivière du même nom.	7
6ᵉ . . . de R'omra à A'moura, village abandonné, sur la rivière du même nom, sur le penchant de Djebel Bou Kah'il.	8
7ᵉ . . . de A'moura à Demed, sur la rivière du même nom.	6

DEMED.

Demed est un petit village de trente à quarante maisons basses et mal construites, entouré de jardins bien plantés d'arbres fruitiers et dans lesquels on cultive beaucoup de légumes et des raisins très-estimés. On y trouve quelques dattiers, mais leurs fruits sont de mauvaise qualité.

Les gens de Demed fabriquent de la poudre qui a une grande réputation dans le désert; elle se vend enfermée dans de petits tubes de roseau de la grosseur et de la longueur d'une cartouche.

Les femmes tissent des vêtements de laine.

Des fractions des Ouled Na'îl déposent leurs grains à Demed; ce sont les

    Ouled el A'ouer.
    Ouled A'ïfa.
    Ouled A'ïça.
    Ouled Medjeber.
    Ouled el A'trech.
    Ouled Tabag.
    Ouled A'mer.
    Ouled Fat'ma.
    Ouled Lek'h'al.   lieues.

8ᵉ jour, de Demed au puits de Bedjeran, en passant par Msa'ad, sur l'Oued H'amouïda. 9

    Msa'ad est à deux lieues ouest de Demed; c'est un k'sar de quarante à cinquante maisons, assez bien bâties, entourées de jardins plantés

A reporter. 9

	lieues.
Report.....	9
d'arbres fruitiers et de légumes. Il n'y a point de dattiers. Il s'y fabrique de la poudre, mais d'une qualité inférieure à celle de Demed. Les mêmes fractions des Ouled Na'ïl déposent leurs grains dans les deux villages.	
9°... de Bedjeran à K'sir el H'aïran, en traversant le village abandonné d'Entila.	10
10°... de K'sir el H'aïran à El Ar'oua't.	6
Total......	79

DJEBEL SAH'RI.

La chaîne de montagnes appelée Djebel Sah'ri, sans doute parce qu'elle sépare le Tell du Sahara, s'étend sur une largeur variable de six à onze lieues, en changeant de nom à chaque pas et sur chaque versant, depuis Biskra, à l'est, jusqu'au Djebel A'mour, à l'ouest. Il ne nous a pas été possible d'obtenir la hauteur, même approximative de ses points culminants qui, du reste, sont peu élevés.

L'intérieur en paraît, dans son ensemble, haché, tourmenté par des ravins plus ou moins abrupts, plus ou moins profonds; il est boisé sur presque tous ses versants et sur la plupart de ses sommets, et coupé de vallées arrosées, même en été, par des sources abondantes qui, l'hiver, deviennent des torrents.

Des ruines nombreuses attestent que c'était là un des grands centres de l'occupation romaine.

C'est le pays des Ouled Na'îl, grande tribu arabe, qui vit dans des gourbis ou campe sous la tente. De rares k'sour, mal bâtis, apparaissent cependant de loin en loin; mais ils ne sont point habités : ce sont des greniers où les Ouled Na'îl déposent leurs grains et que gardent quelques hommes.

Le Djebel Sah'ri est sillonné de sentiers difficiles servant de communication entre son versant nord et son versant sud. Nous ne donnerons que les principaux.

ROUTE DE BOU SA'DA A DEMED.

DIRECTION DU NORD AU SUD-OUEST.

	lieues.
1ᵉʳ jour, de Bou Sa'da, en passant par le défilé d'A'ïn el R'rab (la fontaine du corbeau), on entre dans la montagne et on s'arrête à une distance de.	11
2ᵉ ... on marche encore dans la montagne.	11
3ᵉ ... on suit un plateau que les Arabes appellent Moalba, jusqu'au pied du Bou K'aïl.	11
4ᵉ ... on quitte le massif du Sah'ri par un petit défilé appelé El Bab (la porte), et on s'arrête sur le versant sud à A'moura, k'sar inhabité, dépôt de grains des Ouled Na'îl	6
5ᵉ ... à Demed.	6
Total.	45

ROUTE DE BOU SA'DA A EL AR'OUAT',

PAR LE MILIEU DU DJEBEL SAHRI.

		lieues.
1er jour	⎫ Ces trois premières étapes sont les mêmes que	
2e ...	⎬ les précédentes..................	33
3e ...	⎭	
4e ...	au pied du Djebel Zekkar à K'sar Zekkar.....	9
5e ...	on traverse le Djebel Zekkar, on suit le versant sud de la montagne et on s'arrête dans la plaine.	9
6e ...	à El Ar'ouat'......................	9
	Total.......	60

ROUTE DE BOU SA'DA A EL AR'OUAT',

PAR CHARÉF EN LONGEANT LA MONTAGNE.

	lieues.
1er jour, on s'arrête dans la plaine au pied du Djebel Dra' el H'amel.................	10
2e ... sur l'Oued Medjedel, en suivant la montagne. .	9

L'Oued Medjedel descend du Djebel Ben A'lia, et vient se perdre dans l'un des deux marais appelés Zar'ez. Ce sont deux marais salés, très-rapprochés l'un de l'autre, peu profonds, dans lesquels viennent mourir plusieurs rivières, et que l'été dessèche : ils se couvrent alors d'un sel excessivement fin, d'une blancheur de neige, qui, de loin, produit un effet de mirage tel qu'on les prend pour des lacs; nos soldats

A reporter....... 19

	lieues.
Report.	19

de l'expédition de El Ar'ouat' furent la dupe de ce phénomène.

Le bassin des Zar'ez est limité, au sud, par la montagne du Sah'ri, depuis Bou Sa'da jusqu'à Charef; et au nord, par celles qui partent de Bou Sa'da, et s'étendent jusqu'à Souagui, sur la route de Biskra à El Ar'ouat', en prenant les noms divers de Djebel Zemera, Djebel Megarez, Djebel Bah'im, Djebel Khider, Djebel Seba' Rous.

Les montagnes du Djebel Sah'ri y déversent plusieurs rivières, qui sont :

Pour le Zar'ez de l'est :

A'ioun es Sba, qui descend du Djebel Kasmara.

Oued el Medjedel, } qui descendent du Djebel
Oued Sidi Bouzid, }   A'lia.

Oued Medroeh', qui vient du Djebel H'ariga.

Pour le Zar'ez de l'ouest :

Oued Daïet es Souf, qui descend du Djebel Besdama et vient mourir auprès d'un mamelon de sel placé entre les deux Zar'ez, et appelé Koun Djaïa.

Oued el Maleh', qui descend du Djebel Sba Mokran, dans l'intérieur du Sah'ri, passe par une coupure formée du Djebel Besdama et du Djebel Khouïni.

Oued Kerirech, } qui descendent du Djebel
Oued Adjia,   }   Khouïni.

3° . . . sur l'Oued el Maleh'.	11
4° . . . à Charef.	9
Report.	39

ROUTE DE BOU SA'DA A SIDI KHALED.

lieues.

A reporter. 39

Charef est un petit village de quarante ou cinquante maisons mal bâties, où quelques tribus des Ouled Na'îl viennent déposer leurs grains.

5°... à A'in Msa'oud, dans le Djebel es Zereg. 11
6°... on coupe, par une suite de défilés, le groupe de montagnes qui relient le Djebel Sah'ri au Djebel A'mour et on s'arrête au marabout' de Sidi Mekhelouk' sur le versant sud. 11
7°... à El Ar'ouat'. 9

TOTAL. 70

ROUTE DE BOU SA'DA A SIDI KHALED.
DIRECTION DU NORD AU SUD.

lieues.

1ᵉʳ jour, à A'in Medjedel, dans l'intérieur du Sah'ri. . . . 9
2°... à A'in el Meh'aguen, au pied des montagnes du même nom. 6
3°... à A'in el Maleh', au pied du Djebel Ksoum, sur le sommet duquel sont deux ruines romaines appelées Tita et El A'rab. 8
4°... à Sidi Khaled, par un petit défilé. 10

TOTAL. 33

ROUTE DE CHAREF A DEMED.
DIRECTION DU NORD AU SUD.

	lieues.
1er jour, au pied du Debjel Bou Kah'il, dans le massif du Sah'ri, à un endroit appelé El Bab.	11
2e ... à A'moura, sur le versant sud du Sah'ri.	6
3e ... à Demed.	6
TOTAL.	23

TRIBU DES OULED NA'IL.

Les Ouled Na'il forment une tribu immense qui se divise en deux grandes fractions, nommées de leurs positions, l'une Ouled Na'il Cheraga ou de l'est, l'autre Ouled Na'il R'eraba ou de l'ouest, et qui se subdivisent ainsi :

OULED NA'IL CHERAGA.

Ouled Khaled.
Ouled A'mara.
Ouled Rah'ma.
Ouled Rabah'.
Ouled Saçi.
Ouled H'arkat.
Ouled Melkhoua.
Ouled Zir.
Ouled Salah'.

Ouled Tabâ'.
Ouled A'ïça.
Ouled Aïfa.
Ouled Ferredj.
Ouled Sidi Zian.
Ouled el A'ouer.
Ouled Ah'med.
Ouled A'mer.

OULED NA'ÏL R'ERABA.

Ouled Iah'ia Ben Salem.
Ouled Ennoeh'.
Ouled Sâ'd Ben Salem.
Ouled si Mah'med.
Ouled Kerd el Ouad.
Ouled Medjeber.
Ouled Moh'ammed Ben Mbarek.
Ouled el R'ouïni Ben Salem.
Mbarka ou A'bid Allah'.

Chacune de ces divisions se subdivise encore en un grand nombre de fractions dont nous avons cru inutile de donner les noms, et qui campent, en nomades, sur le territoire borné au nord par Bou Sa'da, à l'ouest par Charef et El Ar'ouat', au sud par l'Oued Djedi, à l'est par Ouled Djellal, Mdoukal et Msila; c'est-à-dire tout le Djebel Sah'ri et la plus grande partie du bassin de l'Oued Djedi.

Par exception au mode de gouvernement qui régit presque toutes les tribus arabes, les Ouled Na'ïl n'ont jamais eu, ni pour les Cheraga ni pour les R'eraba, un k'aïd commandant à toutes les fractions; chacune d'elles se désigne un cheïkh et vit indépendante de ses voisines. Le cheïkh est toujours choisi parmi les plus nobles, les plus riches, « parmi ceux qui ont le plus d'épaules, » selon l'expression de celui qui nous a donné ces renseignements.

Les familles les plus puissantes sont chez les Ouled Na'ïl de l'est :

>Atia Ben Brahim, des Ouled A'ïça.
>El Nahouma, des Ouled Aïfa.

Et chez ceux de l'ouest :

>El T'oumi Ben T'oumi, des Ouled Ennoeh'.
>Moh'ammed Ben Chetoeh', des Ouled Sâ'd Ben Salem.
>Moh'ammed Ben Foudil, des Ouled si Mah'med.

L'ensemble du pays habité par les Ouled Na'ïl, bien que cultivé sur certains points, ne produit cependant pas assez de céréales pour suffire aux besoins de tous. Chaque année, après la moisson, une émigration de la tribu vient dans le Tell faire des achats de grains, que chacun emmagasine au retour dans les silos ou dans les k'sour les plus voisins de leur lieu de campement, et qui sont :

>Charef.
>H'erteba.
>Meça'd.
>H'amoura.
>El H'amel.

A'ïn R'erab, Silos.	A'ïn el Malch', Silos.
Sidi Khaled.	A'ïn Rich, Silos.
Bou Ferdjoun.	El Guedid.
A'ïn el Medjedel, Silos.	Demed.
Ouled Djellal.	Bou Sa'da.

Le but de ces voyages est d'aller vendre ou échanger contre des grains, qui approvisionneront la famille pour toute l'année, les étoffes de laine, bernous et h'aïck', et les tentes en laine ou en poil de chameau que les femmes ont tissées pendant leurs longs loisirs. Mais là ne se bornent pas les courses des Ouled Na'il; presque tous sont riches en chameaux; quelques familles en possèdent sept à huit cents; elles les louent aux marchands voyageurs, dont le métier est de venir acheter dans les villes d'entrepôt et d'aller revendre dans le Sahara les objets de première nécessité et de luxe même qui y ont été apportés, soit de Tunis, soit autrefois d'Alger et de Constantine. Aussi retrouve-t-on ces colporteurs infatigables sur les marchés de Bou Sa'da, de tous les villages des Ziban, de Biskra, de El Ar'ouat', des Beni Mzab et de Tougourt.

Placée sur la ligne intermédiaire du Tell et du Sahara, cette tribu industrieuse, que ses penchants semblent avoir faite plutôt commerçante que guerrière, bien qu'elle puisse lever de nombreux cavaliers, était admirablement servie par sa position pour le genre d'industrie qu'elle exploite, et qui lui procure de grands bénéfices en argent.

Sa richesse propre est d'ailleurs considérable et consiste, comme celle de tous les Arabes de la tente, en troupeaux de bœufs, de chameaux, de moutons et d'ânes. Le prix d'un mouton varie de 5 à 6 fr.; celui d'un chameau est de 150 à 160. Certains chefs, comme les patriarches de la Bible, en possèdent une si grande quantité que le chiffre en paraît fabuleux.

Ce sont là des fortunes qui, plus d'une fois, tentèrent l'âpre avidité des beys du gouvernement turc; les Ouled Na'il Cheraga relevaient alors de Constantine, les R'eraba de Titteri, et payaient aux beys de ces deux provinces des redevances énormes, appelées l'eussa ou lazma, pour avoir le droit de venir acheter les grains du Tell. Mais il est arrivé souvent qu'après les provisions faites, les voyageurs étaient, au retour, assaillis et pillés par les cavaliers du bey, embusqués sur la route.

Sous A'bd el K'ader, les Ouled Na'il Cheraga relevaient du khalifat de Biskra, et les R'eraba, du khalifat de Médéah. Outre le zekkat et l'a'chour, ils payaient l'eussa.

Les Ouled Na'il sont, dit-on, généralement bons et hospitaliers, mais de mœurs fort dissolues. Leurs femmes, et surtout leurs filles, jouissent d'une très-grande liberté : ce sont elles qui fournissent à la prostitution dans les villes du désert, en concurrence avec les filles de la tribu des Ar'azlia dans le Sahara, celles de la tribu des A'mer, dans les environs de Sétif, et celles des Ouled Our'abah', Kabyles des environs de Bougie.

Cette tribu est aujourd'hui entièrement soumise.

ROUTE
DE BISKRA A TEBESSA.
DIRECTION DE L'OUEST A L'EST.

De Biskra à Tebessa il y a plusieurs routes, dont deux principales : l'une va passer dans la plaine à El Feïd, l'autre suit le chemin de la montagne par A'mar Khedou.

1re ROUTE.

	lieues.
1er jour à Sidi O'kba.	6
2e ... à A'in Naga.	5
3e ... à Sidi Salah'.	6
4e ... à El Feïd.	10
5e ... à Taberdega.	9
6e ... à A'in Semar.	12
7e ... au marabout' de Sidi A'bid.	14
8e ... au Djebel Dir.	7
9e ... à A'in Chabrou (fontaine).	14
10e ... à Tebessa.	3
TOTAL.	86

2ᵉ ROUTE.

	lieues.
1ᵉʳ jour au Djebel A'mer Khedou.	8
2ᵉ . . . à Mekhder el A'mer.	7
3ᵉ . . . à H'adjer Sefer.	8
4ᵉ . . . à Messeloula.	8
5ᵉ . . . à un marais appelé R'dran.	7
6ᵉ . . . à Djebel Djafa.	9
7ᵉ . . . à A'in Chabrou.	12
8ᵉ . . . à Tebessa.	3
Total.	62

TEBESSA.

Les renseignements que nous allons donner sur Tebessa, sont extraits d'un rapport de M. le général Négrier, qui y est entré à la tête d'une colonne le 31 mai 1842.

« La ville arabe de Tebessa, l'ancienne Thevesta des
« Romains, se trouve dans l'un des sites les plus heu-
« reux de la province de Constantine ; elle est bâtie au
« pied du versant nord des montagnes de Bou-Rou-
« mann, qui enceignent le bassin de l'Oued-Chabrou.

« On y trouve des eaux excellentes, des jardins dé-
« licieux, et, devant elle, se développe une plaine im-
« mense, arrosée par des sources nombreuses dont les
« eaux se jettent dans l'Oued Chabrou, qui serpente au
« fond de la vallée. La quantité de ruines romaines
« éparpillées dans les environs, les monuments qu'on
« retrouve dans la ville même de Tebessa, attestent que

« les Romains ont apprécié la valeur de cette portion
« de leur conquête, et que là où se trouve aujourd'hui
« une population de 12 à 15,000 âmes, ils ont eu de
« 30 à 40,000 habitants.

« La forteresse romaine de Thevesta est encore de-
« bout; sa forme est rectangulaire, et ses quatre faces
« sont à peu près égales. Le développement total de la
« muraille est de 1370 mètres; les murs sont bâtis en
« belles pierres de taille. En saillie, sur le mur d'en-
« ceinte, sont construites quatorze tours carrées, dont
« quatre aux angles du rectangle; les dix autres sont
« espacées irrégulièrement sur le reste de la fortifica-
« tion. — La hauteur de la muraille varie de 5 à 10 mè-
« tres, et l'épaisseur de 2 mètres à 2 mètres 50.

« Il y a deux portes que les Arabes appellent Bab el
« Djedid et Bab el Kedim. — La première donne accès
« dans la ville par l'intervalle qui sépare deux des tours
« du front est; la seconde est ouverte dans un arc de
« triomphe qui date des beaux temps de la domination
« romaine. Ce monument existe presque entier. L'arc
« est d'ordre corinthien, tous les détails et les orne-
« ments d'architecture sont d'une pureté et d'une déli-
« catesse remarquables.

« Dans l'intérieur de la ville, et près de la porte El
« Kedim, on trouve un petit temple conservé tout en-
« tier, qui rappelle la maison carrée de Nismes. — Les
« Arabes en ont fait une savonnerie.

« Vers le sud-est de la ville, à 200 mètres environ
« de la porte El Djedid, on voit un grand cirque de

« forme elliptique, qui pouvait contenir 6,000 specta-
« teurs.

« Un aqueduc qui existe encore alimentait la ville
« romaine; il a 700 mètres de développement.

« A 1,200 mètres au nord de Tebessa se trouvent
« d'immenses ruines, qui paraissent être celles d'un
« temple de la justice.

« Les principaux d'entre les Arabes de Tebessa ont
« la démarche, les formes et la mise des habitants des
« villes d'Afrique; mais la masse de la population porte
« sur elle le cachet de la misère. — On fait à Tebessa
« quelque commerce en chaussure, tabacs, haïcs,
« dattes, tapis, quincaillerie, etc. La première res-
« source des habitants consiste dans leurs grains et
« dans les fruits de leurs jardins; mais ils ne cultivent de
« la plaine que la partie la plus rapprochée de la ville,
« dans la crainte d'être pillés par les montagnards. »

ROUTE DE SOUF A R'DAMÈS.

DIRECTION GÉNÉRALE DU NORD AU SUD-EST, AU MILIEU DES SABLES.

	lieues.
1er jour de Souf à Dra' el Khezin.	6
2e . . . à Sah'an ed Diba.	9
3e . . . à A'rbia.	8
4e . . . à Dj'id (puits, le seul de la route).	8
5e . . . à Oudian el Baguel.	8
6e . . . à Oued Semri, ravin.	8
7e . . . à Moui A'iça.	8
A reporter.	55

ROUTE DE SOUF A R'DAMÈS.

		lieues.
	Report....	55
8ᵉ ...	à Oudïan el Kebar.................	8
	Ici se trouvent des arbres.	
9ᵉ ...	à Sebit Reguieg.................	7
10ᵉ ...	à Zemoul el Kebar..............	7
11ᵉ ...	à El Guemîr, où des poutres plantées dans les sables indiquent la route	7
12ᵉ ...	à R'ourd el Khenech.............	7
13ᵉ ...	à Zmoul Teboul.................	7
14ᵉ ...	à R'ourd Tenïa.................	7
	Ici sont des arbres aux branches desquels les chasseurs partis de Souf ou de R'damês déposent une partie de leurs provisions pour les soustraire aux chakals pendant la durée de leur chasse.	
15ᵉ ...	à El Fedj.....................	7
16ᵉ ...	à R'ourd Ah'med Ben A'li........	8
17ᵉ ...	à El Ouedj el A'reg.............	8
	Jusqu'ici l'on a marché à travers des mamelons, des dunes de sables mouvants; tous les lieux que nous avons indiqués ne sont que de simples stations habituelles et connues des voyageurs; à Ouedj el A'reg on traverse les mamelons qui terminent le Djebel Batten, à l'est, et l'on entre sur la terre ferme dite *H'amada*.	
18ᵉ ...	à la Zaouïa de Sidi Mabed, en traversant un marais salé......................	8
19ᵉ ...	à R'damês	2
	Total................	138

R'DAMÈS.

R'damès dépend de la régence de Tripoli ; c'est une ville d'un millier de maisons, entourée d'un mur d'enceinte haut de 12 ou 15 pieds, crénelé et flanqué de petits forts.

Quatre portes y donnent entrée :

>Bab el Bah'ira.
>Bab el Touareg.
>Bab el Tedjar.
>Bab Cheïkh el Medina.

R'damès a deux mosquées principales, dont une est remarquable par sa grandeur ; elle a aussi une k'asbah', nommée Dar el Ouacchi.

Ses environs sont plantés de jardins potagers et fruitiers où l'on cultive un peu d'orge, les légumes et les arbres que nous avons déjà nommés ailleurs. Une forêt de dattiers, qui lui fait face au nord, l'embrasse à l'est et à l'ouest ; mais rien ne la protége au sud contre l'envahissement des sables qui, chassés par les vents du désert, s'amoncellent en vagues solides sur ce côté de ses murailles.

Quelques maisons ont des puits. Une source très-abondante jaillit en dehors de la ville à côté de la porte du sud, arrive par des canaux dans chaque quartier et arrose les plantations extérieures.

A deux ou trois lieues de la ville, à l'est et au nord,

s'élèvent deux petits marabout' au centre de deux k'sour à peu près en ruine.

La zone brûlante sous laquelle R'damês est située, la nécessité de se garantir et des vents du désert et des rayons incandescents du soleil, expliquent le caractère particulier de constructions qui distingue cette ville. Les maisons, couvertes en terrasses, sont toutes réunies à leur sommet, et forment ainsi une voûte continue, à travers laquelle, de distance en distance, sont ménagées des ouvertures pour donner de l'air et de la lumière aux rues intérieures; ces rues ne sont que de véritables corridors où ne pénètre jamais le soleil.

Cette combinaison bizarre a peut-être eu pour but encore de séquestrer complétement les femmes et de mettre ainsi la jalousie musulmane à l'abri de toute inquiétude. C'est par les toits, et d'une terrasse à l'autre, que les femmes se visitent le soir sur cette immense plate-forme, sans qu'il leur soit permis de descendre dans les rues intérieures, spécialement affectées aux hommes, aux esclaves et aux négresses. Après trois heures du soir on ne peut plus y marcher sans lanternes.

Un mur de la hauteur des maisons coupe R'damês en deux parties à peu près égales, et fait ainsi deux quartiers distincts, dont les habitants, voisins soupçonneux, jadis en guerre et presque toujours en querelle, n'ont pour communiquer ensemble que trois petites portes ménagées dans la cloison de séparation, si basses et si étroites qu'un homme n'y peut passer qu'à pied. La défiance mutuelle est si grande que, par crainte d'être assassinés, les marchands ne se rendent point en personne au marché de la ville, et qu'ils y envoient leurs esclaves.

Une division politique a précédé et nécessité cette division de territoire. De temps immémorial deux familles principales sont, dans R'damés, en possession du pouvoir :

L'une s'appelle Ouled el H'adj Ah'med ;

L'autre A'bd el Djellil.

Il y a quatre-vingts ans, à peu près, qu'une lutte s'engagea entre elles, et, comme toujours, elle était signalée par des combats et des massacres qui l'envenimaient chaque jour davantage, quand Ioucef, pacha de Tripoli, s'interposa comme suzerain ; sa médiation fut acceptée, et il décida que la ville serait partagée en deux quartiers, dans chacun desquels commanderait un chef indépendant de son voisin. C'est alors que la muraille de séparation dont nous avons parlé fut élevée. Cette mesure amena la paix, et rien depuis ne l'a troublée.

Les cheïkh actuellement au pouvoir s'appellent :

Celui de l'est, Moh'ammed el Ouachi ;

Celui de l'ouest, A'li.

L'un et l'autre demeurent dans une k'asbah', ou petit château fortifié.

R'damés échappe trop facilement, par sa position, à

l'autorité directe de Tripoli pour n'avoir pas tenté de se rendre indépendante. C'est ce qui est arrivé il y a quelques années : le refus des impôts, si difficiles à percevoir sur ces points éloignés, fut probablement le motif de rupture; mais une armée partie de Tripoli vint mettre le siége devant la ville rebelle, la prit après une lutte acharnée, et lui imposa un tribut considérable; elle dut livrer notamment vingt-cinq chameaux chargés de poudre d'or. Il serait curieux de constater ce fait, dont nous ne garantissons point l'authenticité, et que nous révoquons même en doute; car, quelque riches que nous supposions les sables aurifères du désert, les difficultés que présente *la chasse à la poudre d'or*, comme disent les nègres, et la très-petite quantité qui en est apportée sur les marchés des villes du Sahara ne nous permettent pas de croire qu'une seule d'entre elles ait pu en charger vingt-cinq chameaux. Peut-être cependant était-ce là un trésor en réserve et depuis longtemps accumulé.

Les habitants de R'damês sont presque tous voyageurs et marchands; ils ne restent chez eux que pendant la saison des grandes chaleurs, qu'ils appellent smaïen. Leur ville est à la fois l'entrepôt des marchandises qu'ils reçoivent de l'intérieur et de celles qu'ils vont chercher à Tripoli et à Tunis.

Bien qu'ils aient de nombreux chameaux, ils louent encore, pour ces voyages, ceux des tribus nomades, leurs voisines.

Ils portent à Tunis et à Tripoli :

>Des esclaves.
>De la poudre d'or.
>Des peaux de tigre du pays des nègres.
>Des dents d'éléphant.
>Des étoffes (saïes).
>Des boucles d'oreilles et des bracelets en or.
>Des lames de sabre.
>Des bracelets en corne qui viennent des Touareg.
>Des chaussures en forme de brodequins.

Ils en rapportent :

>De la verroterie de toute couleur, par quintaux.
>De hautes chachïa.
>Des draps de toutes les couleurs, moins la noire.
>Des cotonnades.
>Des foulards.
>Des habillements confectionnés.
>Des miroirs.
>De la soie rouge, en grande quantité.
>Des essences.
>De l'antimoine pour noircir les paupières.
>Des chaussures noires.
>Des épiceries.
>Des scies, des pioches, des limes, des serrures, etc.
>De la coutellerie.

La plus grande partie de ces marchandises, les verroteries et les chachïa surtout, s'écoulent dans le désert et jusque dans le pays des nègres, sous la protection des Touareg, que l'intérêt d'un commerce régulier attache aux habitants de R'damês, et qui se chargent, moyennant redevance, de faire arriver leurs caravanes à destination.

Les tribus arabes qui déposent leurs grains à R'damês sont les

    S'iouf.
    Ouled A'bd el Kamel.
    Our'emma.

Quelques Touareg campent aux environs de la ville.

L'histoire de la fondation de R'damês, comme celle de presque toutes les villes du désert, ne repose que sur une légende :

Autrefois un riche habitant du Fezzân étant mort, une querelle s'engagea entre ses trois fils au sujet de son héritage. Un des trois fut tué par les deux autres, qui, effrayés de leur crime, s'enfuirent dans le désert, emmenant avec eux leurs femmes et leurs troupeaux. Le hasard les conduisit dans une petite oasis arrosée par deux sources, et naturellement plantée de dattiers; ils s'y établirent. A peu près à la même époque, un homme était chassé de El Ar'ouat' par un marabout'. Après avoir longtemps marché, il se trouva face à face avec les proscrits du Fezzân, dont les gourbis encore peu nombreux n'entouraient qu'une des deux sources de l'oasis, celle de l'est.

« D'où viens-tu? » lui demandèrent les premiers occupants; sa conscience avait de bonnes raisons pour prêter une phrase évasive à sa langue : il craignait d'avoir affaire à de braves gens. « Je viens, leur répondit-il, *d'où* « *j'ai dîné hier,* en arabe, *r'da ames.* » On respecta sa discrétion, pour ne pas l'autoriser à devenir indiscret lui-même; peu à peu la connaissance devint plus intime; il était jeune, une des filles de ses hôtes était en âge de mariage, on la lui donna, et une nouvelle tente s'établit sur la source de l'ouest. Bientôt les gourbis se multiplièrent, des maisons plus solides s'élevèrent çà et là, et formèrent enfin une ville à laquelle il ne manquait plus qu'un nom. On se souvint alors du *r'da ames* du El Ar'ouati, et, pour consacrer sa bienvenue, on nomma la cité nouvelle R'damés.

Les habitants de R'damés, dont le plus grand nombre est de sang mêlé, parlent un langage particulier qui semble tenir de celui des Touareg, leurs voisins. Leurs mœurs sont, dit-on, sévèrement surveillées, et, par suite, assez pures. La femme qui divorce ne trouve plus à se remarier. Celle qui se prostitue est chassée de la ville.

On n'y trouve point de juifs.

ROUTE
DE TOUGOURT A GARDAÏA.
DIRECTION DE L'EST A L'OUEST.

Les routes que nous allons donner sont les principales de celles qui sillonnent le terrain compris entre le Chebka Mta' el Ar'ouat', Mer'ier, Tougourt et Gardaïa : terrain de sable, coupé de marais et de mamelons, tourmenté par de nombreuses ravines dont l'hiver fait des torrents, et que l'été dessèche. C'est le pays de station et de parcours de la grande tribu des Ar'azlia. Ces sables, fécondés un moment par les pluies de l'hiver, se voilent, au printemps, d'une herbe abondante, appelée a'cheb et sont alors envahis par les nombreux troupeaux des tribus nomades, qui déposent leurs grains à Tougourt et dans les villages de l'Oued Rîr', à El Guerrara, à Gardaïa, à El Ar'ouat' et à K'sir el H'aïran.

	lieues.
1er jour à K'rat ou Dinar.	12
C'est un lieu habituel de station, mais où l'on ne trouve point d'abri.	
2e .... à El A'lia.	12

EL A'LIA.

El A'lia est une mauvaise bourgade d'une vingtaine de maisons mal bâties, que les jardins de dattiers protégent mal contre l'envahissement des sables; on y trouve de l'eau.

El A'lia, comme tous les petits k'sour semés sur les routes qui relient entre eux les grands centres, est une espèce de caravansérail, où les voyageurs laissent leurs chameaux malades, pour les reprendre au retour; mais il arrive souvent que le dépositaire infidèle, à la foi duquel on est obligé de s'en rapporter, vend ou mange la bête. A une demi-lieue au nord de El A'lia, sont deux autres villages, de trente à quarante maisons, situés à un quart de lieue de distance l'un de l'autre, et tous deux appelés Taïbat; chétives bicoques mal bâties, envahies par les sables, mais où l'on trouve de très-bonne eau et des dattiers.

lieues.

3ᵉ jour à Guerrara.	12
Deux routes également fréquentées conduisent de El A'lia à Guerrara : l'une passe au sud, par le petit marabout' de Sidi el H'adj Ah'med; l'autre, au nord, par le marabout' de Sidi Mah'moud.	
4ᵉ ... à L'Oued en Nça.	13
5ᵉ ... à Gardaïa.	13
En traversant les petits mamelons qui sont à l'est de Gardaïa, et en laissant Ber'ian à deux lieues au nord, environ.	
TOTAL	62

ROUTE DE TOUGOURT A EL AR'OUAT'.
DIRECTION DU SUD AU NORD-OUEST.

	lieues.
1er jour à El Bereg, lieu de station habituel, à la pointe ouest du petit marais qui est en avant de Tougourt.	9
2e ... à Dzioua.	8

DZIOUA.

Misérable village, de trente à quarante maisons, situé au pied ouest d'un mouvement de sable, appelé Oum el A'oud. Là vient mourir un torrent, desséché pendant l'été, qui se nomme Oued el Atar, et qui descend d'un mamelon de sable situé au nord, appelé Aza ou A'mer. Dzioua n'a que peu de dattiers et point de jardins; point de sources, mais des puits; les habitants, qui sans doute sont divisés en deux familles, portent le nom, les uns de Draïça, les autres d'Ouled Sidi A'bd Allah'. Ils font le commerce du sel qu'ils recueillent sur les bords d'un petit lac voisin.

	lieues.
3e ... à la pointe occidentale du marais appelé Mader el Atar, en suivant l'Oued Atar.	8
4e ... 5e ... 6e ... } On côtoie la rive occidentale du même marais pendant.	22
A reporter...	47

	lieues.
Report.	47
7° . . . à Zeraïb, simple lieu de station.	10
8° . . . au marais de Mdaguin. . . . . situé sur le versant nord des mamelons de sable appelés Chebka Mta' el Ar'ouat'. Le marais de Mdaguin donne naissance à un petit ruisseau qui porte le même nom, et va se jeter à six lieues au nord dans l'Oued Djedi.	7
9° . . . à K'sir el H'aïran.	7
10° . . . à El Ar'ouat'.	6
Total.	77

ROUTE DE TOUGOURT A DEMED.

DIRECTION DU SUD AU NORD-OUEST.

	lieues
Jusqu'au 6° jour, elle est la même que celle de Tougourt à Sidi Khaled.	37
6° jour arrivé au puits de Moul Adam, on appuie à l'ouest et on s'arrête sur l'Oued el R'aba.	8
7° . . . à El Mekaïtz, lieu de station dans la plaine, où sont quelques bet'om (térébinthes).	6
8° . . . on marche à travers des mamelons de sable, et on s'arrête à Rouïs Eddin.	6
9° . . . à Demed.	9
Total.	66

ROUTE DE TOUGOURT A SIDI KHALED.
DIRECTION DU SUD AU NORD.

                 lieues.

1er jour à El Bereg.   9

2e . . . à Dzioua.   8

3e . . . au petit marais de Zourez.   8

  En traversant l'Oued Ben Sour, qui vient du mamelon de sable appelé Aza ou A'mer, traverse le marais de El Adimat, et va mourir, après vingt-huit lieues de cours environ, au pied du mamelon de sable appelé Oum el A'oud; à Zourez, vient se perdre, après vingt-deux lieues de cours, l'Oued Berer'em, qui descend, elle aussi, de Aza ou A'mer.

4e . . . à Drâ' Zaïman, lieu de station dans la plaine où l'on trouve une forêt de bet'om (térébinthes).   6

5e . . . au puits nommé H'assi ed Dîab (le puits des chacals), sur l'Oued Retem.   6

  L'Oued Retem descend du Chebka Mta' el Ar'ouat', et coule, du nord au sud, sur trente-quatre lieues de cours à peu près, en changeant souvent de nom; à sa source, on l'appelle Oued el Bîod; plus bas, Oued el R'aba, ensuite Oued Moul Adam, et enfin Oued Retem, un peu avant qu'elle ne se jette dans un marais appelé Merara. L'Oued Retem reçoit, sur sa rive droite, un affluent appelé Oued Mekhoura, qui descend de Aza ou A'mer, et vient tomber au-dessous du puits H'assi ed Dîab, après treize lieues de cours.

6e . . . à un puits sur l'Oued Moul Adam.   7

        A reporter.   44

		lieues.
	Report.	44
7° . . . à l'Oued Zeboudj		7
8° . . . à l'Oued Itel.		7
9° . . . au petit marais appelé Zeraria, sur l'Oued Khenafsa.		9
10° . . . à Sidi Khaled.		7

Tous les ravins auxquels nous venons de donner le nom de Oued (rivière) n'ont d'eau que pendant l'hiver.

$$\text{TOTAL.} \ldots \ldots \ldots 74$$

ROUTE DE SIDI KHALED A GARDAIA.
DIRECTION DU NORD AU SUD-OUEST.

	lieues.
1er jour à El Zeraria, simple lieu de station.	7
2° . . . à Mader el Ferd, simple lieu de station sur l'Oued Itel	10
3° . . . au marais appelé Daïet el Gueleb.	11
4° . . . à Kheleften, simple lieu de station dans la plaine.	9
5° . . . au marais de Gueraret Okherzman, sur l'Oued Zeguerir.	9
6° . . . au marais de Gueraret Fat'ma, sur l'Oued Semar.	9
7° . . . au marais de Gueraret et T'ir, sur l'Oued en Nça.	6
8° . . . au marais de Stafa.	4
9° . . . à Ban Loeh', simple lieu de station.	10
10° . . . à Gardaïa.	3

$$\text{TOTAL.} \ldots \ldots \ldots 78$$

ROUTE DE SIDI KHALED A EL GUERRARA.
DIRECTION DU NORD AU SUD.

	lieues.
1er jour à Zeraria.	7
2e ... à Mader el Ferd, sur l'Oued Itel.	10
3e ... à l'Oued Zeboudj.	7
4e ... à l'Oued Mek'roura.	9
5e ... au marais de El A'dimat.	9
6e ... on traverse le grand marais de El Zeraria et on s'arrête au petit marais de Daïet Chebaret.	8
7e ... au marais Oudïe Seder.	7
8e ... à un mamelon de sable appelé Rek'izert ou Mazer.	8
9e ... de bonne heure à Guerrara.	3
TOTAL.	68

ROUTE DE DEMED A GARDAIA.
DIRECTION DU NORD AU SUD-OUEST.

	lieues
1er jour on traverse l'Oued Djedi et l'on s'arrête sur l'Oued el H'amar.	10
2e ... au marais O'glat Mdaguin.	8
3e ... à travers des mamelons jusqu'à l'Ou d el A'chach	9
4e ... à l'Oued en Nça.	8
5e ... à la pointe nord du marais appelé Stafa.	8
6e ... à Sidi T'aleb, au pied du Chebka des Beni Mzab.	7
7e ... à Gardaïa, en passant par Ban Loeh'.	10
TOTAL.	60

ROUTE DE BISKRA A GARDAIA.

DIRECTION GÉNÉRALE DE L'EST AU SUD-OUEST.

	heures
1ᵉʳ jour, en passant par Oumach, à un puits situé sur la rive sud de l'Oued Djedi.	14
2ᵉ ... au puits de El K'sar, sur l'Oued Itel (ruines romaines).	18
3ᵉ ... à l'Oued Zeboudj.	13
4ᵉ ... au pied d'un mamelon appelé Aza ou A'mer, sur l'Oued Berer'em.	15
5ᵉ ... auprès du marais Gueraret Okherzman, sur l'Oued Zeguerir.	11
6ᵉ ... au marais Gueraret Fat'ma.	9
7ᵉ ... en traversant le marais Et T'ir, au marais de Stafa.	10
8ᵉ ... à Ban Loeh'.	10
9ᵉ ... à Gardaïa.	3
TOTAL.	103

ROUTE
DE TOUGOURT A OUARGLA.

DIRECTION SUD-OUEST.

De Tougourt à Ouargla on marche constamment dans une plaine de sables où l'on ne trouve de végétation qu'autour des villes et des villages.

	lieues.
1er jour de Tougourt à Blidet A'mer, en passant par le k'sar de Sidi Bou Djenan et la ville de Temacin.	14

BOU-DJENAN.

A une lieue sud de Tougourt, dont il dépend, est un village de soixante à quatre-vingts maisons mal construites, au centre desquelles est une mosquée que rien ne distingue. Les jardins qui l'entourent sont plantés de dattiers et arrosés par une source; ce village n'est remarquable que par le tombeau d'un marabout' célèbre, tombeau qui a le droit d'asile, et dans lequel les malfaiteurs, comme dans nos églises au moyen âge, trouvent un refuge inviolable, en attendant que leurs parents ou leurs amis les aient réconciliés, à prix d'argent ou autrement, avec la partie intéressée. Les flots de sables, incessamment roulés par les vents du sud, s'amoncellent autour de Bou Djenan et menacent de l'engloutir, comme presque tous les k'sour du désert qui ne sont pas protégés par une muraille d'enceinte.

TEMACIN.

Temacin est une petite ville de quatre ou cinq cents maisons, située à sept ou huit lieues sud-ouest de Tougourt, entourée d'une muraille crénelée et d'un fossé que les pluies de l'hiver remplissent d'eau, mais que les chaleurs de l'été dessèchent.

Temacin a six mosquées, dont deux avec de hauts minarets; elle renferme aussi des t'olba, des écoles, etc. Son marabout' le plus vénéré se nomme El H'adj A'li; il habite, auprès de la mosquée nommée Djema' A'ïn el Bellouta, une très-belle maison ornée de marbre et de carreaux de faïence tirés de Tunis.

Beaucoup moins puissante que Tougourt, Temacin vit cependant indépendante et s'est faite la rivale de sa voisine. Comme Tougourt, elle est entourée de jardins plantés de dattiers nombreux et arrosés de sources abondantes, d'où ses habitants, comme ceux de l'Oued Rir', ont pris le nom de Rouar'a. Jalouse de voir les tribus nomades affluer, pendant l'hiver, dans la circonscription de Tougourt, Temacin cherche, par tous les moyens possibles, en baissant, par exemple, le prix des dattes, à les attirer chez elle; de là querelle et guerre presque constante, et si les Rouar'a du sud sont, par le nombre, inférieurs aux Rouar'a du nord, ils ont pour eux d'être plus guerriers et plus adroits au métier des armes. Deux tribus arabes, toujours campées sous les murs de Temacin, les Sa'ïd Ouled A'mer et les Ouled Seïah', sont d'ailleurs ses alliées et la soutiennent activement. Elle a pour elle encore plusieurs villages de la circonscription de Souf; tels sont :

 El Oued.
 Guemar.
 El Beh'ima.
 Debila.

Cependant, comme Tougourt est le grand centre où viennent aboutir toutes les relations commerciales de cette partie du Sahara, l'entrepôt général de toutes les marchandises dont les habitants de Temacin eux-mêmes ont besoin et dont ils ne peuvent s'approvisionner que là, si Tougourt leur ferme les marchés, ils se trouvent forcés, bon gré mal gré, à demander un accommodement. Quelques milliers de boudjous et deux chevaux de soumission en font ordinairement les frais; à ce prix les gens de Temacin rentrent en grâce, jusqu'à ce qu'un nouveau sujet de querelle vienne leur donner occasion de rompre le traité. En temps de paix Temacin paie annuellement mille boudjous pour avoir le droit de vendre et d'acheter sur les marchés de sa suzeraine; cet impôt s'appelle h'ak' el souk' (droit du marché).

Les habitants de Temacin sont tous de sang mêlé, à l'exception de deux familles qui probablement ne s'allient qu'entre elles.

Temacin, comme Tougourt, accueille les juifs voyageurs qui y viennent, à certaines époques, exercer leur industrie d'orfévres, cardeurs de laine, courtiers, etc.; mais ils n'y sont jamais qu'en passage; la saison des fièvres les effraie et les chasse périodiquement. Deux familles juives y sont pourtant sédentaires.

L'industrie de la ville se borne à l'exercice des métiers de première nécessité, ceux de menuisiers, forgerons, tailleurs, armuriers, etc. La langue qu'on y parle s'appelle le rir'ia et semble avoir beaucoup de rapport avec le mzabïa, car les Mzabites et les Rouar'a se comprennent, ou à peu près.

Des pierres immenses, dont beaucoup sont taillées avec art, se retrouvent dans les constructions de Temacin ou gisent dans les sables. Sont-ce là des ruines romaines? Il est remarquable qu'on ne trouve point de carrière aux environs; par conséquent, romaines ou non, ces pierres ont été apportées.

Les cimetières sont en dehors de la ville; et, comme à Tougourt, les tombes des riches y sont distinguées par le soin particulier avec lequel elles sont faites, et par un œuf d'autruche qui leur sert d'ornement.

Pour dernier point de comparaison avec Tougourt, Temacin obéit maintenant à une femme qui s'appelle Lella Chouïcha, et qui prend le titre de chouïkha (la cheïkh). A la mort de son mari, le cheïkh A'bd Allah', marabout', elle se déclara enceinte, et, comme le pouvoir est héréditaire, la djema', ou assemblée des principaux habitants, décida que la femme du chef défunt gouvernerait en attendant son accouchement, sauf à remettre ensuite le pouvoir à son fils. Le cas où elle pourrait mettre au monde une fille ne semble pas avoir été prévu; quoiqu'il soit arrivé, Lella Chouïcha continue à diriger les affaires, probablement à titre de régente.

A six lieues sud de Temacin on trouve Blidet A'mer.

BLIDET A'MER.

C'est un k'sar d'une centaine de maisons, entouré d'une ceinture crénelée et d'un fossé. Ses jardins sont abondamment arrosés par des sources et plantés de dattiers. Blidet A'mer a une k'asbah', une mosquée, des écoles. Les habitants obéissent à un cheïkh qui se nomme cheïkh Moh'ammed. Ils relèvent de Tougourt et lui paient des contributions.

Pendant l'hiver, des fractions des Ouled A'mer et des Ouled Seïah' campent sous les murs de Blidet A'mer. C'est, ainsi que nous l'avons dit, la première étape de la route de Tougourt à Ouargla.

Pendant les deux journées de marche qui vont suivre on ne trouve point d'eau.

	lieues.
2ᵉ jour de Blidet A'mer à un mamelon de sable appelé, à cause de sa couleur sans doute, A'reg ed Dem (la veine de sang), en laissant à droite les deux hameaux de El Goug et Tah'ibin.	14

C'est à six lieues sud de ce point que va mourir l'Oued en Nça (la rivière des femmes), dans un petit marais appelé H'assi en Naga.

3ᵉ . . . à Ngoussa.	12

A quatre lieues nord-ouest de Ngoussa va mourir l'Oued Mzab, qui passe à Gardaïa.

4ᵉ . . . à Ouargla.	10
Total.	50

ROUTE DE TOUGOURT A K'EFSA.

EN PASSANT PAR SOUF ET NEFTA.

Direction de l'ouest à l'est, à travers des sables arides et mouvants, en suivant les puits échelonnés à distances inégales sur la route, et qui sont :

lieues.

1ᵉʳ jour Bou Mesoued.
    El Ouabed.
    Si Louba.
    Sif Soult'an.

Ce puits est le lieu ordinaire de station.	10

2ᵉ . . . Oued Djeder.
    Bou A'mar.
    Ourmas.

Au village de El Oued, le premier du district de Souf.	12

DISTRICT DE SOUF.

Le nom de Souf n'est point particulier à une ville ; il représente l'idée multiple d'un district, appelé par les Arabes Oued Souf, et formé par les sept villages suivants :

El Oued,	de 400	maisons à peu près.
El Kouïnin,	de 150	—
Tar'zout,	de 150	—
El Guemar,	de 200	—
El Beh'ima,	de 60	—
Debila,	de 100	—
Ez Zeguem,	de 150	—

En dehors de ces villages principaux, tous fort mal bâtis du reste et sans murs d'enceinte, sont groupés des gourbis où les étrangers voyageurs trouvent un abri, et où les plus pauvres familles logent pêle-mêle avec les bêtes de somme. Tout cet ensemble misérable occupe un terrain aride, sablonneux, mais planté de très-nombreux dattiers, coupé de jardins où l'on cultive des concombres, des pastèques, des melons, des oignons, etc., et surtout du tabac. Il n'y a point d'arbres fruitiers dans ce district.

Les plantations sont arrosées par l'eau de quelques puits, d'où, après l'avoir extraite à bras dans des seaux de cuir, on la déverse dans des rigoles.

Les villages du district de Souf sont gouvernés chacun par une djema' (assemblée des notables), qui traite des intérêts généraux; dans chacun d'eux encore la justice est particulièrement confiée aux soins d'un k'ad'i, et le culte religieux à un marabout'. Les crimes y sont, dit-on, fort rares.

Cette petite république n'est pourtant point indépendante : elle a deux suzeraines, Tougourt et Temacin. Trois villages relèvent de Tougourt :

> Kouïnin,
> Tar'zout,
> Ez Zeguem,

et lui paient, pour avoir le droit d'aller à ses marchés, un impôt fixé, par mille dattiers, à 40 h'aïc d'étoffe grossière, valant de 2 francs à 2 francs 50 centimes l'un. Les dattiers sont comptés par la djema', et le nombre en est enregistré.

Les quatre villages qui relèvent de Temacin semblent avoir fait avec elle une alliance offensive et défensive.

Les causes de cette scission se rattachent à l'élévation au pouvoir de la famille des Ben Djellal qui règnent à Tougourt. « C'est une chose d'orgueil, » nous ont répondu tous les Arabes que nous avons interrogés à ce sujet.

L'orgueil est, on le sait, un des sentiments caractéristiques des Arabes, et les haines d'orgueil sont, chez eux, presque ineffaçables; aussi, les villages de Souf, malgré la raison d'isolement qui devrait les porter à l'union, sont-ils souvent en discorde et quelquefois en guerre.

Le caractère général des Souafa (habitants de l'Oued

Souf) est pourtant la douceur; ils sont très-hospitaliers. Le voyageur qui traverse leur territoire, non-seulement y est bien accueilli, mais jouit encore du droit acquis à tout étranger d'entrer dans les jardins et de s'y rassasier de fruits, à la seule condition de n'en point emporter et de laisser les noyaux des dattes au pied du dattier.

Les habitants de Souf ne récoltent point de céréales; ils s'en approvisionnent dans le Djerid, dans le Ziban et dans le pays intermédiaire, chez les Sidi A'bid. Ces achats périodiques se font à prix d'argent ou par échange contre des dattes, du tabac et des vêtements de laine que les femmes ont tissés. Au retour de ces voyages, et après que leurs grains sont emmagasinés, ils s'occupent de la double récolte du tabac et des dattes. Pendant l'hiver ils vivent en famille, et dès que les premiers jours du printemps ont tapissé d'a'cheb (herbe) le désert, ils y mènent paître leurs troupeaux à des distances souvent fort éloignées, et toujours par groupes assez nombreux pour se défendre contre les Touareg, ces hardis pillards qui parcourent les plaines presque toute l'année. A la même époque, ceux d'entre eux qui sont marchands se rendent à R'damês, à Tougourt, à Gardaïa, à Ouargla et quelques-uns à Tunis, soit pour s'y approvisionner des choses de première nécessité, soit pour y vendre leurs produits. L'objet principal de ce commerce est leur tabac, qui jouit, dans le désert, d'une très-grande réputation, bien qu'il soit si fort, qu'il faille, pour en faire usage, le mélanger avec d'autres plantes appelées akil et trouna.

Ce tabac se vend au prix ordinaire de 20 boudjous d'Alger le quintal, 30 francs à peu près.

Quatre tribus arabes possèdent des terrains dans le district de Souf, y déposent leurs grains et y habitent une partie de l'année : ce sont les

 Rebaia.
 Souamech.
 Ferdjan.
 Ouled H'amid.

Comme presque tous les habitants du désert, les Souafa sont doués d'une perspicacité de sens prodigieuse. Nous admettons facilement, en principe, que l'habitude d'une vie errante dans des plaines monotones où rien ne rappelle, au retour, la route que l'on a suivie ; que la nécessité de veiller sans cesse de l'oreille et des yeux, d'étudier à la fois l'horizon où l'ennemi vous attend peut-être, et les plis de terrain qui peuvent le cacher, nous admettons que cette lutte incessante développe, jusqu'à un certain point, chez un individu les facultés de l'ouïe, de l'odorat et de la vue ; tous les voyageurs l'ont constaté ; mais, nous l'avouons, nous n'avons jamais accueilli sans défiance les merveilleux exemples qui nous ont été cités mille fois, et nous ne les donnons nous-même qu'en faisant nos réserves.

Si nous en croyons les Souafa que nous avons interrogés et quelques juifs voyageurs qui avaient longtemps habité Souf, les habitants de ce district sont les marcheurs les plus intrépides du Sahara : ils feraient facilement trente lieues par jour à pied. « De Tougourt
« à Sif Soult'an, nous disait l'un d'eux, il y a loin
« comme de mon nez à mon oreille, » et pourtant il y a dix lieues.

« Je passe, ajoutait-il, pour n'avoir pas une très-
« bonne vue; mais je distingue une chèvre d'un mou-
« ton à un jour de marche. J'en connais, disait-il
« encore, qui, à trente lieues dans le désert, éventent
« la fumée d'une pipe ou de la viande grillée. Nous
« nous reconnaissons tous à la trace de nos pieds sur
« le sable; et, quand un étranger traverse notre terri-
« toire, nous le suivons à la piste, car pas une tribu
« ne marche comme une autre; une femme ne laisse
« pas la même empreinte qu'une vierge. Quand un lièvre
« nous part, nous savons à son pas si c'est un mâle ou
« une femelle, et, dans ce dernier cas, si elle est pleine
« ou non; en voyant un noyau de datte, nous recon-
« naissons le dattier qui l'a produit. »

Et comme nous ne semblions pas ajouter une foi bien naïve à ce qu'il nous racontait : « Vos médecins,
« nous dit-il, ne reconnaissent-ils pas la maladie d'un
« homme rien qu'à le voir et à le toucher ? »

Quelque ingénieux que soit ce raisonnement, tout cela, nous le répétons, nous semble fort exagéré ; mais il est constant que les sens des peuplades sahariennes, et particulièrement des habitants de Souf, que leur instinct fait voyageurs et dont la plupart sont toujours en course sur les routes du désert, ont acquis un développement extraordinaire.

Leurs mœurs d'intérieur sont, pour cette raison-là peut-être, fort dissolues.

Deux routes, également fréquentées, conduisent de Souf à Nefta.

1ʳᵉ ROUTE DE SOUF A NEFTA.
(SUITE DE LA ROUTE DE TOUGOURT A KEFSA.)

lieues.

3ᵉ jour, on s'arrête à des mamelons de sable appelés El H'aouaïdj.................. 13
    A trois lieues de Souf, on a trouvé un puits nommé H'assi Khelifa.
4ᵉ ... au puits nommé Bir Bou Na'nb........ 11
5ᵉ jour à Nefta...................... 12

2ᵉ ROUTE DE SOUF A NEFTA.
(SUITE DE LA ROUTE DE TOUGOURT A KEFSA.)

lieues.

3ᵉ jour à El Chouachi. ⎫ 8
4ᵉ .... ⎬ puits........ 12
5ᵉ ... à El A'sli... ⎭ 14
6ᵉ ... à Nefta..... 6

NEFTA.

Nefta relève de la régence de Tunis; elle est située à trente-cinq ou quarante lieues nord-est de Souf; c'est moins une ville proprement dite, qu'une agglomération de villages qui, séparés entre eux par des jardins, occupent une étendue de terrain deux fois grande comme Alger; ces villages sont :

  H'al Guema.
  Zebda.
  Msa'ba
  Ouled Cherif.
  Beni Zeïd.
  Beni A'li.
  Cherfa.
  Zaouïet Sidi Ah'med.

La position de Nefta et ses environs sont très-pittoresques. Les eaux y sont très-abondantes; une source principale qui, sous le nom d'Oued Nefta, prend naissance au nord de la ville, au milieu d'un mouvement de terrain, entre les villages de Cherfa et de Zaouïet Sidi Ah'med, la divise en deux, et féconde ses jardins plantés d'orangers, de grenadiers, de figuiers, etc.; la même source arrose, au moyen de rigoles, une forêt de dattiers qui s'étend à plusieurs lieues. Un k'aïd, k'aïd el ma (k'aïd des eaux), veille à leur répartition dans les propriétés de chacun.

Les maisons de Nefta sont généralement bâties en briques, quelques-unes avec goût et même avec luxe.

Celles-ci sont ornées, à l'intérieur, de carreaux de faïence apportés de Tunis.

Chaque quartier a sa mosquée et son école, et, dans le centre de l'agglomération des villages, une place, appelée Rebot, située sur le bord de l'Oued Nefta, sert de marché commun.

Les trois quartiers, H'al el Guema, Ouled Cherif et Beni Zeïd, semblent être plus spécialement habités par les grands propriétaires; celui de Zebda est habité par les commerçants.

Les cherfa (cherifs), descendants du prophète, ainsi que l'indique leur nom, sont les nobles de la cité, les seigneurs, « les maîtres du bras. » C'est parmi les cherfa, sans doute, que le bey de Tunis choisit d'ordinaire le chef qui gouverne la ville. Celui du moment s'appelle Brahim Ould Ah'med Ben A'oum.

Nefta n'est pas assez avancée dans le désert pour que les alliances de ses habitants avec les négresses esclaves soient très-communes, et pour que la couleur blanche de leur race en ait subi une altération.

Leurs mœurs sont aussi beaucoup plus pures que celles des peuplades du Sahara. On les dit très-religieux observateurs de la loi et très-hospitaliers.

Quelques juifs artisans et courtiers se sont glissés parmi eux et sont tolérés, aux conditions connues de porter un mouchoir noir à la tête, de ne pas monter à cheval, etc.

Nefta est l'entrepôt intermédiaire des marchandises

que sa métropole écoule vers le Sahara. Aussi les Arabes l'appellent-ils : « le port de Tunis. » Le commerce, dont elle est le centre, a deux grands mouvements dans l'année : au commencement du printemps, et à la fin de l'été. Au commencement du printemps, parce qu'une armée sort alors de Tunis pour aller percevoir les contributions dans le vaste rayonnement au sud de la régence, qui, par sa position, échappe à l'action purement administrative du bey. Cette armée se divise ordinairement en trois corps : les fantassins, qui forment le premier, s'arrêtent à K'efsa, à vingt-cinq ou trente lieues en deçà de Nefta ; le second, sous les ordres du chef, s'arrête à dix-huit ou vingt lieues plus loin, à Touzer ; et le troisième, qui est le makhzen (cavaliers du gouvernement), s'avance jusqu'à Nefta ; les routes sont donc parfaitement sûres.

Tous les marchands du désert, les uns à pied, les autres montés sur leurs chameaux, tous armés, munis de leurs produits et d'argent, se dirigent alors sur Nefta, et de là se rendent à Tunis, protégés par le retour de la colonne. Mais les vexations de toutes sortes qu'ils ont à subir, les impôts directs et indirects dont on les accable, peuvent nous faire espérer de les attirer peu à peu à Constantine et à Alger, où quelques-uns sont déjà venus. Nos routes sont en effet plus sûres, et nous leur donnerons une protection qu'on leur vend dans la régence de Tunis. Le tarif en est ainsi fixé :

A Nefta d'abord :

  3   boudjous par tête.
  1 — $\frac{1}{2}$ par chameau.
    — $\frac{1}{3}$ par âne.
  1   rial   par mulet.

Encore leur faut-il payer, à Tunis, des droits pour tout ce qu'ils y achètent.

Ils y apportent .

Des dattes.
Des plumes d'autruche.
De la poudre d'or (en petite quantité).
Des dents d'éléphant.
Des h'aïck', des bernous.
Des tentes en poil de chameau.
Des peaux tannées du Maroc (filali).
Des tellis, sacs tissés en feuilles de palmier.
Des chameaux.
Des esclaves.
Des monnaies de France et d'Espagne qui seront converties en bijoux.

Ils y achètent :

Des calicots de toute qualité.
Des étoffes du genre de celles que nous appelons rouenneries.
Des chachïa, dont beaucoup sont fabriquées à Marseille.
Des draps français communs.
Des mousselines anglaises et françaises.
Des foulards simples ou dorés,
Des ceintures d'homme en laine ou en soie, } fabriqués à Lyon ou à Tunis.

Des bernous sousti de Tunis.

Du benbazar, mousseline de Smyrne pour faire des manches de chemise.

Du coton de Marseille et de Tunis.

Des turbans.

Des turbans de soie, pour les femmes, fabriqués à Tunis.

Des ceintures de courses, servant de bourses, en cuir et en laine.

Des fils de Marseille en chanvre et en coton.

Des soies teintes de Lyon.

Du corail de toute qualité, pour chapelets et colliers de femmes.

Des chapelets d'Égypte.

Des bracelets en corne de bœuf sauvage de Tunis.

De la verroterie de Trieste.

Des coquillages de Tunis, appelés el ouda, et qui leur serviront de monnaie dès qu'ils seront arrivés dans le Soudan.

Du musc du Caire et d'Alexandrie.

Des essences de Smyrne et de Tunis.

Du papier à écrire de Gênes ou de Marseille.

De l'antimoine, de Marseille et du Maroc, pour teindre les yeux et les sourcils.

Des tuyaux de pipe de Constantinople.

Du tabac de Souf.

Du sucre et du café.

Des teintures anglaises.

Du soufre de Marseille.

Du cobalt.

Du bleu de Prusse

Du safran pour teinture.
Du louk (substance rouge pour teindre).
De l'alun de Marseille et de Londres.
Des épiceries anglaises.
Du riz d'Alexandrie.
Des ustensiles en cuivre de Tunis et de K'aïrouan.
Des lunettes.
De la coutellerie commune anglaise et de Marseille.
Des serrures de Tunis.
Des fers à cheval de Tunis.
Des fils de fer pour cardes,
Des clous et des pointes,
Des fils de laiton,
Des feuilles de cuivre et de fer-blanc,   } de Marseille.
Des aciers, mais qui ne sortent qu'en contrebande,
Des fers de Suède et d'Angleterre.
Des armes : — fusils de Smyrne et de Tunis.
         sabres de Smyrne.
         iatar'an —
         pistolets —
Des pierres à fusil de Tebessa et de Tunis.
De la poudre de Tunis, qu'ils achètent en contrebande.

Ces emplettes une fois terminées, il ne serait pas prudent aux voyageurs de s'exposer, en temps ordinaire, à travers le territoire des Arabes toujours au guet d'une r'azïa; car si la caravane est assez nombreuse pour se défendre au départ, elle se divise à mesure qu'elle avance, chacun prenant, à certain point, le chemin qui le ramène à sa tente, à son village, à sa tribu ; et l'armée n'est plus là pour leur vendre sa protection. Aussi, le mouvement de retour est-il calculé d'avance, et il ne s'opère jamais qu'à l'époque de la moisson, alors que les Arabes, même les plus pillards, partis pour acheter des grains dans le T'ell, laissent les routes à peu près libres.

Tous les habitants de Nefta ne sont pas commerçants ; les riches propriétaires et les cherfa, qui représentent l'aristocratie, vivent de la vie tranquille des nobles, la plus insouciante et, peut-être, la plus heureuse que la philosophie contemplative ait rêvée.

L'oasis de Nefta, si nous en croyons les voyageurs que nous avons interrogés, est la plus poétique du désert ; ses jardins sont délicieux ; ses oranges, ses limons doux, ses dattes sont les meilleurs fruits de la régence de Tunis ; presque toutes les femmes y sont belles de cette beauté particulière à la race orientale, et les plus riches, qui ne s'exposent jamais à l'âpre soleil de la journée, sont blanches comme des mauresques.

Les tribus qui déposent leurs grains à Nefta sont :

Des fractions des Nememcha.
— des Ouled Sidi Cheïkh.
— des Ouled Sidi A'bid.

Selon qu'on a pris, de Souf à Nefta, l'une ou l'autre des deux routes que nous avons indiquées, on est en avance ou en retard d'un jour. Nous continuerons à compter comme ayant pris la route la plus courte.

	lieues.
6ᵉ jour à partir de Nefta, la physionomie du terrain change presque subitement. De cette ville à Touzer on voyage dans une oasis plantée de dattiers et d'arbres fruitiers; la distance est de....................	6

TOUZER.

Touzer a beaucoup changé sans doute depuis que le voyageur Desfontaines écrivait d'elle, en 1784 : « Le « bey fit dresser le camp au côté droit de la ville, si l'on « peut donner ce nom à un assemblage de maisons de « boue. » Cette phrase, qui nous préoccupait, a dû nous faire insister davantage sur les renseignements que nous avons pris auprès des Arabes de Touzer même, et des voyageurs qui l'ont vue et habitée. Tous ont été unanimes sur ce point, que Touzer est une des plus belles villes du Belad el Djerid.

Desfontaines ne l'aura vue sans doute que de loin, et n'y sera pas entré.

Cette ville est grande comme Alger et entourée d'un mur d'enceinte en pisé, haut de 12 ou 15 pieds et crénelé. On y entre par deux portes, Bab el H'aoua et Bab el Zit. Au centre est une vaste place qui sert de marché. Elle a des mosquées, des écoles, deux bains maures, des fondouk', etc. Ses maisons sont à terrasses, et généralement bien bâties, la plupart avec les débris d'une ville romaine.

On y trouve des forgerons, des menuisiers, des armuriers et de nombreux marchands. Les juifs y sont tolérés et y exercent les métiers de teinturiers, cardeurs de laine, orfévres, etc.

Une partie de l'armée du bey de Tunis qui, ainsi que nous l'avons déjà dit, s'avance chaque année dans le sud, pour faire payer les contributions, s'arrête à Touzer, où les chefs, qui sont ordinairement des parents du bey, ont des maisons.

Touzer, située dans une plaine, est dominée au nord-ouest par une petite montagne rocheuse d'où sort une source très-abondante qui prend le nom d'Oued Mechra, longe les murailles de la ville au sud, se divise ensuite en trois branches, arrose les jardins et va se perdre un peu plus loin, après avoir également arrosé les plantations de plusieurs villages ; ces villages sont :

>Cherfa.
>Belad el Ader.
>Zaouïet et Tounsia.
>Djin.
>A'bbas.
>Zaouïet Sidi A'li Bou Lifa.
>Zaouïet Sah'raoui.

Les puits de l'intérieur de Touzer sont insuffisants pour la consommation des habitants, qui puisent leur eau dans l'Oued Mechra.

Les tribus arabes qui déposent leurs grains à Touzer ou dans les villages voisins sont :

Des fractions des Ouled Sidi Cheikh.
— des Ouled Sidi A'bid.
— des H'ammama.

Le cheikh de la ville se nomme El T'aïeb.

	lieues.
7ᵉ jour, on s'arrête à Taguious et El H'amma; les oliviers commencent à reparaître.	9
8ᵉ . . . à l'Oued Maleh'.	6
9ᵉ . . . à K'efsa.	6
TOTAL.	85

K'EFSA.

K'efsa, située entre deux montagnes arides, est une ville de sept à huit cents maisons; elle n'a point de muraille d'enceinte, mais elle est défendue par une k'asbah' assez forte où il y a une garnison de fantassins et quelques canons.

Les jardins qui l'entourent sont plantés de figuiers, de grenadiers, d'orangers, etc., et surtout de dattiers et d'oliviers. On y fait beaucoup d'huile qui s'écoule dans le désert, jusqu'à Tougourt, et de là sans doute à Gardaïa, à Ouargla et dans les tribus nomades.

K'efsa est à la porte du Sahara ; c'est la limite du Belad el Djerid ; les sables commencent à disparaître ; la terre devient meilleure et produit quelques céréales. Trois villages sont situés aux environs :

   Lala.
   El K'sir.
   El Guetar.

Une fraction des H'ammama dépose ses grains à K'efsa.

PARTIE OCCIDENTALE

ROUTE
D'ALGER A INSALAH'.

DIRECTION GÉNÉRALE DU NORD AU SUD-OUEST.

La route que nous allons donner n'est point directe : ce n'est point celle que devraient suivre des voyageurs que des besoins quelconques appelleraient dans la circonscription de Tidikelt; nous ne l'avons prise que pour embrasser un plus grand espace de terrain, que pour voir le pays; nous donnerons l'autre plus loin. Par celle-ci, nous voyagerons en touristes; par l'autre, en marchands.

D'Alger à Sidi Bouzid on compte quatre-vingt-trois lieues, faites ordinairement en onze étapes, que nous avons indiquées plus haut (Route d'Alger à Ouargla). Nous commencerons donc ici à compter du douzième jour.

lieues.

12ᵉ jour en quittant Sidi Bouzid, on tourne à l'ouest et l'on entre dans le Djebel A'mour que l'on traverse dans toute sa longueur de l'est à l'ouest, et l'on atteint El R'icha. 9

13ᵉ . . . de El R'icha à El H'amouïda, en suivant la montagne. 10

DJEBEL A'MOUR.

Le Djebel Sah'ri, arrivé à hauteur de Sidi Bouzid, prend une plus grande élévation, et s'étend, par une succession de pics et de vallées, sur un espace de quinze lieues en longueur et de huit à dix lieues en largeur. Ce pâté prend le nom de Djebel A'mour. Sidi Bouzid est donc son point de départ à l'est; il est borné, à l'ouest, par un pic très-élevé, que l'on appelle Touïla Mta' el Makena.

Des sources et des rivières nombreuses jaillissent dans les plis intérieurs du terrain, et, de ravins en vallées, s'écoulent hors des deux versants, par des gorges, des pentes douces légèrement ondulées ou des anfractuosités rocheuses.

Toutes ces eaux rendent la végétation si active que l'ensemble de la montagne a, de loin, l'aspect d'une forêt, mais fortement accidentée, et dont la physionomie pittoresque est esquissée par les lignes hardies de quelques pitons très-élevés. Les arbres y sont si pressés sur certains points, et les buissons si fourrés, qu'on ne peut s'y frayer un passage; çà et là, la place est vide et forme d'immenses clairières, où campent les tribus. Les chênes verts et les chênes à glands doux y dominent. On y trouve des pins d'une si grande hauteur qu'on pourrait en faire des mâts à nos vaisseaux, des bet'om (térébinthes), dont quelques-uns, dit-on, couvrent trente cavaliers, et dont le fruit se mange mêlé avec du lait, ou, pressé, donne de l'huile ; de grands arbres appelés taga, d'autres appelés arar, qui donnent de la résine, dont on se sert pour goudronner les chameaux. Auprès des fontaines et des rivières s'élèvent des trembles magnifiques, safsaf. Les vergers sont plantés, pêle-mêle, de pommiers, de poiriers, de pêchers, d'amandiers ; on cultive dans des jardins les melons, les pastèques, les concombres, les navets, les ognons, etc., et les vallées fournissent, en temps ordinaire, aux habitants, du blé et de l'orge en quantité largement nécessaire ; mais, en temps de disette, ils sont forcés de recourir à leurs voisins du sud pour avoir des dattes, et aux tribus du Tell pour avoir des grains.

Tous les versants intérieurs et extérieurs de la montagne, quand ils ne sont pas couverts d'arbres, sont parsemés de buissons de myrtes, de lentisques, et surtout de cédrats que les chameaux mangent avec avidité.

Les espaces nus, où l'on mène paître les troupeaux, fournissent des herbes abondantes, a'cheb, alfa, chieh'.

Quelques villages dispersés sur le Djebel A'mour, et généralement assis à la source ou sur le bord des rivières, outre qu'ils ont leurs habitants sédentaires, sont encore des greniers où les fractions de la tribu des Ouled A'mour, qui peuplent la montagne et vivent sous la tente, déposent leurs grains.

Les villages et les rivières du versant nord sont, de l'est à l'ouest :

Sidi Bouzid, de cinquante ou soixante maisons, situé à la corne Est du Djebel. Ses habitants, qui prennent le nom de H'al Sidi Bouzid, sont marabout'; ce village n'est remarquable que par une k'oubba (marabout') en grande vénération dans le pays.

L'Oued Mok'ta' prend sa source un peu au sud de ce village, et va se jeter dans l'Oued Beïda, qui descend de huit lieues plus à l'ouest; réunies, elles s'appellent Oued Taguin, et, selon les Arabes, forment la source du Chelif.

A quelques lieues de Sidi Bouzid, dans la montagne, se trouve un groupe d'une vingtaine de maisons : c'est le k'sar appelé A'flou, auprès duquel sort une source qui prend le même nom, s'appelle, un peu plus au nord, Oued el Medçous, et va se jeter dans l'Oued Beïda.

A quatre lieues d'A'flou est situé Tadmama, k'sar de vingt-cinq ou trente maisons; il donne son nom à une source qui va se jeter dans l'Oued Medçous.

A cinq lieues de Tadmama, se trouve un endroit remarquable par sa végétation, appelé Ras el A'ioun (la tête des sources), et d'où s'échappent plusieurs filets d'eau très-abondants qui, encaissés dans le même lit, prennent, en sortant de la montagne, le nom d'Oued el Goubab, reçoivent l'Oued Tadmama et forment l'Oued T'ouil. A l'ouest de Ras el A'ioun, deux sources, appelées Berida et Tamellaket, serpentent dans la montagne, où elles meurent en formant des marais.

VILLAGES ET RIVIÈRE
DU VERSANT SUD DE L'EST A L'OUEST.

A cinq ou six lieues, en face de Sidi Bouzid et de l'autre côté de la montagne, se trouve le marabout' de Sidi Ioucef, au pied duquel l'Oued el Merra prend sa source. El R'icha, village d'une centaine de maisons, est situé à quatre ou cinq lieues plus à l'ouest, et donne son nom à l'Oued R'icha, qui va se jeter dans l'Oued Merra; réunies, elles sortent de la montagne et passent à Tadjemout, où elles prennent le nom d'Oued Mzi.

A cinq lieues de l'Oued R'icha, l'Oued Reddad sort entre deux mamelons, va passer au sud d'A'ïn Mad'i, prend le nom d'Oued Messa'ad, et se jette dans l'Oued Mzi, au delà de El Ar'ouat'.

A quatre lieues de l'Oued Reddad, entre deux mamelons très-élevés, dont l'un s'appelle Djebel el Maleh' (la montagne de sel), et aux pieds desquels sont assis deux villages, Khodra, de trente maisons, et Taouïala, de cent maisons, sort un ruisseau salé très-abondant, appelé Oued Maleh'. Si nous en croyons les Arabes, des mines de plâtre considérables s'annoncent entre R'icha et Khodra.

Au nord, et très-près de ce dernier village, un groupe d'une vingtaine de maisons forme un k'sar appelé Anfous.

A deux ou trois lieues de l'Oued Maleh', on trouve El H'amouïda, village de vingt-cinq à trente maisons; il donne son nom à l'Oued H'amouïda, qui sort à ses pieds et va se jeter dans l'Oued Maleh', avant de quitter la montagne.

A quatre lieues sud-ouest de la partie la plus avancée du Djebel A'mour, se trouve un village d'une vingtaine de maisons, appelé Bou A'lam (le père du drapeau), dont les environs sont, sur une assez grande étendue, très-riches en céréales.

Le Djebel A'mour est habité par une tribu arabe réputée de race noble (djouad), qui prend son nom de la montagne, ou qui peut-être lui a donné le sien. Elle parle la langue arabe pure et vit sous la tente, bien que tous les chefs de ses diverses fractions aient des maisons dans les villages. Mais, ainsi que nous l'avons dit, ce sont là leurs greniers, où le père et le fils, à tour de rôle, vont veiller à la garde des grains et des provisions de la famille.

Elle se divise en sept grandes fractions, qui sont :

1° Les Ouled Mimoun, djouad en possession du pouvoir, qui habitent ordinairement dans les environs de Ras el A'ioun. Ils sont riches en moutons, en bœufs et en chameaux, qu'ils font paître, en été, dans les pâturages de Ras el A'ioun; en automne, du côté de Khodra et de Taouïala; en hiver, au sud d'A'in Mad'i; au printemps, du côté d'Ask'oura. Ils peuvent mettre sur pied soixante chevaux;

2° Les Ouled A'li Ben A'mer, qui campent dans les environs de l'Oued Merra, et qui mènent la même vie, à peu près, que les Ouled Mimoun; ils ont cent chevaux;

3° Les Ouled Rah'mena, qui campent du côté d'A'flou ; ils ont trente chevaux ;

4° Les A'maza, qui habitent le même pays à peu près. Ils ont trente chevaux et beaucoup de fantassins ;

5° Les Ouled Iak'oub el R'aba (de la forêt), qui campent du côté de R'icha. Ils peuvent lever cent chevaux et six cents fantassins tout armés ;

6° Les Makna, qui campent dans les environs de l'Oued H'amouïda ; une famille de Cherfa se trouve dans cette fraction. Ils peuvent lever trente ou quarante chevaux et quatre cents fantassins armés ;

7° Les H'adjalat, qui habitent les environs de Sidi Bouzid et de l'Oued el Beïda. Cette fraction est, entre toutes, renommée par son courage, et c'est sur elle que s'appuient particulièrement les Ouled Mimoun. Ils peuvent lever trois cents chevaux et beaucoup de fantassins.

Ainsi la tribu des A'mour est forte de six cents à six cent cinquante chevaux, et de trois mille fantassins, sans y comprendre une petite tribu de Kabyles venus on ne sait d'où, et qui vivent à part, sur le pic le plus élevé de la montagne El Ga'da. « Ils sont là, nous disait un Arabe, perchés comme « des oiseaux. » On les appelle Kemamta. Quelques-uns, les chefs seuls, sans doute, parlent l'arabe, encore le prononcent-ils mal.

Tout le Djebel A'mour obéit à un cheïkh nommé Djelloul Ben Yah'ia, djied (noble) des Ouled Mimoun, dont la famille a, de temps immémorial, le pouvoir en main. Djelloul est âgé de quarante ans à peu près; c'est un homme brave et fort, froid et sérieux; on ne l'a jamais vu rire. Il s'est révélé de bonne heure dans toute sa sauvage énergie, par le meurtre de son oncle, qui voulait le spolier. Avant lui, le Djebel A'mour, souvent ensanglanté par des guerres de fractions à fractions, était en état continuel de révolte contre les chefs; mais Djelloul, toujours ferme et sévère, au besoin, jusqu'à la cruauté, a fait plier ou tomber devant lui toutes les têtes. C'est le soult'an de la montagne : il tue, bannit, bâtonne, pardonne en monarque absolu. Les contributions qu'il prélève sont considérables; mais il les dépense généreusement pour les pauvres et les voyageurs.

A'bd el K'ader le tenait en grande estime et lui avait confirmé le pouvoir.

En cas de guerre avec les tribus voisines, outre que le Djebel A'mour est à peu près imprenable pour une armée arabe, il resterait encore un dernier refuge à ses habitants, le sommet du Ga'da. C'est le pic le plus élevé, le plus escarpé de ce pâté montagneux : on ne peut y grimper qu'un à un, par un sentier tortueux, difficile, suspendu entre deux précipices, ou bordé d'arbres, derrière chacun desquels il y aurait un homme et un fusil. Ces Thermopyles s'appellent Trik' el Ga'da. A son sommet le Ga'da offre une plate-forme assez vaste pour donner asile à toute la tribu, femmes, enfants, troupeaux; des sources coulent sur les flancs, assez abondantes pour suffire à tous.

Des tigres, des panthères, des linx, des hyènes, des chacals, des sangliers, vivent au milieu de ce pâté montagneux torturé de pics et de ravins. Dans les vallées on trouve des lièvres, des perdrix, des cailles, des poules de Carthage; dans les bois, des corbeaux, des ramiers, des bécasses; au bord des sources et dans les marais, des poules d'eau, des bécassines; et sur les pics les plus élevés, des aigles, des vautours, des faucons.

Aussi la chasse est-elle en grand honneur dans la tribu, surtout cette chasse au faucon que nous avons abandonnée, et que les nobles arabes, comme nos seigneurs du moyen âge, aiment passionnément.

Il est assez remarquable qu'il n'y ait point de lions dans un lieu si bien fait, ce semble, pour leur donner un sûr asile et fournir au luxe de leurs repas de roi. Cette observation n'a pas manqué de frapper les Arabes, et faute de pouvoir l'expliquer par une cause naturelle, ils se sont, comme toujours, rejetés sur la légende :

« Autrefois, disent-ils, les lions étaient nombreux
« dans le Djebel A'mour, si nombreux qu'ils décimaient
« les troupeaux et se passaient souvent le caprice de
« commencer par le berger. Un saint marabout, nommé
« Sidi A'ïca, fut prié d'intervenir dans cette affaire; la
« commission était difficile; mais Dieu est grand! Il se
« mit en prière à travers la montagne, en ordonnant
« aux lions d'aller chercher un gîte ailleurs. On n'en
« a pas vu depuis. »

L'animal que Shaw appelle fisthall, el ieroui, qu'il

écrit, dans son orthographe anglaise, lerwee, habite les sommets les plus ardus de la montagne. Les Arabes et le dictionnaire de Freytag l'appellent aroui. Il est de la grosseur d'un veau d'un an, de couleur fauve; ses cornes, presque unies sur le front, sont canelées et rejetées en arrière; une touffe de poils d'un pied de long lui couvre la nuque, le poitrail et les genoux. Selon Shaw, c'est le *tragelaphus* de Pline.

SUITE DE LA ROUTE D'ALGER A INSALAH'.

	lieues.
14ᵉ jour de El H'amouïda à Stiten.............	8

A une lieue de El H'amouïda on quitte le Djebel A'mour, en passant au pied d'un pic élevé appelé Djebel T"ouïla; on entre alors dans le Djebel K'sal, sur le versant sud duquel est situé le petit village de Bou A'lam.

BOU A'LAM.

Village de trente ou quarante maisons, entourées de jardins arrosés par des sources.

Les Rezigat, fraction des Ouled K'sal, y déposent leurs grains; mais dernièrement une querelle s'est engagée entre eux et les Châmba de Metlili, qui sont tombés sur le village et l'ont pillé.

STITEN.

Petit village de trente ou quarante maisons, entouré d'un mauvais mur d'enceinte en pisé, ouvert par une seule porte. Ce village a une petite mosquée et une école.

En dehors, du côté du sud, s'étendent quelques jardins potagers; il n'y a point de dattiers et très-peu d'arbres fruitiers; ils sont arrosés par une source que l'on appelle A'ïn Stiten, où les habitants du village, qui n'ont pas de puits, vont chercher leur eau. Dans les environs se trouvent quelques terres labourables que l'on cultive à la pioche.

Les habitants de Stiten s'occupent de commerce; leurs femmes tissent des laines.

Le chef de ce k'sar s'appelle El H'adj el A'rbi.

Des fractions de la tribu des El Ar'ouat' K'sal y déposent leurs grains.

On n'y trouve ni Beni Mzab, ni Juifs, si ce n'est de passage.

MECHERIA.

Un peu à l'ouest de Stiten, se trouve le petit hameau de Mecheria, d'une vingtaine de maisons. Il est entouré de jardins et de quelques terres cultivables.

C'est un dépôt de grains des El Ar'ouat' K'sal.

Auprès de Stiten sort une rivière qui prend le nom de Oued Stiten, passe au village de R'açoul, où elle s'appelle Oued R'açoul, coule vers Brizina, où elle s'appelle Oued Brizina, et sous le nom d'Oued Segguer va mourir dans les sables au pied des A'reg de Guelea'.

	lieues.
15ᵉ jour de Stiten à El R'açoul, en suivant la vallée de l'Oued Stiten	9

EL R'AÇOUL.

C'est un village de quarante à cinquante maisons, entouré d'un mur d'enceinte en pisé de deux hauteurs d'hommes, et crénelé. Il a une mauvaise petite mosquée et une école pour les enfants. Le village est desservi par une source qui vient du nord, et que l'on nomme Bou Selah'. Des juifs de passage y cardent les laines et y font le métier d'orfèvres. Quelques marchands y revendent des cotonnades et des épiceries. Comme les précédents, il est entouré de jardins et de terres cultivables. C'est un dépôt de grains des El Ar'ouat' K'sal.

	lieues.
16ᵉ jour de El R'açoul à Brizina.	12

A El R'açoul on quitte la vallée de l'Oued Stiten, on traverse les montagnes qui la dominent à gauche, auprès d'un pic élevé appelé Tenaiat Temer, on longe des mamelons de sables que l'on traverse pour entrer dans la vallée de l'Oued Brizina, en face de ce village.

BRIZINA.

C'est un village de cent cinquante maisons à peu près, entouré d'un mauvais mur d'enceinte en pisé, crénelé, ouvert par une seule porte.

Au centre est une petite place où se tiennent les marchés; il a une mosquée avec un minaret, et des écoles pour les enfants; la justice y est confiée à un k'ad'i.

Il n'y a point de sources dans l'intérieur; on va s'approvisionner d'eau aux puits qui arrosent les jardins potagers et les vergers extérieurs, ou dans l'Oued Brizina.

Quelques dattiers sont semés çà et là dans l'ensemble des jardins.

L'industrie de Brizina est la même que celle de tous les K'sour du Sahara : de mauvais armuriers y raccommodent les fusils; des forgerons y font des clous, des fers à cheval et des pioches. Ils tirent leurs fers des Beni Mzab. Quelques-uns fabriquent de la poudre assez bonne, et dont ils reconnaissent, disent-ils, la qualité quand, après en avoir fait enflammer une pincée dans le creux de la main, elle n'y laisse ni traces très-sensibles, ni brûlure. Le soufre qu'ils emploient à cette fabrication leur vient des Beni Mzab, et ils se fournissent de salpêtre dans les anfractuosités d'une montagne située à une demi-lieue du village et appelée R'iran el Baroud (les cavernes de la poudre).

L'occupation principale des hommes est le jardinage ; cependant ils ne récoltent que très-peu de céréales et vont, à la suite des tribus arabes, en acheter dans le T'ell. Les femmes tissent des vêtements de laine.

Le cheikh de Brizina se nomme Moh'ammed Ben K'addour ; il gouverne à l'aide d'une djema'.

Les montagnes des environs, comme toutes celles des Ouled Sidi Cheikh, sont riches en carrières de plâtre.

TRIBU DES EL AR'OUAT' K'SAL.

Cette tribu habite le territoire borné :

A l'est, par Sidi Ah'med Ben el A'bbas ;

A l'ouest, par El R'açoul ;

Au sud, par Djebel Cheria ;

Au nord, par Mecheria et Stiten.

Elle se divise en quatre fractions :

Les Ouled Moumen, qui ont pour chef A'bd Allah' Ben el Gourari, et qui déposent leurs grains à El R'açoul.

Les Rezigat qui ont pour chef Ben Khaled Ould ed Din Ben el Bellout, et qui déposent leurs grains à El R'açoul.

Les Ouled A'mran, qui ont pour chef Ben Tenna, et qui déposent leurs grains à Mecheria et à Stiten.

Les Ouled A'ïça, dont le chef nous est inconnu, et qui déposent leurs grains à Brizina.

Cette tribu se distingue par cette particularité, que chacune des fractions n'obéit qu'à son chef, et qu'elle n'a point de chef unique; mais elle est sous l'entière dépendance de la grande tribu des Ouled Sidi Cheïkh, tribu de marabout', dont l'influence religieuse est consacrée sur un immense rayonnement.

Les El Ar'ouat' K'sal peuvent mettre sur pied quatre cent chevaux; il sont riches en troupeaux de chameaux, de moutons, et, par exception, ils élèvent, assure-t-on, des bœufs qui trouvent des pâturages convenables et suffisants dans les marais et les montagnes.

Ils ont pour industrie particulière de confectionner des bois de selles et des objets de harnachement, brides, poitrails, etc. Au retour de leurs voyages dans le T'ell, où ils vont acheter des grains, ils rapportent des étriers, des mors et des éperons.

La beauté de leur sang est renommée, comme celle des Ouled Sidi Cheïkh ; mais si ces derniers sont également cités pour la sévérité de leurs mœurs, cet exemple ne profite guère aux El Ar'ouat' K'sal, qui sont, hommes et femmes, très-dissolus.

	lieues.
17ᵉ jour de Brizina on gagne Sid el H'adj ed Din.	5

SID EL H'ADJ ED DIN.

Petit k'sar de quinze ou seize maisons seulement, mais remarquable par un très-beau marabout' qui a donné son nom au village. C'est un lieu en grande vénération, où de nombreux visiteurs apportent des offrandes, où les pauvres pèlerins reçoivent l'hospitalité ; et les voyageurs sont nombreux ; car tout ce qui vient de Gardaïa, de Metlili, de Guelea' et de Gourara pour se rendre au pays des Ouled Sidi Cheïkh, passe par Sid el H'adj ed Din. Les riches y laissent des présents que les pauvres dépensent. Le cheïkh de ce village, qui se nomme H'amza el Flatati est l'oukil de la K'oubba (chargé d'affaires du marabout').

Les environs sont fécondés par des puits nombreux, alimentés, selon la tradition du pays, par une mer souterraine.

Des fractions des Ouled Sidi Cheïkh, des Mekhadma, des Chamba, des El Ar'ouat' K'sal passent ordinairement l'hiver entre Sidi el H'adj ed Din et Brizina, sur l'Oued Segguer. C'est un terrain plat, où poussent beaucoup d'herbes et de buissons très-propres à la nourriture des chameaux, des moutons et des chevaux.

Le descendant, à présent vivant, du marabout' El H'adj ed Din n'a rien, assure-t-on, de l'austère sévérité monastique de ses confrères : il se plaît aux fantasia, aux chansons et à la musique ; il est homme de Dieu et tolérant, phénomène très-rare chez les musulmans.

	Heures
18ᵉ jour de Sidi el H'adj ed Din on prend une direction de l'est à l'ouest, et on s'arrête au pied d'un mamelon de sables appelé Djebel A'ïrech.	7
19ᵉ . . . le lendemain on arrive à El A'biod Mta' Ouled Sidi Cheïckh.	7

Et l'on entre dans les montagnes rocheuses, accidentées, boisées sur beaucoup de points, riches sur certains autres en mines de sel gemme et de plâtre, connues sous le nom de montagnes des Sidi Cheïkh, et qui s'étendent, de l'est à l'ouest, jusqu'au territoire de Figuig.

EL A'BIOD MTA' SIDI CHEIKH.

On donne ce nom à une réunion de plusieurs villages qui, de temps immémorial, appartiennent aux chefs marabout' de la tribu des Ouled Sidi Cheïkh.

El A'biod (ou El Biod) se divise en El Biob Chergui (de l'est) et en El Biod R'arbi (de l'ouest).

La première division comprend les villages de :

>El Biod Chergui,
>K'sar el Rah'mena,

et reconnait pour chef Sidi H'amza Ben Bou Beker Ben Na'ïmi.

La seconde division comprend les villages de :

>K'sar Ouled Sidi el H'adj Ah'med.
>Tin Kêt.
>Ouled Bou Douaïa.
>Ouled Sidi A'bd el H'akem.

Ils obéissent à Sidi Cheïkh Ben El T'aïeb, cousin du chef précédent.

Les jardins de ces villages sont très-clair-semés

d'arbres fruitiers et de dattiers, qui cependant y réussiraient très-bien, ainsi que l'atteste un des villages d'El Biod Chergui. On y cultive des légumes et des plantes potagères; des puits nombreux et peu profonds servent à les arroser. La garance y vient naturellement; quelques morceaux de terres arables s'étendent aux environs, qui peuvent, quand l'année est bonne, suffire à la consommation des habitants; on les cultive à la charrue et à la pioche; c'est là l'occupation des hommes; les femmes tissent des vêtements de laine.

Du reste, l'industrie de cette population est à peu près nulle : elle se borne à la fabrication du goudron, qui est vendu ou employé sur place pour goudronner les chameaux; et de poterie grossière. De petits marchands y fournissent aux besoins de nécessité première; ils vendent des cotonnades, des épiceries, de la quincaillerie, des fers, des aciers, des fers à cheval. Quelques juifs y font le métier d'orfévres, de cardeurs de laine, de teinturiers. Figuig et les Beni Mzab fournissent au reste.

Les montagnes voisines (à deux ou trois lieues) sont boisées d'arbres que nous n'avons pu reconnaître et que les Arabes appellent allenda, reta', retem (genêt), arar, a'zir : ces deux derniers sont des arbres résineux.

Au centre des villages éclate le dôme blanc du tombeau où reposent les ancêtres des Sidi Cheïkh. C'est un vaste et riche marabout' désigné sous le nom de Moula el Ferh'a'.

Six autres marabout' se trouvent entre les villages d'El Biod Chergui et celui dont nous venons de parler. Ils se nomment :

>Sidi el H'adj Bou H'afès.
>Sidi Moh'ammed A'bd Allah'.
>Sidi el H'adj A'bd el H'akem.
>Sidi Ben ed Din.
>Sidi A'bd er Rah'man.
>Sidi el H'adj Ah'med.

Tous ces marabout' ont été construits par des maçons que l'on a fait venir de Figuig; chaque année ils sont blanchis à l'intérieur et à l'extérieur. On n'y marche que sur des tapis, où des coussins sont déposés pour s'asseoir à la façon musulmane. Aux murailles sont appendus toutes sortes d'ornements donnés par les pieux visiteurs : des plumes et des œufs d'autruche, des pièces d'étoffes de soie et de velours, des drapeaux, des ceintures, des miroirs, et chacun d'eux a son oukil chargé de recevoir les présents dont une partie est employée sur place à défrayer les nécessiteux, et dont l'autre, convertie en argent, est réservée pour les besoins imprévus. Les charges d'oukil sont confiées à des nègres, ou plutôt à des gens de sang mêlé de la famille des chefs.

Des six villages d'El Biod Mta' Sidi Cheïkh, le seul

important est El Bïod Chergui ; ce sera donc le seul dont nous parlerons.

EL BIOD CHERGUI.

C'est un groupe de cent cinquante à cent quatre-vingts maisons qui peut lever de deux cents à deux cent cinquante fusils. Il est entouré d'un mur d'enceinte de dix pieds de haut, à peu près, crénelé, défendu par quatre petites tourelles, et ouvert par une seule porte. Il a une petite K'asbah' appelée K'asbet Sidi Ben ed Din, une mosquée surmontée d'un petit minaret, dans l'intérieur de laquelle est un puits pour les ablutions, et deux zaouïa ou chapelles, l'une dite de Sidi el H'adj Bou H'afès, l'autre de Sidi Cheïkh ; on y donne à manger à tous les pauvres et à tous les voyageurs qui s'y présentent. Comme partout, des t'olba enseignent la lecture et l'écriture aux enfants ; un k'ad'i y rend la justice.

Le puits de la mosquée est le seul qui soit dans le village même : ceux des jardins alimentent la population.

Dans El Bïod R'arbi, il n'y a qu'une seule zaouïa nommée Zaouïet el R'arbïa ; elle est située dans le village de Bou Douaïa. Comme dans les autres, on y reçoit une généreuse hospitalité.

Indépendamment de ces zaouïa, les deux chefs des

Sidi Cheïkh ont, chacun dans sa tribu, deux tentes spécialement destinées aux voyageurs.

TRIBU DES OULED SIDI CHEIKH.

Elle se divise en Sidi Cheïkh Cheraga (de l'est), et Sidi Cheïkh R'araba (de l'ouest).

SIDI CHEIKH CHERAGA,
200 CHEVAUX.

dépôts de leurs grains.

Ouled Sidi el A'rbi.	El Abïod Chergui.
Ouled Sidi el Zer'em.	—
Ouled Sidi Tah'ar.	Sidi el H'adj ed Din.
Ouled Sidi mah'ied Din.	Brizina.
Ouled Sidi Bou en Nousr.	El Biod Chergui.
Er Rah'mena.	—

SIDI CHEIKH R'ARABA,
300 CHEVAUX.

dépôts de leurs grains.

Ouled Sidi A'bd el H'akem.	Sidi el H'adj A'bd el H'akem.
Ouled Sidi Moh'ammed A'bd Allah'.	—
Ouled Sidi el H'adj Ah'med.	Sidi el H'adj Ah'med.
El Merâsla.	Bou Semr'oun.
El Ma'bda.	—
Ouled Sidi Ben A'ïca.	A'cela.
Ouled Sidi et Tadj.	—
Ouled Sidi Brahim.	Sidi Bou Douaïa.
Ouled Ben Bou Sa'id.	Tineket.
Ouled A'ziz.	Sidi Bou Douaïa.
Ouled Sidi Sliman.	—

Les Ouled Sidi Cheïkh Cheraga campent ordinairement sur le territoire compris entre l'Oued Zergoun au sud, Stiten au nord, Bou A'lam à l'est, et les A'rbaouat à l'ouest.

Les Ouled Sidi Cheïkh R'araba campent sur le pays compris entre El Biod R'arbi à l'est, Figuig à l'ouest, et leurs montagnes au nord.

Leurs tentes, de couleur noire, sont toutes surmontées de bouquets de plumes d'autruche plus ou moins gros, selon la qualité du personnage ou la fortune de la famille; comme presque tous sont marabout', c'est là, disent-ils, un signe qui les distingue des tribus vulgaires.

Ils sont riches en chameaux, chevaux, moutons, chèvres et ânes, mais ils n'ont point de bœufs et très-peu de mulets.

Les soins à donner aux troupeaux, ne les occupent point exclusivement; ils sont, par goût et par instinct, comme tous les Arabes, trafiquants autant que pasteurs; on les compte en grand nombre sur les marchés des Beni Mzab, de Metlili, de Figuig et de Timimoun dans le pays de Gourara.

Ils y portent :

   Du beurre.
   Du fromage.
   Du blé.
   De l'orge.
   Des laines.

Des moutons.
Des tapis nommés frach.
Des nattes.
Des cordes en palmier.
Des chapeaux de palmier ornés de plumes d'autruche.

Ils rapportent des Beni Mzab :

Des fusils.
Des pistolets.
De la poudre.
Des balles.
Des pierres à fusil.
Des bernous.
Des h'aïk' d'hommes et de femmes.
Des chemises en laine.
Des chaussures-brodequins.
Des babouches de femmes.
Du calicot.
Des épiceries.
De la coutellerie.
Du fer.
De l'acier.
Des fers à cheval
Des feutres pour selles.
Des laines filées et teintes.
Des teintures.

Ils rapportent de Timimoun :

Des esclaves nègres et négresses.
Des dattes.
Des vêtements de laine.
Du henna.

De la poudre.

Du tabac.

Des peaux tannées appelées filali.

Des saïe (pièces d'étoffes noires venues du pays des nègres; elles n'ont que six pouces de largeur; les femmes en font des ornements de tête).

Ils rapportent de Figuig les mêmes objets que ceux détaillés à l'article des Beni Mzab, et, en sus, tous ceux dont nous avons parlé ailleurs et qui sont tirés de Fâs (Fez).

Les chefs des deux grandes fractions de la tribu sont les mêmes que ceux des villages; nous les avons nommés. Ils sont cherifs et prétendent descendre du premier khalifah' du prophète, Sidi Bou Beker Seddik', pour qui Mahomet aurait fait ce vœu :

Allah' idja'l rekoubek ras,	Que Dieu fasse que ta famille monte toujours à cheval,
Ou rekebtek tenebas,	Que ton genou soit toujours baisé,
Ou derritek tetácha,	Que ta postérité mange,
Ou derriti tebka belach,	Quand la mienne aura faim.

Malgré cette communauté d'origine, chefs et fractions ont été souvent divisés; mais depuis quelques années ils vivent en bonne intelligence.

La sainteté des Sidi Cheïkh et l'influence de leur qualité vénérée, non-seulement n'est point contestée, mais, de temps immémorial, elle leur a attaché un grand nombre de tribus qui se sont déclarées leurs kheddam (serviteurs) et qui se font orgueil de ce titre. Dans le principe, disent les Arabes, quand Dieu eut consacré un homme par un prodige, cet homme fut reconnu marabout'. Les tribus voisines d'abord, puis, et à mesure que sa réputation s'étendait, des tribus plus éloignées vinrent le visiter et demander des miracles à ses prières, de la pluie ou du beau temps, des récoltes abondantes, des vœux pour les nouveau-nés, pour les femmes stériles, pour les troupeaux malades. C'est l'histoire de tous nos saints, avec la différence que, dans la religion mahométane, le titre de marabout' est héréditaire, et, avec lui, la puissance de cette aristocratie théocratique qui, de père en fils, rayonne sur un plus grand nombre d'individus.

Les kheddam (serviteurs) d'un marabout' sont obligés d'aller, une fois l'an, visiter le tombeau où repose le premier saint, chef de sa famille, et chaque pèlerin, suivant sa fortune, y laisse des cadeaux, appelés zïara.

A son tour, le marabout', ou quelqu'un de ses parents, va visiter les kheddam, et ce voyage est encore l'occasion d'une ample récolte de présents qui, cette fois, prend le nom de el ouada.

Le marabout' impose à ses fidèles telle ou telle prière, ordinairement très-courte, de quelques mots seulement, mais qui doit être dite, à heure indiquée, souvent des milliers de fois, que l'on compte sur un chapelet; cette action s'appelle deker. Cependant une condition exigée, c'est de changer souvent de prière et de laisser chaque fois, au patron, qui seul peut vous en indiquer une nouvelle, une petite redevance.

A l'aide de ces obligations pieuses, les marabout' se sont si bien emparés de l'esprit des populations que beaucoup d'entre eux, comme certains abbés de notre moyen âge, se sont faits, dans un cercle plus ou moins étendu, plus puissants que leur soult'an lui-même, qui les tient toujours en grande vénération, forcé qu'il est de se ménager leur intervention; il ne l'obtient souvent qu'au prix d'une riche ouada. Ils sont d'ailleurs affranchis de toute espèce de corvées et d'impôts.

Tous les Arabes ont un grand respect pour les Ouled Sidi Cheïkh; mais leurs kheddam particulièrement dévoués de père en fils, sont :

 Les Châmba.
 Les gens de Ouargla.
 El Mekhadma.
 H'al el Touat.
 El Ar'ouat' K'sal.
 La moitié des A'rba.
 Ouled Khelif.
 Ouled Cha'ïb.
 Zenakha
 Djebel A'mour.
 La moitié des H'arar.
 H'al Engad.
 El H'assessena.
 Beni A'mer.

H'amian.
Doui Menïa.
Dja'fra.
Ouled A'iad.

On comprend facilement qu'avec autant de moyens d'action cette tribu, qui par elle-même est peu de chose, soit cependant une véritable puissance. Kheddam et tribu ne reconnaissent, en réalité, de seigneur et maître que leur marabout', et lui obéissent passivement, le soult'an ne vient qu'après; « car, « disent-ils, si un soult'an peut nous faire du mal, Dieu « peut nous en faire bien davantage. »

Une révolte s'élève-t-elle dans la tribu? il suffit au marabout' d'une menace : « Que Dieu vous maudisse! « qu'il rende vos femmes, ou vos palmiers, ou vos cha- « melles stériles ! » pour que tous viennent lui baiser les pieds. Il en est de même pour les kheddam : « Ainsi, « nous disait un Arabe, les Ouled Sidi Cheïkh n'au- « raient que vingt chevaux, ils ordonneraient à la « puissante tribu des H'amian, qui en a deux mille : elle « obéirait dans la crainte de Dieu. »

Il faut l'avouer, au reste, les Ouled Sidi Cheïk semblent n'user de ce pouvoir que pour faire le bien; généreux et hospitaliers, si leurs zaouïa s'emplissent par les riches, qui y apportent :

Des moutons,
Des dattes,
Du blé,

Des fruits,
Du beurre,
Du benjoin,
Des bougies,
Des vêtements de laine,
De l'argent,
Et même des chameaux,

elles se vident par les pauvres, que les besoins d'un voyage ou qu'une intention pieuse y appellent en foule tous les ans, et par les malades, les estropiés et les aveugles qui viennent y demander un miracle.

Apprennent-ils qu'il y a parmi leurs fidèles contestation de tribu à tribu, de fraction à fraction, de douar à douar, et même d'individu à individu? ils se portent intermédiaires, et s'ils ne peuvent, de chez eux, arranger la querelle, si elle s'envenime, un des chefs monte à cheval et se rend sur les lieux; là, assis sous la tente la plus vaste ou en plein air, entouré d'une foule attentive, il se fait amener les parties adverses qui ne manquent jamais à l'appel et, par tous les moyens, cherche à les concilier.

« J'ai assisté à une de ces scènes, nous racontait un « Arabe, et voici ce qui se passa : Après s'être fait ex-« pliquer l'affaire, après avoir entendu les témoins « pour et contre, le marabout dit à tous : « Que Dieu « maudisse le démon! car le prophète a dit : La dis-« pute est comme le feu; que Dieu maudisse celui qui « l'a allumé, et qu'il accorde sa miséricorde à celui qui

« l'éteint! Le bien vaut mieux que le mal; du bien sor-
« tent le repos, l'agriculture, la joie, le bonheur, les
« enfants; du mal, la douleur, les pleurs, les cris, la
« famine, la destruction, les perturbations, l'insomnie.
« Dieu m'a envoyé pour apaiser les querelles; je n'y ai
« aucun intérêt personnel, je ne vous demande pas
« d'argent; ce que je fais, c'est pour l'amour de Dieu;
« vous dites, n'est-ce pas, que vous êtes mes servi-
« teurs, et que vos ancêtres étaient les serviteurs de
« mes ancêtres; eh bien! accordez-vous pour l'amour
« de Dieu, de vos ancêtres et des miens. »

« Il exposa alors ce qui était juste, et il reprit :

« Je vous ai montré le bien et le mal : choisissez. Si
« vous voulez le bien, il est là; si vous voulez le mal,
« vous vous en repentirez.

« Les parties intéressées s'étant entendues pour faire
« la paix, il prit un chapelet qui lui vient de son père,
« le passa au cou de chacun des assistants, et appela
« sur eux, sur leurs biens et sur leurs familles les béné-
« dictions de Dieu, par des prières appelées fath'a. Tous
« les assistants levèrent alors les bras à hauteur de la
« poitrine, et ouvrirent leurs mains comme il est prescrit
« par le rite musulman, c'est-à-dire la paume tournée
« vers le ciel, et le marabout' continua :

« O mes enfants, je me suis réjoui de vous, en vous
« voyant m'appeler au milieu de vous : que Dieu vous
« en sache gré, que Dieu vous protége; que Dieu vous
« accorde ce que vous pouvez désirer dans vos familles,

« et qu'il vous rende comme l'abeille; en l'air, elle dit :
« O le protecteur ! et sur la terre : O le généreux!....

« Toute l'assemblée avait les larmes aux yeux, et tous
« ayant demandé au saint marabout' sa bénédiction, il
« leur dit :

« Celui qui a quelque chose dans le cœur,
« Que Dieu l'accomplisse !
« Qu'il l'accomplisse promptement !
« Par la bénédiction de la Mecque et de tout ce qui l'entoure;
« Par celle de lella (dame) Fat'ima et de son père;
« Par celle de ce lieu et de celui à qui il appartient.

« Les pleurs et les cris redoublant, il imposa silence
« de la main, et il termina par cette bénédiction :

« Que Dieu vous fasse teter à tous le teton de sa miséricorde! »

Grâce à l'intervention paternelle de leurs chefs, il est rare qu'une contestation entre K'heddam des Sidi Cheik dégénère en querelle, et plus rare surtout qu'ils en viennent aux mains. Un moment cependant la tribu même a été fortement divisée, l'un de ses chefs, Sidi H'amza, étant au plus mal avec A'bd el K'ader, depuis la mort du cheïkh des Engad, El R'omari, qui était son ami et que l'émir avait fait tuer, tandis que Ben T'aïeb, au contraire, avait non-seulement reconnu l'émir, mais lui payait des contributions. Ces symptômes de mauvaise intelligence se sont peu à peu effacés, à mesure que la puissance d'A'bd el K'ader s'est elle-même annihilée.

Les Ouled Sidi Cheikh ne s'allient qu'entre eux; ces nobles de la tente croiraient déroger en donnant leurs filles à des étrangers, à moins qu'ils ne soient, eux aussi, marabout' de grande famille, et telle est la vénération générale dont ils sont entourés, même en dehors de leur territoire, que l'empereur du Maroc, Moula A'bd er Rah'man, a épousé, l'année dernière, la sœur de Sidi H'amza, nommée El Iak'out (le rubis). Il ne faudrait pas en inférer, toutefois, que ce mariage unisse les deux beaux-frères par des liens très-étroits; les soult'ans du R'arb (de l'ouest) sont dans l'habitude de se laisser aller facilement, et sans pour cela s'engager en rien, à contracter de ces mariages avec les filles des familles distinguées, que l'opinion publique cite pour leur beauté. Ils les gardent plus ou moins longtemps : un mois, six mois, un an; le divorce les en débarrasse quand le caprice est passé, mais sans que la femme y perde en considération; c'est, au contraire, un honneur très-envié des plus nobles que celui de la rééopouser au sortir du harem impérial.

Les Ouled Sidi Cheikh sont renommés pour leur beauté; ils ont d'ailleurs tous les goûts de nos anciens gentilshommes. Ils aiment les beaux vêtements, les armes riches, les brillants équipages de guerre et de chasse; ils ont des meutes de lévriers, qu'ils font porter sur des chameaux jusqu'au lieu désigné, où ils courent l'autruche et la gazelle. Dans le désert même, ils passent pour d'excellents cavaliers, et leurs chevaux sont superbes. Ceci ne s'entend évidemment que des plus riches; mais toute la tribu se distingue néanmoins par ses allures aristocratiques.

Leur nourriture habituelle est le lait, les dattes, le couscouçou, la chair de mouton et celle de chameau.

On assure qu'au printemps ils abreuvent leurs chevaux avec le lait de leurs chamelles, et que ce régime les engraisse d'une manière étonnante, mais de l'encolure et de la croupe seulement, sans leur donner de ventre. Nous avons entendu dire la même chose de plusieurs autres tribus du désert.

SUITE DE LA ROUTE D'ALGER A INSALAH'.

20ᵉ jour d'El Biod à l'un des deux villages appelés A'rba el Gueblia (du sud) et A'rba el D'ah'rouïa (du nord). 6

En suivant la vallée fortement encaissée de l'Oued el A'rba, qui prend sa source dans le Djebel Trik' el Beïda, se nomme Oued el A'rba, à hauteur des villages de ce nom, passe à El Biod Mta' Sidi Cheikh, et s'appelle Oued el Biod, coule, vers le sud, dans les sables, sous le nom d'Oued R'arbi, et va se perdre au pied des A'reg de Guelea'.

La série de villages dont nous allons donner la description, et qui peuplent les montagnes dites des Sidi Cheikh, sont tous sous la dépendance plus ou moins directe des Sidi Cheïkh eux-mêmes ou des H'amian Cheraga et R'araba.

A'RBAOUAT.

On donne ce nom à deux petits villages de trente ou quarante maisons, appelés, de leur position, l'un Et Tah'atanïa (du bas), et l'autre El Fouk'anïa (du haut). Leur chef se nomme Bel Dïar.

Les Arabes qui y déposent leurs grains sont les fractions suivantes des H'amïan Cheraga ou Trafi.

> H'al el Mahi'.
> Ouled Sidi Ah'med el Medjeboud.
> Akerman Cheraga.
> Ouled Ziad.

	lieues.
21ᵉ jour des A'rba aux deux Chellala............	10

CHELLALA EL GUEBLIA (DU SUD).

C'est un village d'une cinquantaine de maisons construites en pierres unies par de la terre glaise, sans chaux; il a une mosquée et une école; il est entouré d'un mauvais mur d'enceinte en pisé, ouvert par trois portes que l'on appelle : Bab a'ïn A'mer, Bab Taferende, et Bab el Kherabich. La justice y est confiée à un k'ad'i qui se nomme Si Moh'amed ben el Mah'foud.

Cette bourgade a été bâtie autour d'une source très-abondante appelée A'ïn el Djedida ; elle arrose les jardins potagers et les vergers extérieurs, plantés d'arbres fruitiers très-nombreux, de grenadiers, pêchers, figuiers, vignes, etc. ; mais où il n'y a point de dattiers. La garance y vient naturellement.

Quelques morceaux de terre cultivable donnent de l'orge à la population ; le blé lui est apporté du T'ell par les tribus nomades.

L'industrie des habitants se borne à la culture de leurs jardins, à la vente de leurs légumes et de leurs fruits, qui sont, dit-on, magnifiques et très-estimés ; les femmes tissent des vêtements de laine : bernous, h'aïk', djellaba, bonnets de femmes appelés benika et ceintures de femmes.

Les Arabes qui y déposent leurs grains sont les Ouled A'bd el Kerim, fraction des H'amïan Cheraga.

Le chef de ce k'sar se nomme Cheïkh Embarek ; il peut lever quarante à cinquante fusils.

CHELLALA EL DAH'RAOUIA (du nord).

Ce village, dont le nom indique la position par rapport au précédent, contient une centaine de maisons, mal bâties, sans chaux ; il est entouré d'un mauvais mur d'enceinte en pisé ouvert par deux portes : Bab el

A'skri (la porte du Fantassin) et Bab en Nouader (la porte des Meules de paille); il a une petite mosquée et une école; un t'aleb, qui se nomme Si bel K'açem ben A'bbou, y remplit les fonctions de k'ad'i.

Deux sources abondantes appelées, l'une A'ïn A'mer, l'autre A'ïn Ouled Zïan, prennent naissance dans le village même, et vont, par des conduits, arroser les jardins riches, comme ceux de Chellala el Gueblïa, en fruits et en légumes; on y voit quelques rares dattiers, mais dont les fruits n'arrivent que difficilement à maturité.

De mauvais armuriers, des forgerons, des menuisiers, des juifs teinturiers, orfévres, etc., suffisent aux besoins de nécessité première des habitants. Comme leurs voisins, ils font commerce de leurs fruits et de leurs légumes; de plus qu'eux, ils récoltent un tabac très-fort qui s'écoule à bas prix chez les tribus voisines, et fabriquent, avec le arar, du goudron qu'ils vendent aux Arabes pour goudronner les chameaux.

A une ou deux lieues du village, la montagne appelée El Medouer est riche en carrières de plâtre. On l'emploie à blanchir les laines par ce procédé : après qu'on l'a fait cuire et qu'on l'a bien pilé, on le met dans de l'eau froide où l'on met également la laine filée que l'on veut dégraisser, et, disent les Arabes, elle y devient blanche comme du lait.

Le savon est inconnu dans les deux Chellala; il y est remplacé par une argile appelée terba, qui nettoie, dit-on, très-bien.

Les Arabes qui déposent leurs grains à Chellala el Dah'raouïa sont les fractions suivantes de la tribu des H'amïan Cheraga :

>Cha'neb.
>Deraga.
>Ouled Ma'lla.
>Et Trïat.

Le cheïkh du village se nomme Cheïkh el H'afïan; il peut lever une centaine de fusils.

Une vingtaine de familles juives sont tolérées à Chellala, aux conditions de se distinguer de leurs compatriotes en portant des savates noires, un féci ou un mouchoir noir à la tête, de laisser toujours la droite aux musulmans, de ne point monter de chevaux. Ils n'ont point de synagogue, et leur cimetière est à part.

Une petite rivière, appelée Oued Chellala, prend sa source au nord des deux villages, dans la montagne nommée Chegga Sidi Seliman, et va se jeter dans l'Oued Bou Semr'oun.

	lieue.
22ᵉ jour de Chellala à A'sla.	8

A'SLA.

C'est un petit village de cinquante à soixante maisons, situé sur un rocher, sans mur d'enceinte. Il donne son nom à une petite rivière qui arrose ses jardins et va se jeter au sud dans l'Oued Maleh'.

Même industrie, même commerce que les précédents; pas de juifs.

Le cheïkh de El A'sla se nomme Moh'ammed ben Mekhlouf : il peut lever de cinquante à soixante fusils.

Les Arabes qui y déposent leurs grains sont une fraction des H'amian Cheraga ou Trafi, appelée Ouled Sidi Ah'med el Medjeboud, et les deux fractions suivantes des Ouled Sidi Cheïkh R'araba :

>Ouled Sidi Ben A'ïça.
>Ouled Sidi et Tadj.

A cinq lieues est de El A'sla se trouve Bou Semr'oun.

BOU SEMR'OUN.

Village d'une centaine de maisons, entouré d'un mauvais mur d'enceinte en pisé, ouvert par trois portes : Bab el Guebli, Bab el Fortas, et Bab en Nouaçi; il a une mosquée dans l'intérieur de laquelle est un puits, le seul du village. Une source abondante, placée en dehors et nommée A'ïn Sidi Cheïkh, fournit aux besoins de la population.

La justice y est confiée à un k'ad'i nommé Sidi A'h'med ben A'chour.

Les jardins de Bou Semr'oun sont vastes, bien cultivés, arrosés avec soin, plantés de nombreux arbres fruitiers et de vignes. On y compte de trois à quatre mille dattiers qui fournissent à la nourriture habituelle des pauvres, dont quelques-uns ne mangent presque jamais de pain ni de couscouçou; pour que les dattes ne leur fassent point de mal, ils les mélangent, soit avec du lait, soit avec des légumes quelquefois chauds.

Outre les fruits, les raisins et les légumes, les habitants de Bou Semr'oun récoltent du tabac, un peu de blé de Turquie, un peu de millet, de la garance et de l'orge; le blé leur est apporté du T'ell par les tribus voisines.

Ils possèdent des moutons, des chèvres, des chameaux. Presque tous sont jardiniers, quelques-uns menuisiers, forgerons, cordonniers, et très-peu sont marchands; les étoffes de première nécessité leur viennent du T'ell, par les Arabes nomades.

En dehors du village, on voit quatre marabout's très-vénérés dans le pays. Ils s'appellent :

>Sidi A'bd el K'ader Djilali.
>Sidi Bou H'afes el H'adj.
>Sidi Bou Semr'oun.
>Sidi Ah'med et Tedjini.

Ce dernier a été bâti en l'honneur du père de Tedjini, qui commande à A'ïn Madʻi, et qui est, ainsi que nous l'avons dit, d'une famille de Cherfa. Ces marabout's, comme tous les autres, sont enrichis par les riches pèlerins, et défraient les pauvres.

A cinq ou six lieues de Bou Semr'oun, la montagne appelée Touasez el A'mer fournit du plâtre employé à blanchir les laines.

Les Arabes qui déposent leurs grains dans ce k'sar, sont :

Rzaïna, fraction des Trafi,
Ouled Sidi Abd el H'akem,
Ouled Sidi Moh'ammed A'bd Allah',
Ouled Sidi el H'adj Ah'med,
} fractions des Ouled Sidi Cheïkh R'eraba.

El Merasla.
El Ma'da.

Le cheïkh de Bou Semr'oun est élu par la population ; celui actuellement au pouvoir se nomme Cheïkh ben Zian ben Ma'mer ; il dispose d'une centaine de fusils.

L'Oued Bou Semr'oun prend sa source au Djebel Tamedda et se jette dans l'Oued Maleh'.

lieues.
23ᵉ jour de El A'sla on se rend à T'iout. 9

T'IOUT.

Village de cent à cent cinquante maisons, sans mur d'enceinte. Il a une mosquée, une école, etc. Ses jardins sont bien plantés d'arbres fruitiers, de nombreux dattiers, de beaucoup de vignes.

T'iout est dominé au nord par Djebel el R'oundjaïa, d'où coulent deux sources, l'une appelée A'ïn el Mourdj, l'autre A'ïn el Meçaoud; réunies, elles forment l'Oued T'iout qui traverse le village, arrose les jardins par des conduits, s'écoule au sud par un col appelé Kheneg el Meçarig, et va se jeter dans l'Oued el Ma'..

Le cheïkh de T'iout se nomme Ah'med ben H'adi, et le k'ad'i El H'adj el A'rbi.

Ce village peut lever de cent cinquante à deux cents fusils.

Les Arabes qui y déposent leurs grains sont :

Cha'fa,	
Ouled Embarek,	fractions des H'amïan R'araba.
Sbabh'a,	
El Megan,	

Heures

4e jour de T'iout on se rend à A'ïn Sefra. 6

A'IN SEFRA.

C'est une bourgade de deux cent cinquante maisons à peu près, sans mur d'enceinte, et menacée, du côté du sud, par les sables que les vents amoncèlent en petits mamelons. Elle a une mosquée et une école. Du côté du nord, beaucoup de sources qui descendent de la montagne arrosent ses jardins, sous le nom d'Oued Sefra, et vont se jeter dans l'Oued T'iout.

A'ïn Sefra n'a pas de dattiers.

Les Arabes qui y déposent leurs grains sont les fractions suivantes des H'amïan R'araba ou Cha'fa :

>Beni Metteref.
>Da'mecha.
>Djenba.

Le cheïkh de ce village se nomme El Iazid, le k'ad'i Sid Sah'ali.

Il y a eu autrefois mésintelligence entre A'ïn Sefra et T'iout ; comme il arrive toujours en pareille circonstance, les Arabes de la tente, voisins des deux villages, avaient pris, selon leurs intérêts, parti pour ou contre dans la querelle. Ils vivent maintenant en paix.

	lieues.
25° jour d'A'ïn Sefra on se rend à Seficifa.	6

SEFICIFA.

C'est une petite ville de trois cent cinquante maisons à peu près, sans mur d'enceinte. Sa mosquée n'a point de minaret ; c'est du haut de la terrasse que le moueddin appelle à la prière.

Seficifa est dominée au nord par Djebel Mer'ad', d'où descendent des sources qui, réunies, arrosent les jardins sous le nom d'Oued Seficifa, tournent à l'ouest, et vont se jeter dans l'Oued Ich, dont nous parlerons plus bas.

Le commerce de ce k'sar est le même que celui des autres villages.

Les Arabes qui y déposent leurs grains sont les fractions suivantes des H'amian R'araba ou Cha'fa :

> El Mekhaoula.
> Beni A'gueba.

Seficifa peut lever trois cent cinquante fusils à peu près.

Au sud de A'ïn Sefra et de Seficifa se trouvent deux villages, voisins l'un de l'autre, appelés, l'un El Mer'erar el Tah'atanïa (du bas), l'autre El Mer'erar el Fouk'anïa (du haut).

MER'ERAR EL FOUK'ANIA.

C'est un village de cent cinquante maisons en mauvaise construction, avec mosquée, école, puits, etc. Ses jardins, riches en légumes, arbres fruitiers et dattiers, sont arrosés par l'Oued Mer'erar qui descend, sous le nom d'Oued El H'aïmer, de Djebel el H'aïmer, prend le nom d'Oued Mer'erar à hauteur des villages, s'appelle plus bas Oued Keçab et se jette dans l'Oued Namous, qui est la continuation de l'Oued Maleh'.

Le cheïk de Mer'erar el Fouk'ania s'appelle Bou Ras; le k'ad'i, Si Ah'med ben Guedda. Ce k'sar peut lever cent cinquante fusils à peu près.

Les deux fractions suivantes de la tribu des H'amïan R'araba y déposent leurs grains :

El Khiatra.
A'kerma R'araba.

MER'ERAR EL TAH'ATANIA.

Ce village est situé un peu au-dessous du précédent. Il se compose de deux cents maisons à peu près, sans mur d'enceinte. Il a des puits, une mosquée, une école. Ses jardins sont riches en légumes, arbres fruitiers et vignes. On y compte quatre ou cinq mille dattiers, dont les fruits sont renommés pour leur grosseur et très-estimés. Toutes ces plantations sont arrosées par des sources et par l'Oued Mer'erar.

Le cheikh de ce k'sar se nomme Sid Moh'ammed ben Cherif; le k'ad'i, Sid Moustafa. Il peut lever deux cents fusils à peu près.

Les Arabes qui y déposent leurs grains sont les fractions suivantes des H'amïan R'araba ou Cha'fa :

 Sendan.
 El Negagueza.
 Ouled Serour.

Il fait un commerce très-suivi avec Figuig.

	heures.
26° jour de Seficifa à Ich.	7

ICH.

Petit village de soixante à quatre-vingts maisons, bâti au pied d'un rocher très-élevé, nommé Er Ragouba. Il a une petite mosquée, dans l'intérieur de laquelle est un puits.

Au nord est une montagne qui donne naissance à l'oued Ich; cette rivière arrose les jardins et les plantations de dattiers du village, se jette dans l'oued Djeraouin qui se décharge dans l'oued Maleh'; ce cours d'eau, sous le nom d'oued Namous, coule vers le sud et va mourir dans la chaîne des A'reg, qui de Guel'ea se rend à Timimoun.

Ich est le dépôt de grains des fractions suivantes de la tribu des H'amian R'araba :

>Ouled A'zi.
>El A'mour.
>Ouled Farês.

Le cheïkh de ce k'sar se nomme Moula Seliman, et le k'ad'i, Moula Ah'med. Tous les deux sont cherfa.

Ich est le dernier village des montagnes dites des Sidi Cheïkh. Un peu plus petits, un peu plus grands, tous, on le voit, ont entre eux une grande ressemblance ; c'est toujours une bourgade située dans une gorge ou sur un mamelon, entourée ou non d'un mauvais mur d'enceinte, et qui sert de dépôt de grains aux tribus les plus voisines. Habitans des k'sour ou de la tente, sédentaires ou nomades, tous sont de race arabe, sans mélange bien caractérisé, malgré leurs alliances avec leurs esclaves négresses. Outre les soins du jardinage, qui les occupent particulièrement, et leur industrie, qui consiste surtout à fabriquer du goudron, ils font un commerce très-actif avec Figuig, d'où ils rapportent

>Du plomb.
>De la poudre.
>Des armes, fusils, sabres, pistolets qui viennent du Maroc.
>Des vêtements de laine.
>Des peaux tannées (filali).
>Du calicot.
>Des indiennes.
>De la soie.

Des chachîa du R'arb (de l'ouest), qui sont moins bonnes que celles de Tunis, mais à meilleur marché.

Des ceintures d'hommes et de femmes.

Des chaussures jaunes.

Des épiceries.

Du cuivre,
Du fer, } qui seront travaillés.
De l'acier,

Ces marchandises, dispersées dans les petites boutiques de tous les k'sour, sont vendues aux nomades à prix d'argent, ou échangées pour les blés apportés du T'ell.

L'émir, quand il était au plus fort de sa puissance, avait déjà fait sentir son action sur les villages de ces montagnes; après les moissons, il envoyait, chaque année, des cavaliers de son Makhzen prélever un impôt fixé, pour chaque individu, à un h'aïk' commun du prix de 3 ou 5 boudjous. Cet impôt, qui représentait l'a'chour, ne les dispensait pas de payer les droits de lezma, quand ils venaient acheter des grains dans le T'ell.

A quelques lieues de Ich, nous quittons les montagnes et le pays des Ouled Sidi Cheïkh pour entrer dans le territoire de Figuig; mais avant de nous y engager, nous reviendrons sur nos pas, pour étudier la grande tribu des H'amïan que nous avons laissée au nord des Sidi Cheïkh.

TRIBU DES H'AMIAN.

Les versants nord de la chaîne de montagnes des Ouled Sidi Cheïkh, et les rives sud des deux chot' qui leur font une parallèle, sont séparés par un espace vide qui s'étend sur une largeur variable de quinze ou vingt lieues. C'est là que campe ordinairement la grande tribu des H'amïan. Cependant, comme toute les tribus du désert, elle a dans l'année deux mouvements de fluctuation qui la jettent, l'un au sud, et elle passe alors la montagne pour aller faire paître ses troupeaux, l'autre au nord, et elle déborde alors sur le T'ell, pour aller y chercher des grains.

On sait que ce va-et-vient périodique s'opère d'un côté au printemps, de l'autre à la fin de l'été : l'hiver est la saison du repos sur le territoire national.

La tribu des H'amïan se divise en deux grandes fractions, qui s'appellent, de leur position :

H'amïan Cheraga, ou Trafi.
H'amïan R'araba, ou Cha'fa.

Ces fractions se subdivisent elles-même ainsi :

H'AMIAN CHERAGA (de l'est), ou TRAFI.

dépôts de leurs grains.

Ouled A'bd el Kerim.	Chellala el Gueblia.
Cha'neb.	Chellala el Dah'raouïa.
Derraga.	— —
Ouled Me'lla.	— —
El Trïat.	

	dépôts de leurs grains.
Rezaïna.	Bou Semr'oun.
Ouled Ziad.	Arba' el Tah'atanïa.
H'al el Mah'i.	Arba' el Fouk'anïa.
A'kerma Cheraga.	— —
Ouled Sidi Ah'med el Medjeboud.	A'sla.

H'AMIAN R'ARABA (de l'ouest), ou CHA'FA.

	dépôts de leurs grains.
Cha'fa.	T'iout
Ouled Embarck.	—
Sbabh'a.	—
El Megann.	—
El Mer'aoula.	Seficifa.
Beni A'gueba.	—
Beni Metteref.	A'ïn Sefra.
Djenba.	—
Da'mecha.	—
El A'mour.	Ich.
Ouled Fares.	—
Ouled A'zi.	—
Sendan.	Mer'erar el Tah'atania.
El Negagueza.	— —
Ouled Serour.	— —
El R'iatra.	Mer'erar el Fouk'ania.
A'kerma R'araba.	— —

La tribu entière des H'amian peut mettre deux mille chevaux sur pied.

Le chef des Cheraga se nomme Cheïkh el T'aleb, celui des R'araba, Cheïkh el Meh'aïcha. Aucun des deux n'est marabout', mais tous deux sont djouad (nobles) et très-riches, par conséquent puissants. Bien que maîtres absolus chez eux, ils sont cependant, ainsi que nous l'avons dit, kheddam (serviteurs) des Ouled Sidi Cheïkh, et leur sont dévoués de tête et de cœur. (Voir au paragraphe des Ouled Sidi Cheïkh.)

Les H'amïan possèdent d'immenses quantités de moutons, beaucoup de chevaux et surtout des chameaux. Les riches en ont jusqu'à deux mille; le plus pauvre en a deux au moins. Dans le désert, ces troupeaux ne paissent point confusément; ils sont divisés, les moutons, par groupes de quatre cents, et chacun de ces groupes prend le nom de a'ça, mot qui signifie proprement le bâton d'un berger et qui représente ici la quantité de moutons confiée à la garde d'un individu; les chameaux sont divisés par groupes de cent têtes, appelés ibel. Il n'est pas rare de trouver des Arabes riches de vingt a'ça (8 000 moutons) et de quinze à vingt ibel (1 500 à 2 000 chameaux).

Essentiellement voyageurs et marchands, les H'amïan fréquentent :

>Figuig,
>Touat,
>Gourara,
>Beni Mzab,
>Tafilalet,

et dans le T'ell, les Beni A'mer et les environs de Tlemcen. Ils y portent leurs produits et en rapportent les marchandises citées ailleurs.

Beaucoup d'entre eux font encore métier de louer leurs chameaux aux caravanes.

Un H'amïan nous disait : « Ce que nous aimons le mieux au monde c'est :

>El Slougui (le lévrier).
>T'ir el H'or (l'oiseau de race, le faucon).
>El Mra (la femme).
>El A'ouda (la jument).

Cette phrase caractéristique, devenue proverbiale dans la tribu, signale suffisamment les mœurs des H'amïan. Ils sont bons cavaliers, chasseurs, fort adonnés à l'amour, et guerriers au besoin.

Leurs ennemis naturels sont les Chamba de Mettili et de Gueléa, avec lesquels ils sont presque toujours en guerre, malgré la distance et les difficultés de terrain qui séparent les deux camps.

Mais, nous l'avons déjà dit, les H'amïan s'avancent au printemps dans le sud, souvent jusqu'aux A'reg de Gueléa, et c'est le moment que choisissent les Chamba pour tomber sur eux et leur enlever des troupeaux. De leur côté les Chamba remontent dans le nord jusqu'à El Biod Mta' Sidi Cheïkh, et les H'amïan prennent alors leur revanche. C'est une querelle traditionnelle incessamment alimentée par des r'azia.

A la guerre et dans leurs chasses, ils montent de préférence des juments; elles supportent mieux que les chevaux, disent-ils, la soif, la faim et la fatigue. Les poulains sont vendus dans le T'ell.

Ils chassent, avec des meutes de lévriers, l'autruche, la gazelle, l'arouï, le begar el ouach, espèce d'antilope qui a quelque ressemblance avec un veau. Nous en avons vu un chez M. le gouverneur général : il est de couleur fauve, ses cornes sont recourbées en arrière, cannelées, peu séparées sur le front.

Le petit gibier se chasse au faucon.

Comme les Sidi Cheïkh, les H'amïan se distinguent par la beauté de leur race et le luxe des vêtements; leurs femmes sont, elles aussi, fort belles et très-parées. Elles portent des bracelets de pieds et de mains, des colliers en pièces de monnaie, en corail ou en clous de girofle, des bagues en argent, en or ou en cuivre. Elles vont la figure découverte, ainsi que toutes les femmes du désert. Tous ces instincts de coquetterie ne se sont développés chez elles qu'aux dépens de la sévérité des mœurs.

A'bd el K'ader avait compris de quelle importance il était pour lui de dominer par l'impôt, ne pouvant mieux faire, les tribus sahariennes du sud de Tlemcen. Ce problème trouvait sa solution toute simple dans la régularisation des droits (lezma) qu'elles devaient payer, chaque année, sur les marchés du Tell, et dont quelques-unes, comme les H'amïan, s'étaient affranchies à la faveur des derniers troubles.

Cette exigence de l'émir révoltait la fierté des H'amïan, qui ne voulaient pas le reconnaître, et, pendant plusieurs années, pour ne pas venir chez lui, ils allèrent dans le Maroc acheter leurs grains. Mais ils reconnurent bientôt que leurs intérêts étaient froissés par ces longs voyages : pour aller dans le Maroc, ils avaient quinze ou vingt jours de marche ; pour venir dans les montagnes des Beni A'mer ou dans les environs de Tlemcen, ils n'en avaient que quatre ou cinq ; leur susceptibilité ombrageuse dut céder à ces considérations, et ils se soumirent.

SUITE DE LA ROUTE D'ALGER A INSALAH'.
DISTRICT DE FIGUIG.

A quelques lieues de Ich, la chaîne de montagnes qui va toujours en s'amoindrissant prend le nom de Djebel el Ma'ïz (montagne des chèvres), un peu plus loin celui de Djebel Rekna el Ka'h'ala (le coin noir), plus loin encore, de Djebel Zoubïa (montagne des ordures), et enfin de Djebel el H'alouf (montagne du sanglier). Ces quatre mamelons sont reliés entre eux par une succession de a'reg et de ravines. De Djebel Kekna el K'ah'ala descend l'Oued Zeboudj ; de Djebel Zoubïa descend l'Oued Zoubïa ; de Djebel el H'alouf descend l'Oued el H'alouf, qui reçoit sur la rive gauche la rivière précédente, et va, comme l'Oued Zeboudj, se jeter, au sud, dans l'Oued Namous. Ce territoire, qui fait partie du Maroc, forme le district de Figuig. On donne ce nom à une agglomération de douze villages qui sont :

Ouled Sidi A'bd el Ouafi.
Beni Ounnis.
El Ma'iz.
Ouled Seliman.
Tar'la.
El Oudar'ir.
El H'ammam el Tah'atani.
Beni A'roun.
El H'ammam el Fouk'ani.
El Abid.
El Zenaga.
El Mah'arza.

Les plus considérables de ces villages sont : Ma'iz, qui compte huit cents maisons ; El Oudar'ir, qui en compte cinq cents, et Zenaga, qui en compte douze cents. Les autres varient de cent à deux cents. Un peu plus, un peu moins éloignés les uns des autres, mais jamais à plus d'un quart de lieue, tous descendent l'Oued el H'alouf et sont reliés par des jardins plantés d'arbres fruitiers de toute espèce, de figuiers de Barbarie et de beaucoup de dattiers.

Souvent en guerre entre eux, ils ont dû se mettre à l'abri des attaques ; aussi tous sont-ils entourés de murs d'enceinte crénelés et défendus par des tourelles. Ils sont d'ailleurs beaucoup mieux construits que ceux dont nous avons parlé plus haut; leurs maisons sont généralement à terrasses, et plusieurs à deux étages. Cha un d'eux a sa mosquée, son cheïkh, son k'ad'i, son école; l'ensemble est commandé par un chef reconnu par l'empereur du Maroc.

Outre les fruits de toute espèce et les légumes, les habitants de Figuig cultivent beaucoup de garance, qui est vendue aux k'sour voisins et aux Arabes pour teinture, et du tabac. Ils récoltent également de l'orge en quantité suffisante pour leur consommation; mais le blé leur vient du T'ell.

L'Oued el H'alouf, qui féconde et jardins et terres à céréales, n'a d'eau courante, comme toutes les autres rivières, que pendant l'hiver; mais on a paré à cet inconvénient en creusant, de distance en distance, sur son cours et dans son lit, des puits appelés taouedj, qui sont autant de citernes intarissables. La répartition de ces eaux dans les propriétés de chacun est confiée à un moul el ma (maître de l'eau), qui est chargé de veiller à ce qu'elle soit faite en toute justice. Du réservoir commun partent des canaux principaux sur lesquels, de distance en distance, sont élevées des digues pour arrêter les eaux, et qui les déversent par des rigoles sur telle ou telle portion de terrain, selon que le moul el ma ouvre telle ou telle écluse. Les divers propriétaires, moyennant une certaine somme annuelle, ont droit à tant d'heures d'arrosage. Ces heures, qui sont calculées ailleurs, ainsi que nous l'avons vu pour A'ïn Mad'i, à l'aide d'un sablier, sont comptées à Figuig avec une clepsydre. Le moul el ma de garde est chargé de cette opération, et voici comment il y procède : sur un grand bassin plein d'eau, il place un vase conique en cuivre percé au fond par un petit trou, et qui doit se remplir en un temps connu. Quand, par une ou plusieurs immersions du vase, il a été averti qu'il doit fermer les écluses d'un côté, il annonce, en tirant un coup de fusil, qu'il va les ouvrir par l'autre. A ce signal convenu, chaque intéressé se rend à son champ, à sa plantation de dattiers, à son jardin, pour utiliser les eaux qui vont lui arriver.

Grâce à ces précautions prises dans chaque localité du district, les terres cultivables ne manquent jamais d'eau, et il est rare que des contestations s'élèvent d'individu à individu pour les droits d'arrosage. Il n'en est pas de même de village à village ; cet élément de prospérité, partout précieux, mais surtout dans le Sahara, divise fréquemment les populations, et se joint aux mille autres sujets de querelles inévitables entre voisins ; il devient pour les k'sour de Figuig un principe éternel de discorde.

Mais ces raisons toutes simples des guerres qu'ils se font ne pouvaient pas suffire au besoin de merveilleux qui tourmente les imaginations arabes ; selon eux, leurs ancêtres ont été maudits par un marabout des Sidi Cheïkh, qui, pour les punir et du relâchement de leurs mœurs et de leur peu de religion, leur aurait lancé cet anathème : « Que Dieu vous rende, jusqu'au « jour du jugement dernier, comme des cardes, l'une « rongeant l'autre ! »

Quoi qu'il en soit, leurs guerres sont les plus cruelles que se livrent les habitants du Sahara; car ils ravagent jusqu'aux palmiers, malgré la convention tacite, respectée partout ailleurs, de ne s'en prendre qu'aux hommes et d'épargner l'arbre nourricier des vainqueurs à la fois et des vaincus. Ils ont d'ailleurs à leur service un élément de destruction qui leur est propre; ils excellent dans l'art de faire des mines. Leur réputation, comme mineurs, depuis longtemps établie, s'est encore augmentée dans deux occasions maintenant historiques.

En 1793, quand le bey Moh'ammed el Kebir s'empara d'Oran, il avait avec lui des habitants de Figuig qui minèrent et firent sauter presque tous les forts avancés de la place; et, lorsque A'bd el K'ader faisait le siége d'A'ïn Mad'i, en 1838, il appela à lui un nommé Taïeb ben Beza, de Figuig, pour enseigner à ses fantassins la science de destruction qu'il avait apprise de ses compatriotes.

Dans leurs siéges de k'sar à k'sar, c'est toujours par des mines que procèdent les assiégeants. Le sol généralement ferme et solide du territoire favorise l'opération; ils savent d'ailleurs prévenir les éboulements. Après avoir marché sous terre à des distances considérables, quelquefois de deux ou trois cents pas, arrivés sous le point indiqué, ils y déposent une grande quantité de poudre, la pressent entre les parois d'une maçonnerie solide, en ménageant, sur l'une des faces, une ouverture d'où part une traînée de poudre dans toute la longueur du souterrain, et à laquelle ils mettent le feu; si les assiégés n'ont pas été assez heureux pour contre-miner ces travaux, il est rare qu'une horrible explosion ne les ensevelisse pas sous les décombres de la place.

Cependant les instincts industrieux de cette population singulière ne se révèlent pas seulement dans la guerre : chaque k'sar a ses brodeurs, ses cordonniers, ses forgerons, ses selliers, ses bouchers, ses menuisiers, ses armuriers. Le bois de palmier est le seul qui s'emploie aux ouvrages de menuiserie; la fibre en est naturellement un peu lâche; mais il acquiert avec le temps de la dureté, et passe pour être incorruptible. Les bois de fusil sont faits en noyer ou en tremble venus du T'ell.

Tous sont d'ailleurs jardiniers et surtout commerçants. S'il y a deux frères dans une famille, il est rare que l'un des deux ne soit pas à courir les marchés de Fez, de Tafilalet, de Touat, où il porte

> Des vêtements tissés et confectionnés sous la tente.
> Des broderies de soie faites avec beaucoup d'art.
> Des bottes et pantoufles, piquées de soie, très-renommées.
> Des bernous noirs et blancs, d'un tissu si serré qu'ils sont imperméables; ils peuvent durer dix ans, et se vendent 10 douros d'Espagne.
> Des h'aïk', nommés djerbi ou figuigui, teints à

raies rouges, avec du kermès : même prix que les bernous.

Des h'aïk' d'hommes, communs, qui se vendent 2 douros.

Des h'aïk' d'hommes, fins, 4 ou 5 douros.

Des gandoura, ou chemises de laine, 2 douros.

Des ceintures de femmes de couleurs bigarrées, 3 douros.

Des cordes de poil de chameau pour turban, 1 ou 2 boudjous.

Des coiffes de femmes, nommées bekhnoug, 2 boudjous.

Ils rapportent de Fez :

Des cachïa très-hautes.
Du calicot anglais.
Des draps anglais.
Des ceintures en soie.
Des mouchoirs d'indienne.
Des foulards.
De la mousseline.
De la soie.
Du cumin.
Du kermès.
Du benjoin pour parfumer les marabout'.
De l'acier.
Des armes, pas de iatar'an.
Des pierres à fusil.
Des pioches.
Des ustensiles de cuivre.
De l'huile ; car ils n'ont pas d'oliviers.
Des chevaux, des mulets, des ânes achetés à bon marché.

DISTRICT DE FIGUIG.

De la laine.

Du savon.

Du sucre et du café.

Beaucoup de thé.

Du sel.

Des essences.

De l'a'chich.

De l'antimoine pour teindre les cils.

Du mercure.

Du fer.

Des couteaux.

Des ciseaux.

Des miroirs de femmes.

Ils rapportent de Tafilalet :

De la poudre, qu'ils achètent un demi-boudjou la livre et revendent un boudjou.

Des balles.

Du plomb.

Du salpêtre, qu'ils appellent sel de poudre.

Des cuirs tannés (filali).

Des cordes en soie, pour la tête.

Des babouches.

Des petits poignards à fourreaux en cuivre.

Des étriers, des mors, de la sellerie en soie et or.

Des épiceries.

Ils rapportent de Touat :

Des esclaves mâles et femelles.

Un beau nègre vaut, à Figuig, de 150 à 200 fr.; une belle négresse de 200 à 400; car, dans le Maroc, elles sont très-aimées et préférées aux femmes blanches, surtout aux femmes légitimes.

Des dattes, qui y sont à très-bon marché.
Des fusils, qu'ils assurent venir du Soudan.
Des sabres, qui sûrement en viennent.
De l'ivoire.
De la poudre d'or.
Des h'aïk'.
De la poudre, qui leur coûte de 15 à 16 boudjous le quintal.
De l'a'chich.
Du tabac.
Du sel.

Arrivés chez eux, ils colportent ces marchandises ou les exposent dans des boutiques, où les Arabes viennent s'en approvisionner, soit argent comptant, soit en échange pour des chameaux, des moutons, du beurre, de la laine, etc.

Tous ces éléments de prospérité et de bien-être et l'importance de son commerce ont fait donner à Figuig le surnom de Fas Ser'ir, le petit Fas (Fez).

La nourriture habituelle de la population est le kouskouçou, la datte, la chair des bœufs qui lui viennent du T'ell et la chair de chameau. La graisse de ce dernier animal sert à préparer les aliments, sa peau à couvrir du bois de selles, ou à faire des semelles de chaussures.

Il est assez remarquable que, contrairement aux habitudes des femmes du désert, celles de Figuig ne sortent que voilées de manière même à ne laisser voir qu'un œil. Elles sont, du reste, tenues très-sévèrement.

Ainsi que nous l'avons dit, Figuig relève du Maroc, mais n'en dépend réellement que depuis une vingtaine d'années. Avant cette époque, les contributions ne s'y percevaient que très-mal et très-difficilement. L'empereur en finit en envoyant une armée qui bombarda les douze villages et les frappa d'une amende considérable. Depuis cette leçon sévère, aucun d'eux n'a tenté de se soustraire à l'impôt, qui est d'un demi-boudjou par dattier, payé en argent, et que vont percevoir, chaque année après la moisson, quelques cavaliers marocains.

Les fractions suivantes de la grande tribu des Douï, Menïa ou Zegdou, déposent leurs grains à Figuig :

> Daou Belal.
> A'rib.
> Sedja'.
> El A'ouara.
> Ouled Sidi A'li.
> Ouled Djerid.
> Ouled Seliman.
> Ouled Bou H'anan.

TRIBU DES DOUI MENIA OU ZEGDOU.

La tribu des Douï Menïa ou Zegdou est tellement considérable que nous ne croyons pas utile de donner le nom de toutes ses fractions, placée qu'elle est en dehors du territoire que nous nous sommes proposé d'étudier.

Nous avons cherché à nous expliquer pourquoi cette tribu a deux noms, et nous avons été conduits à cette observation, que tous deux sont caractéristiques de la force et du nombre : Douï Menïa veut dire, en effet, la tribu qui se préserve, qui se défend; et Zegdou est évidemment un dérivé du verbe nezer'ed, qui se prononce dans le désert nezegued, et qui veut dire fourmiller.

Placée entre Figuig à l'est, Kerzas au sud et Tafilalet, dont elle possède la moitié du district, à l'ouest, elle a fait donner à son territoire le nom de Belad el Moukah'la (le pays du fusil). Elle est là comme une barrière où viennent se briser les Berbères de l'ouest qui convoitent incessamment Figuig et qui, sans cet obstacle, l'auraient, souvent saccagée, ou tout à fait anéantie. Très-peu soumise à l'empereur du Maroc, pas plus que les Berbères, et presque toujours en guerre avec ces âpres montagnards, elle traite avec eux de puissance à puissance, sans qu'aucun des partis s'inquiète beaucoup de son suzerain, qui ne peut pas être toujours là avec une armée, et qu'ils ne regardent en réalité que comme leur chef religieux.

Les Zedgou, incessamment tourmentés par un instinct de pillage et de vagabondage, outre qu'ils s'immiscent à toutes les querelles de leurs voisins, notamment à celles des k'sour de Figuig, font souvent des r'azïa sur les Chamba et les Ouled Sidi Cheïkh Cheraga. Des espions adroits vont à la découverte, et, sur leur indication, une partie de la tribu, douze ou quinze cents hommes quelquefois, montés à deux sur des chameaux aux flancs desquels pendent des outres pleines d'eau et les provisions du voyage, se portent sur le lieu du coup de main, tombent à l'improviste sur les troupeaux mal gardés et les enlèvent. S'ils trouvent de la résistance, des deux cavaliers l'un tient le chameau, l'autre fait le coup de fusil. Ces expéditions hasardeuses sont souvent poussées à de très-grandes distances, et sont toujours conduites par sept ou huit chefs, les seuls de la troupe qui soient à cheval.

Si ces pillards ont leurs ennemis naturels, ils ont aussi leurs amis ; tels, par exemple, les H'amïan Cheraga et R'araba, et les Ouled Sidi Cheïkh R'araba. On se souvient que les deux grandes fractions des Ouled Sidi Cheïkh ont été pendant quelque temps divisées, les Zedgou avaient alors pris parti dans la querelle, et, malgré la paix qui s'est faite, ils sont restés ce qu'ils étaient, alliés des uns par habitude, ennemis des autres par intérêt.

Comme toutes les tribus du Sahara, celle des Zedgou s'occupe avec passion du commerce. Elle fréquente les marchés de Fez, de Gourara, de Timimoun, de Tafilalet, y porte et en rapporte les objets déjà connus.

Elle vit sous la tente : elle a des k'ad'i, des t'olba, des écoles, et, bien qu'elle exerce le brigandage en grand, ainsi que nous l'avons vu, les vols d'individu à individu sont, dit-on, des exceptions très-rares, généralement réprouvées et très-sévèrement châtiées sur son territoire. L'assassinat y est puni selon toute la rigueur de la loi mahométane, par le talion. Le chef le plus influent des Zegdou se nomme Ould el H'adj Yaïch H'arak Oudnou.

Les Zedgou parlent l'arabe ; presque tous pourtant sont de sang mêlé ; quelques chefs sont même tout à fait noirs. Ils n'ont que peu de moutons, quelques ânes seulement, pas de bœufs, pas de mulets ; mais ils sont riches en chameaux, dont ils mangent la chair, quand un accident les rend impropres au service de la guerre ou du commerce.

Leur nourriture principale est le lait de chamelle et les dattes : les plus riches mangent du kouskouçou le soir. Fez et, plus loin, Dermami et A'ïn el Djaba leur fournissent du blé.

Ils sont généralement élancés, bien faits, très-vigoureux comme tous les Arabes du Sahara ; car, selon le proverbe, « le maître de la datte est toujours mince et fort. »

Leurs mœurs trahissent à la fois et l'ardeur du sang

nègre qu'ils tiennent de leurs mères, et la vigueur de leur tempérament. Ceci s'entend des femmes aussi bien que des hommes.

Pour arriver de Ich, au district de Figuig, où nous sommes maintenant, et dont nous nous sommes un moment écartés pour donner la description des lieux et des tribus qui l'environnent, il a fallu deux journées de marche.

lieues.

27ᵉ jour } de Ich à El Ma'iz, en deux jours. 15
28ᵉ . . .

SUITE DE LA ROUTE D'ALGER A INSALAH'.

En quittant la montagne de Figuig, on entre dans les sables dont rien n'interrompt la monotonie. Point de végétation, si ce n'est l'herbe rare que font croître au printemps les pluies de l'hiver, et quelques buissons rachitiques épars çà et là. D'espace en espace des veines de sable, un peu moins prononcées que les a'reg, et que les Arabes appellent koudiat, dessinent les plis du terrain, en courant vers le sud, pour aller se rattacher aux a'reg de Gueléa à Timimoun.

Après avoir traversé ces a'reg, dans lesquels les chameaux enfoncent et n'avancent que difficilement, nous sommes dans le pays de Touat.

Pour ne pas morceler la description, nous allons

donner d'un jet la route jusqu'à Insalah', en la reprenant à El Ma'ïz.

lieues.

29ᵉ jour de El Ma'ïz à l'Oued Zeboudj. 10
30ᵉ . . . à l'Oued Zirek. 10
31ᵉ . . . à l'Oued Ouakeda. 10
32ᵉ . . . à Sa'ïd el Khebiz, mamelon de sable. 10

33ᵉ . . . ⎫
34ᵉ . . . ⎬ nous sommes au pied des A'reg, que l'on ne peut traverser qu'en trois jours, bien que la distance, en ligne droite, pour arriver d'El Khebiz à Moula Khezas, ne soit que de. . . 10
35ᵉ . . . ⎭ les chameaux enfoncent dans le sable jusqu'au poitrail.

36ᵉ . . . à El H'assian T'ouïl (puits). 10
37ᵉ . . . à Timimoun. 10

38ᵉ . . . ⎫
39ᵉ . . . ⎬ de Timinoun à K'asbah' el H'amera. 20
40ᵉ . . . ⎭ que l'on fait en trois jours, en s'arrêtant, au choix, dans un des nombreux villages qui se trouvent sur la route.

41ᵉ . . . ⎫
42ᵉ . . . ⎪
43ᵉ . . . ⎬ de K'asbah' el H'amera à A'oulef. 40
44ᵉ . . . ⎪ que l'on fait en cinq jours en s'arrêtant, comme précédemment, où l'on veut.
45ᵉ . . . ⎭

46ᵉ . . . à Inr'er. 6
47ᵉ . . . à Teïd. 7
48ᵉ . . . à Insalah'. 8

D'Alger à Insalah', par la route capricieuse que nous avons prise, on compte donc quarante-huit jours et trois cent soixante-huit lieues.

PAYS DE TOUAT.

Il est divisé en cinq grandes circonscriptions qui s'étendent du nord au sud sur une longueur de soixante-quinze à quatre-vingts lieues environ. Il renferme une très-grande quantité de villages que les Arabes portent à trois cent soixante; ce nombre est sans doute exagéré. Nous en avons fait l'observation à celui qui nous donnait ces renseignements. « Vous pouvez me croire, « nous a-t-il répondu, car il est connu qu'un marchand « ayant fait saillir sa jument dans la circonscription de « Mah'arza, et s'étant mis en route à travers le Touat, « pour des affaires, il visita chaque jour un village, et « sa jument mit bas en arrivant à Tidikelt. » Nous n'avons vu là, bien entendu, qu'un conte populaire, accrédité par l'amour-propre des habitants du Touat, mais qui, évidemment, n'aurait pas été inventé s'il y avait une grande différence entre le nombre des jours de la gestation d'une jument et le nombre des villages du pays de Touat.

Les cinq circonscriptions sont, en les abordant par le nord :

1° celles de Mah'arza,   chef-lieu, Tabalk'ouza;
2° — de Gourara,   —   Timinoun;
3° — d'A'ouguerout, —   K'asbah' el H'amera;
4° — de Touat,   —   Sba;
5° — de Tidikelt, —   Insalah'.

La population de cet immense district peut se diviser en deux grandes catégories, de races évidemment différentes : 1° Les H'all Touat, proprement dits, qui habitent les villes et les k'sour, et qui sont de sang très-mêlé, ou même tout à fait noirs, bien qu'il n'aient rien des traits du nègre ; leur nez est aquilin, leurs lèvres sont minces, leurs pieds cambrés ; ils prennent le nom de Zenata et parlent la langue appelée zenatïa. Il est à remarquer d'ailleurs que la couleur noire de leur peau, très-peu accusée dans la circonscription de Mah'arza, gagne en intensité de circonscription en circonscription, jusqu'à la plus extrême au sud, celle de Tidikelt. Nous en trouvons la raison, moins dans la différence de latitude que dans les alliances avec les négresses, nécessairement presque générales dans le Tidikelt, et de moins en moins fréquentes en remontant jusqu'à Tabalk'ouza.

La seconde catégorie comprend toutes les tribus d'origine arabe, dont les individus peuvent passer pour blancs, leurs mélanges avec les négresses n'étant que des exceptions, et bien qu'ils soient fortement basanés par le soleil. Elles traduisent le sentiment de leur dignité par le titre de djouad (nobles), et croiraient déchoir en s'alliant de famille avec leurs voisins, qu'elles affectent de mépriser, mais avec lesquels des intérêts communs les tiennent en bonne intelligence.

Toutes vivent sous la tente et parlent la langue arabe ; elles usent du zenatïa pour leurs relations de commerce

Les H'all Touat proprement dits pratiquent la religion mahométane dans tous ses rites; ils prient, ils jeûnent, font des ablutions, rendent le témoignage au prophète par le cheh'ada, et sont circoncis. Ils ont des mosquées et des écoles où des t'olba lisent le Koran et des commentaires du livre sacré.

Leurs femmes sont généralement belles, avec de très-beaux yeux, des dents très-blanches et la peau dorée; tout cela ne serait rien pourtant si elles n'étaient pas grasses; les maigres sont déconsidérées. Toutes, à l'exception des plus nobles, vont la figure découverte : « hommes et femmes ont beaucoup d'amour dans la « tête et dans le cœur; » aussi, d'un bout à l'autre de la circonscription, les mœurs sont-elles fort dissolues. Les maris ferment volontiers les yeux sur les caprices de leurs femmes; c'est un moyen de se ménager des aventures. Généreux et hospitaliers, ils s'arrachent les étrangers, voyageurs et marchands, qui ne partent jamais sans regretter leurs hôtes, et presque jamais, quand ils sont jeunes, sans emporter bon souvenir des tendres soins de leurs hôtesses.

La population du Touat vit de chair de mouton et de chameau, de beurre, de kouskouçou, ceci s'entend des plus riches, et de dattes; le blé lui vient du T'ell par les tribus nomades.

Ils ont réuni dans un proverbe toute l'histoire de leurs repas :

El a'ich, douk :

Dek'an, chemm :
Ou temer, koul.
Le kouskouçou, goûte-le :
Le beurre, sens-le :
Et les dattes, manges-en.

Le costume est à peu près le même pour les quatre premières circonscriptions ; les hommes portent, « comme les Français, » une espèce de culotte longue, bordée au bas d'un ruban en soie, rouge ou noir ; point de chemise, point de ceinture, mais une espèce de robe en laine, nommée abaïa, et un h'aïck lié à la tête, soit par un turban en cotonnade, soit par une corde en poil de chameau ; par-dessus le tout un bernous blanc. Quelques-uns ont des boucles d'oreilles, presque tous des amulettes suspendus au cou ; aucun n'a de tatouage, si ce n'est pourtant dans les tribus arabes.

Les femmes portent le h'aïck avec une ceinture ; une pièce d'étoffe en laine leur recouvre la tête et vient s'attacher sous le menton. Des bracelets d'or, d'argent ou de corne cerclent leurs jambes nues au-dessus de la cheville et leurs bras aux poignets. De grands colliers en clous de girofle ou en monnaies d'or et d'argent, alternées de corail, ornent leurs cous. Tout ce monde est assez propre, extérieurement au moins. Mais ajoutons que pas un des k'sour n'a de bains publics.

Nous parlerons du costume porté à Tidikelt à la description de cette circonscription.

Tous les villages du Touat ont à peu près la même

physionomie. Généralement bâtis de pâtés de terre cuite au soleil, car la pierre et la chaux manquent, ils sont d'un aspect un peu terne, mais qui gagne en pittoresque au milieu des dattiers et des arbres fruitiers qui les entourent.

Dans quelques-uns, comme à Sba et à Ouled Mah'moud, on fabrique de la poudre; tous ont les artisans indispensables. A certaines époques de l'année, des juifs viennent s'y établir et y exercer leurs métiers ordinaires, mais ils n'y sont jamais que de passage. L'amour de l'argent les y attire périodiquement, bien qu'ils y soient assez mal traités.

CIRCONSCRIPTION DE MAH'ARZA.

C'est un pays de sable, monotone, plat, coupé de quelques mamelons. Son chef-lieu est Tabalk'ouza, de deux cents à deux cent cinquante maisons. Comme toutes les villes et tous les villages du Touat, ceci soit dit pour ne plus y revenir, Tabalk'ouza est défendu par une enceinte crénelée, en mauvaise construction, entourée de jardins potagers et de vergers confus, où des vignes nombreuses grimpent aux troncs des figuiers, des grenadiers, des térébinthes, etc. Ces plantations sont arrosées par des puits qui, comme ceux de Tougourt, sont de véritables puits artésiens, non point cependant que l'eau jaillisse au-dessus du sol, mais elle se soutient toujours jusqu'à un ou deux pieds de l'embouchure du puits, et, par des saignées, elle est dirigée de bassins en bassins, échelonnés suivant la pente du terrain, dans toutes les propriétés.

Tabalk'ouza est gouvernée par une djema' qui perçoit le zekkat et l'a'chour, dont le produit est employé aux frais du culte, aux besoins généraux, à aider les pauvres, et à payer les éclaireurs chargés de surveiller les mouvements des Berbères. Ceci encore s'entend de tous les chefs-lieux du Touat.

La circonscription de Mah'arza est indépendante de sa voisine, souvent même elle est en guerre avec elle, et, bien que Timimoun soit plus considérable que Tabaïk'ouza, cette dernière a presque toujours l'avantage, aidée qu'elle est par des tribus nombreuses, et par les Berbères des environs de Tafilalet. Cette alliance s'explique par une espèce de solidarité ou plutôt de sympathie de race; les gens de Mah'arza étant beaucoup moins mélangés de sang nègre que les autres habitants du Touat, les Arabes et les Berbères, à chance égale de bénéfice, leur prêtent plus volontiers assistance. Ils sont d'ailleurs réputés très-braves. Ils croient descendre des Chamba de Metlili; que cette opinion soit fondée ou non, ils tirent vanité de la pureté de leur sang, et ce qui prouverait qu'ils sont en effet d'une autre origine que ceux de Timimoun, c'est qu'ils leur disent dédaigneusement : « Nous sommes, nous, des gens de race (h'arar); vous êtes, vous, des nègres. » Ce que nous avons dit plus haut des mœurs générales du Touat leur est cependant applicable, aussi bien qu'aux autres Touatïa. Leurs femmes vont la figure découverte et sont plus que faciles, mais elles y mettent certain air de mystère.

Les villages que nous connaissons dans cette circonscription, sont :

Tabalk'ouza,
Stantas,
Zaouïa,
Outir'a,
Inguellon,
Sidi Mans'our, } à l'est.

Beni A'içà,
Teganet,
Tinetbou,
Telamna,
Charouïn,
Ousfaoun,
Adjelate,
Ouled A'içà, } à l'ouest.

CIRCONSCRIPTION DE GOURARA.

Elle est située au sud de la première, et, comme elle, peuplée de nombreux villages. Son chef-lieu est Timimoun, de cinq cents à six cents maisons seulement, coupées de jardins, et par conséquent jetées sur une très-grande étendue; quelques-unes sont à deux étages. Le tout est entouré par un mur d'enceinte en pisé, crénelé, et par un fossé sans eau, profond d'une douzaine de pieds, large de sept ou huit.

Timimoun est divisée en quatre quartiers, dont trois seulement ont chacun sa mosquée. Dans le centre à peu près de la ville s'élève, sur un mamelon, une petite forteresse carrée qui prend le nom de k'asbah'; on n'y entre que par une seule porte. C'est une espèce de garde-meuble divisé en quatre compartiments dans chacun desquels tous les citoyens, selon qu'ils appartiennent à tel ou tel quartier, viennent déposer, sous la garde permanente de quelques individus, leur argent et leurs effets les plus précieux en cas d'une attaque des Berbères. Il y a dix ou douze ans à peu près que ces peuplades des montagnes de l'ouest, secondées par les Mah'arza, tentèrent sur Timimoun un coup de main dont elle n'a pas oublié les terribles conséquences.

Malgré sa muraille et son fossé, elle est vulnérable en cela que, recevant l'eau des sources ou des puits extérieurs, elle ne peut soutenir longtemps un siége si, comme il arrive presque toujours, les assiégeants commencent par détruire les conduits qui alimentent les assiégés. Dans l'attaque dont nous parlons, l'armée ennemie s'était divisée en deux bandes, dont l'une s'était cachée dans les palmiers, et dont l'autre se porta ouvertement vers les puits. Les assiégés, trompés par cette ruse, coururent en masse à la défense de leurs eaux menacées, et, à la faveur du combat qui s'engagea sur ce point, le corps de réserve escalada la place dégarnie et s'en empara. Pendant huit jours ce fut un horrible pillage; tout ce qui pouvait porter une arme fut massacré, toutes les femmes, et même les petites filles furent violées; toutes les maisons furent ruinées, détruites, et les vainqueurs ne se retirèrent qu'après avoir mis le feu aux magasins à dattes. Ils n'avaient pas découvert cependant toutes les cachettes où les habitants de la malheureuse ville avaient enfoui leur argent; et beaucoup retrouvèrent leur petit trésor où ils l'avaient mis, sous les conduits des eaux. Les magasins d'approvisionnement étaient d'ailleurs si abondamment pourvus qu'on put retrouver assez de dattes pour suffire aux premiers besoins. En face de cette calamité publique, la djema' rendit un décret par lequel il était ordonné à chacun de déclarer ses ressources et de les mettre à la disposition de tous. Des distributions furent faites; les tribus arabes des environs qui commercent avec Timimoun, et dont l'intérêt était de venir à son secours, lui apportèrent des grains, des moutons, etc.; quelques mois après, enfin, elle renaissait de ses ruines et recommençait à vivre.

Cependant la djema' avait envoyé des émissaires se plaindre à l'empereur du Maroc, de qui relevaient à la fois Timimoun et les Berbères; mais, avec la meilleure volonté du monde, Moula A'bd er Rah'man n'aurait pu atteindre les coupables, qui, par leur position, échappent complétement à son autorité, et de ce moment Timimoun a cessé de lui payer des impôts; elle s'est déclarée indépendante.

Maintenant, tout à fait reconstruite, elle est, comme autrefois, un des grands centres de commerce du Sahara.

Les tribus et les gens des villes qui fréquentent ses marchés, sont :

> 1° Les Chamba de Metlili, de Gueléa et de Ouargla, qui y apportent tous les objets que nous avons nommés ailleurs, et qui sont tirés de Tunis par les Beni Mzab et par Tougourt;
>
>> De l'huile provenant de Bou Sa'da.
>> Des chameaux engraissés pour la tuerie.
>> Des moutons.
>> Des vêtements de laine fabriqués chez les Beni Mzab et à Metlili.
>> Une espèce de gomme appelée mesteba.

Ils en rapportent :

>> Des peaux tannées, qui viennent de Tafilalet.
>> Des h'aïck fins, fabriqués sur les lieux.

Du henna, qui vient de Tidikelt.

De l'antimoine tiré des mines du Touat.

Un bois, nommé acerr'ia, que les femmes font brûler pour se parfumer.

De la poudre, fabriquée dans le Touat; elle y coûte 9 à 10 sous la livre.

Du plomb et des balles qui viennent de Fez.

Des étoffes noirâtres, appelées saïe, qui viennent du pays des nègres, par les Touareg, et par R'damês, et que recherchent les femmes arabes pour leur toilette.

Des chaussures de Fez et de Tafilalet.

Des plumes d'autruche, qui viennent des Khenafsa.

De la poudre d'or.

Des esclaves.

Des jeunes chamelles.

Des dattes, quand elles sont à très-bon marché.

2° Les gens de R'damês y apportent :

Toutes les provenances de Tunis.

Des saïe qui leur viennent du Soudan par les Touareg.

3° Les gens de Tidikelt y apportent :

Des nègres qui leur sont amenés par les Touareg.

4° Les A'rib,

Les Djakana,

Les Daou Belal,

Les A'bda,

Les Moula Kerkas.

5° Les H'amian,

Les Ouled Sidi Cheich,
Les El Ar'ouat' K'sal,

Qui y apportent :

Du beurre.
Des fromages secs.
Des moutons.
Des chevaux.
Des laines.
Du blé.
De l'orge.

Tous s'y approvisionnent des objets que nous avons détaillés en parlant des Chamba.

On comprend que ces nombreux étrangers enrichissent Timimoun, et qu'il est de son intérêt de leur accorder la plus efficace protection; aussi y jouissent-ils d'une espèce de droit d'asile. Une fois entré dans la ville, aucun marchand ne peut y être arrêté pour quelque faute qu'il ait commise à l'extérieur. Sur les marchés, qui sont au nombre de trois, et dont le plus considérable se nomme Souk' el Lh'am (le marché de la viande), règne le plus grand ordre; chaque denrée y est déposée à part, sous la surveillance d'agents spéciaux. L'hiver et le printemps sont les époques de la recrudescence de ce commerce que paralysent nécessairement les chaleurs de l'été et la récolte des dattes pendant l'automne.

Sous les murs de Timimoun campent ordinairement trois tribus arabes :

Ouled Talah'.
El Khenafsa.
Ouled el H'adj A'li.

Ces nomades n'ont que peu de chevaux; ils font leurs voyages et leurs expéditions montés sur des chameaux. Ils passent l'été, l'automne et l'hiver à leur lieu de campement, et reprennent au printemps la vie errante; leurs bergers vont alors faire paître les troupeaux jusqu'à Gueléa.

Toute la circonscription de Gourara est gouvernée par deux djema', de cinq membres chacune, qui représentent les deux éléments, blancs et sang-mêlé, dont se composent la population. Les notables sont élus en assemblée générale; les chefs des villages leur obéissent et s'assemblent tous les vendredis au chef-lieu pour prendre leurs ordres ou leurs conseils.

Il n'y a cependant pas parité de pouvoir entre les deux djema'; celle des sang-mêlé est soumise à l'aristocratie de celle des h'arar (gens de race). C'est là un principe accepté qui ne semble pas souffrir d'opposition, bien que les familles purement blanches soient très-peu nombreuses. Celles qui tiennent le premier rang par leur fortune et leur influence se nomment, l'une, Ouled el Mah'adi, l'autre, Ouled Brahim.

Les environs de Timimoun, comme ceux des villages, sont riches en dattiers et en jardins; çà et là se trouvent quelques espaces de terre labourable, mais insuffisante aux besoins généraux; on n'y récolte guère que de l'orge.

Si nous en croyons les Arabes, ces jardins toujours verts, bien ombragés et rafraîchis par l'eau des mille rigoles qui les fécondent, sont envahis chaque soir par la population, hommes et femmes pêle-mêle, que n'en chasse pas toujours la nuit. La facilité de mœurs des habitants du Touat n'exclut point chez eux un semblant de religion, ce qui du reste est remarquable dans tous les climats méridionaux. Les fêtes du prophète sont célébrées en grande pompe, et par de véritables processions, où l'on accourt de tous les villages, chaque groupe ayant son drapeau en tête, pour aller faire ses dévotions au marabout' de Sid el H'adj Bel K'acem, qui s'élève entre des palmiers, à l'ouest et très-près de Timimoun.

Les principaux villages de cette circonscription sont :

Sammota,
El Kaf,
Ir'ezer,
El Telalet,
Badrian
Zaouïa Sid el H'adj Bel K'acem,   } est.
Beni Mah'allan,
Taducit,
El K'achda,
Temanet,
Bel R'azi,

Ouled el H'adj A'li,
Ouled A'bbas,
Ouled Sa'īd,
Kali ou Bou A'li,
Zaouïet Moula el T'aïeb,   } ouest.
El A'mer,
El H'aouïnat,
Guentour,
Our'lana.

CIRCONSCRIPTION DE A'OUGUEROUT.

Son chef-lieu est K'asbah el H'amera, de cent cinquante maisons à peu près; vingt-cinq ou trente villages, beaucoup plus petits, sont semés sur son territoire, et obéissent, comme le chef-lieu, à une djema'.

Bien que cette circonscription affecte des airs d'indépendance, elle n'en subit pas moins l'influence de sa puissante voisine, Timimoun, à laquelle la rattachent d'ailleurs des intérêts de commerce.

Les chefs les plus influents de A'ouguerout se nomment Sid el H'adj A'bd el K'ader et Ben A'bdallah' el Aden.

Même vie, mêmes éléments de fortune, dattes, jardinage, troupeaux, que dans les autres circonscriptions.

Les tribus qui campent sur son territoire sont les Ouled Talah', El Khenafsa et Ouled Iaïch.

Les principaux villages de la circonscription sont

- Bou Guema,
- Charef,
- Zaouïet Sidi O'mar,
- A'boud,
- Akhbour, } ouest.
- K'sar el H'adj,
- Tibelr'amin,
- Deldoul,

- Tinr'lili,
- Talah',
- Zaouia Sid el H'adj Mah'moud, } est.
- Oufran,
- Ouled Mah'moud (fabrique de poudre,

CIRCONSCRIPTION DE TOUAT.

Elle est située à l'ouest de la précédente. Son chef-lieu est Sba, de cent maisons à peu près. Jardins, palmiers, nombreux villages, comme précédemment.

Elle est indépendante et gouvernée par une djema', à laquelle se paient de bonne volonté le zekkat et l'a'chour, et qui prélève des amendes, le tout au bénéfice des pauvres, des étrangers et des besoins publics.

Elle est riche en troupeaux de chèvres et de chamelles dont le lait fait, avec les dattes, la principale nourriture des habitants.

Ses principaux villages sont :

Tekaberten,
Tsabit,
El Ma'iz,
Sba (fabrique de poudre),
Touat,
Timmi,
} est.

Ouled Rached,
Mtarfa,
Tinilat,
Bouda,
Titaouïn,
Titaf,
Oufran,
Azguemir,
Temantid,
El H'ebela,
} ouest.

CIRCONSCRIPTION DE TIDIKELT.

Cette circonscription est à elle seule plus grande que les quatre autres. Son chef-lieu est Insalah', et non pas A'in Salah' (la fontaine des saints), comme l'écrivent presque tous les auteurs. L'assentiment général des gens du Touat et des voyageurs arabes ne nous laisse aucun doute à ce sujet. Ils nous ont également affirmé qu'il n'existe point de ville du nom de Tidikelt. C'est une erreur générale à relever : on a pris le nom de la circonscription pour un nom de ville.

Insalah' est une ville de cinq ou six cents maisons et, par exception, sans muraille d'enceinte. Les Arabes donnent pour raison de cette anomalie, qu'étant, par sa position, en relation continuelle avec les Touareg, elle est assez forte de cette alliance pour ne rien redouter de ses ennemis. Ses guerres se bornent en effet à quelques coups de main tentés sur les troupeaux de la circonscription par les Chamba de Gueléa, d'Ouargla et de Mettili, et réciproquement ; mais ces échauffourées ne durent jamais plus de cinq ou six jours. Si les Chamba deviennent trop menaçants, on leur achète, à prix d'argent, une paix qu'ils ont toujours intérêt à conclure pour rétablir leurs relations de commerce. A vingt-trois lieues ouest environ d'Insalah' se trouve A'oulef, qui semble comme une seconde capitale de la circonscription. C'est une ville de quelques centaines de maisons, et le lieu de résidence de l'un des chefs principaux du pays nommé Moula H'aïba.

Les tribus qui campent dans le Tidikelt sont :

>El Khouari,
>Ouled Bou H'ammou,
>Ouled Zenan,
>Ouled Khelifa,
>Ouled Mokhtar,
>Ouled H'ami A'iça,

et, tout à fait au sud, une fraction des Touareg nommée :

>Touareg el Beïd.

Propriétaires de dattiers, de jardins et de maisons

dans les k'sour où elles déposent leurs grains, ces tribus sont liées d'intérêts à la circonscription entière et prennent parti dans ses guerres. Campées les trois quarts de l'année dans le lieu habituel de leurs stations, elles ne s'en éloignent qu'au printemps pour faire paître leurs troupeaux. Encore ne vont-elles jamais à plus de quinze ou vingt lieues.

C'est dans le Tidikelt surtout que se fait sentir la puissance de l'aristocratie de race; ainsi qu'il est facile de se l'expliquer par ce que nous en avons déjà dit, les habitants des k'sour et du chef-lieu, qui reçoivent de première main les esclaves du Soudan, sont de sang très-mêlé et beaucoup tout à fait nègres. Les tribus arabes, qui partagent avec eux le même territoire, au contraire, usent plus sobrement des négresses, par un instinct de respect pour leur sang, et dominent le pays. Tous les chefs de la djema' sont Arabes et commandent absolument. Les deux chefs les plus puissants sont, avec Moula H'aïba qui, réside à A'oulef, H'amoud Ould Bou Djouda et H'adj Ah'med Ould Ben Mokhtar, qui résident à Insalah'.

Le costume de cette circonscription n'est pas tout à fait celui des autres : les hommes portent une h'abaïa, espèce de robe faite en saïe, de couleur noire, des culottes comme les Européens, et une ceinture noire. Comme les Touareg, leurs voisins, les plus nobles se voilent tout le visage excepté les yeux, à la manière des Mauresques avec une pièce d'étoffe noire. Si nous en croyons les Arabes, un sentiment exagéré de leur dignité les ferait se voiler ainsi devant le vulgaire et même devant leurs femmes qui, elles, vont la figure découverte. Quoi qu'il en soit, ils tiennent cette coutume des Touareg. Les femmes portent le costume de Timimoun.

Insalah' est dominée au sud par des mamelons plantés en vergers, où la population, le soir oisive, va prendre le frais après souper, et danser au son de la flûte en roseau et des tambourins. Des improvisateurs arabes égaient ces fêtes quotidiennes de leurs chansons.

Les principaux villages de cette circonscription, sont :

Fougaret ez Zoua,
Zaouïet Sid el H'adj K'acem,
Sala el Fouk'ania,
Sala et Tahatania,
H'assi el H'adjer,
Meliana,
Gousten,
Insalah',
K'sar el Ar'a,
Ouled Bel K'acem,
Akhbour,
Ouled el H'adj,
Der'amcha,
Agabli,
} est.

Teïd,
Sidi Bou Na'ma,
Zaouïet Moula Haïba,
A'oulef,
Inr'er,
} ouest.

Agabli, dont tant de voyageurs ont parlé, est le plus au sud de tous ces villages. Il est habité par des marabout' qui se disent cherifs, et qui sont très-riches en troupeaux, en dattiers, et très-grands en influence. Ils se livrent au commerce et organisent des caravanes pour Timbek'tou.

Le territoire de Tidikelt est, autour des k'sour, bien planté, bien arrosé, et, sur certains points, se trouvent même quelques terres propres à la culture des céréales. On y récolte un peu de blé et d'orge, du millet (bechna) du blé de Turquie (seboulet ed d'ra'), des fèves, des pois chiches, etc.; mais les principaux éléments du bien-être de la population lui sont apportés par son commerce.

Les tribus arabes qui fréquentent les marchés du Tidikelt sont, pour le sud :

    Les Touareg de Sekmaren.
    —   de Djebel h'oggar.
    —   de Djebel azeguer.

Ils y apportent : des chamelles, des ânes, des dépouilles d'autruches, des esclaves, de l'ivoire, de la poudre d'or. Les Ouled Sid el Bekri (du Djebel Foukas), y apportent les mêmes marchandises, à peu près, et n'en emportent que des dattes et des vêtements de laine.

Pour l'est : les Chamba de Gueléa et de Metlili, qui y apportent des chevaux, des bernous, des robes de laine (h'abaïa), des pioches, etc., et en emportent des nègres, des plumes d'autruche.

Les gens de R'damés, qui y apportent des saïe, étoffes noires venues du Soudan, des épiceries, des calicots, de la quincaillerie, des armes qui viennent de Tunis.

Ils en emportent de la poudre d'or, des dents d'éléphant, des nègres, dont ils trafiqueront avec Tunis et Tripoli.

Timimoun et Insalah' sont deux grands entrepôts où les marchandises s'accumulent par l'est et par l'ouest, apportées par les tributs nomades de Tunis, d'un côté, et des ports du Maroc, de l'autre, et s'écoulent avec les caravanes de Fez jusqu'à Timbek'tou et dans tout le Soudan.

Alger fournissait autrefois beaucoup au Touat; elle avait cet avantage sur Oran et Tlemcen qu'elle était facilement approvisionnée par l'Égypte, Tunis, Livourne, Marseille, etc., tandis que ses concurrents ne trafiquaient guère que d'objets indigènes.

Alger expédiait surtout de la soie, du cuivre et des cotonnades.

A la faveur de la guerre, les Anglais ont accaparé tout ce commerce, qu'ils faisaient déjà par Souïra (Mogador), R'bat, Tétouan ou Tanger. Maintenant que nos relations avec l'intérieur semblent tendre à se rétablir, c'est l'affaire d'une bonne politique et d'un grand intérêt de chercher à le rappeler à nous

Il n'est pas hors de notre sujet de donner ici la nomenclature des objets que les caravanes emportent dans le Soudan, de ceux qu'elles en rapportent, et quelques notions sur la manière dont se font ces transactions commerciales.

Timbek'tou et Djenné sont les deux grands entrepôts de l'ouest du Soudan. Presque tous les riches négociants de Fez y ont des succursales de leurs maisons de commerce, tenues par des chargés d'affaire, par des représentants intéressés qui, du Maroc, sont allés là chercher fortune. Ces blancs, du reste fort considérés, sont appelés par les nègres indigènes el a'neb elli ma tab ch (le raisin qui n'est pas mûr).

Les caravanes partent chargées des marchandises que l'on sait convenir au Soudan, et qui sont :

- Des calicots qui viennent de Gibraltar ou de Livourne.
- Des cotonnades anglaises.
- Des draps.
- Des bernous noirs, en laine et des draps communs.
- Des bernous très-fins, en laine noire, bordés d'une bande de couleur en soie; ils viennent de Sous.
- Des ceintures en soie, de Fez.
- Des indiennes.
- Du corail de Livourne et de Gibraltar.
- De l'ambre qui vient d'Égypte.
- Des pipes avec des bouts en ivoire, en ambre, en corail, en argent. Ces bouts de pipe se vendent au poids de l'or.
- Du tabac en quantité.

Des coquillages, qu'on appelle oud'a', et qui, arrivés à Timbek'tou, seront de la monnaie.

De la verroterie, très-estimée, dont les nègres font des colliers pour eux, leurs femmes et leurs chevaux.

De la nacre.

Des pierres à feu et des briquets qui se vendent très-cher; chaque pierre représente une valeur d'un franc.

Du cumin.

Du poivre noir *qui vient des chrétiens.*

Du sucre et du thé anglais. Les nègres ne boivent pas de café.

Des essences de Tunis.

Du musc, que l'on trouve dans le désert.

Des objets de harnachement arabe; les nègres fabriquent leurs selles avec des os d'éléphant et les recouvrent avec la peau du même animal.

Des peaux tannées de Fez et de Tafilalet.

Des soies de Fez, de Tunis ou d'Égypte.

Des noix muscades très-estimées.

Des sabres de Fez.

Des carabines d'un calibre énorme, d'un pouce de diamètre; elles seront là-bas remises à mèche; elles ne serviront que pour la chasse des éléphants. Les guerres d'hommes à hommes se font avec des arcs et des flèches.

Des balles, de la grenaille.

Des chachia de Fez.

Des fouta (mouchoirs) de soie de Fez.

Des k'aftan en drap rouge, de Fez.

Des espèces de chemises en calicot, brodées de soie.

Des pelles, des pioches, des socs de charrues.

Des chaussures jaunes (belr'a).

Des bottes de cavaliers (temmak').

Des chapelets du Maroc, en diverses matières.

Des bracelets, des bagues.

Des épingles en cuivre, fabriquées exprès dans le Maroc.

Des couteaux,
Des ciseaux,
Des miroirs, } anglais.
Du papier,
Des aciers,

Des douros et de la monnaie d'Espagne qui seront échangés contre leur poids en or.

Ainsi chargée, armée et approvisionnée d'eau, de dattes, de farine, la caravane se met en route sous la conduite d'un chef unique, absolu comme un capitaine de navire à son bord, qui prend le nom de Cheikh el Rak'eb; il est désigné par la caravane. Trente ou quarante vieux voyageurs expérimentés, que l'on appelle El Menaïr, guideront la marche ou la précéderont en éclaireurs pour s'assurer de l'intention des tribus et signaler les Touareg, ces éternels pillards, écumeurs du désert.

Cette masse mouvante, à laquelle les A'rib, les Daou Belal, les Ouled Delim, les Djakana, les Ouled Sidi Cheïk, etc., ont loué des chameaux de transport, soit à prix d'argent, 80 douros de Timimoun à Timbek'tou, soit moyennant une part dans les bénéfices, sera la boule de neige sur la route. En passant à Datt elle y prendra d'immenses quantités de sel gemme. Partout grossie par les voyageurs marchands qui attendent son passage, elle arrivera enfin à deux ou trois journées de Timbek'tou, où elle campera dans une forêt, et d'où elle expédiera, par portions, ses marchandises à la ville, non sans y payer un droit de douanes.

Les menus objets s'y vendent pour des ouda', ces coquillages dont nous avons parlé et qui sont la petite monnaie du Soudan, ceux d'une valeur plus considérable s'échangent contre de la poudre d'or.

Les ouda' du pays des chrétiens ne sont pas les seuls qui aient cours ; on en pêche dans le Niger en y jetant des peaux de bœufs fraîchement dépouillés et que l'on en retire le lendemain, ramenant ainsi les coquillages qui s'y sont attachés pendant la nuit.

La chasse à la poudre d'or se fait dans les sables des bords du fleuve ou du désert ; c'est là une des principales occupations des nègres. Bien lavée, bien épurée de tous corps étrangers, la poudre d'or se met, par poids convenu, celui de quinze douros d'Espagne à peu près, dans de petits sachets qui prennent le nom de serra, et dont chacun est estimé 20 000 ouda'.

Rentré à Fez, le serra vaut 180 douros.

Une charge de sel, deux cents kilogrammes environ, vaut, à Timbek'tou, un serra.

Une charge de tabac, 1 serra et demi.

Un bernous, le poids en or de 2 douros d'Espagne, ce qui représente une valeur effective de 30 douros.

Cependant il y a hausse ou baisse, selon la quantité de marchandises apportées. Nous ne donnons là que le prix moyen.

La poudre d'or est quelquefois fondue en lingots, tirés ensuite en fils que l'on appelle el h'amel et qui sont eux-mêmes échangés contre certains objets, ou contre des douros ou des pièces quelconques en argent que les gens de Timbek'tou estiment infiniment plus que l'or.

Après avoir vendu ses denrées, la caravane rapporte :

> Des étoffes de coton fabriquées par les nègres, et qui n'ont pas plus de 6 pouces de largeur. Ces bandes cousues ensemble, dans le Maroc, font des vêtements peu coûteux, et qui durent très-longtemps.
>
> Des pièces d'étoffe en lin, *fin comme de la soie*; elles sont teintes en couleur bleue et se nomment doumaci; c'est un objet de luxe très-recherché par les femmes arabes.
>
> De la gomme blanche, qui vient de l'intérieur, et que l'on appelle sourouar. Elle va toute en Angleterre par Souïra.
>
> Une autre espèce de gomme moins blanche, que la caravane trouve sur sa route.
>
> Des défenses d'éléphants, qui vont toutes en Angleterre par Souïra. Si l'on en croit les Arabes, elles sont en grande quantité et énormes.
>
> Des dépouilles d'autruche.

Du riz très-gros, rouge, dont on fait des provisions de voyage.

Du millet noir, appelé der'rnou.

Des noix de coco.

Un fruit qu'ils appellent k'aroub, et qui renferme une liqueur mielleuse.

Une matière odoriférante, appelée el adan, très-estimée dans le Maroc; elle est malléable comme de la cire; les riches s'en font des cadeaux.

De la cire brune très-estimée, qui sera fabriquée en bougie dans le Maroc, et qui se vendra au prix de 1 fr. 50 c. la livre.

Des nègres et des négresses faits prisonniers dans les guerres. Jeunes et vigoureux, ils valent 5 ou 6 douros par échange, sur les lieux; arrivés dans les oasis du Sahara algérien, de 35 à 40, et gagnent en valeur à mesure qu'ils s'approchent de la mer.

Des fruits (el alaledj), qui ressemblent à des glands, et dont le goût rappelle celui des noix muscades.

Des plats faits en peaux d'un animal que l'on appelle el meha, et qui semble être une espèce de buffle. Cette peau fraîche dépouillée, est taillée sur des moules en bois de la forme du vase que l'on veut obtenir, et, séchée au soleil, elle acquiert une grande dureté.

Tout cela s'achète par échange ou par ouda'.

La caravane revient comme elle est allée, mais en se vidant sur la route. Celles qui se dirigent du côté du Maroc prennent, avant d'arriver à Tafitalet, un sauf-conduit des principaux chefs des tribus berbères suivantes :

A'ït Atta.
A'ït H'ad Iddou.
A'ït Temer'at.

Et des tribus arabes :

Beni Mah'med.
Daou Belal.

Toutes ces marchandises prennent leur écoulement naturel vers les ports de la côte, et de là vers l'Europe, mais surtout vers l'Angleterre.

Nous traiterons plus spécialement cette question ailleurs ; mais, pressés par le temps, et forcés que nous sommes d'attendre des renseignements plus précis, nous nous bornerons ici à cet aperçu général.

ROUTE DIRECTE D'ALGER A INSALAH'.
DIRECTION GÉNÉRALE DU NORD AU SUD-OUEST.

Nous ne commencerons à compter que de Tak'dimt, la route d'Alger à ce point étant connue.

	Heures.
1er jour, de Tak'dimt à A'ïn el Baranis.	9
2e . . . de A'ïn el Baranis, où l'on quitte le T'ell pour entrer dans le pays des Chot', à Dar el A'rneb. . .	3
3 . . . au marais d'Ask'oura.	5
A reporter.	20

		Heures.
	Report.....	20
4e	... à Sidi en Na'cer, village des H'arar R'araba....	7
5e	... à Stiten................	12
6e	... on suit l'Oued Stiten jusqu'à El R'açoul.....	9
7e	... à Brizina................	12
8e	... à Sidi el H'adj ed Din...........	5
9e	... dans le Sahara, à travers les sables........	9
10e	... sur l'Oued Seguer, sables...........	9
11e	... au puits appelé H'assi Bouzid, où vient mourir l'Oued Seguer, dans les sables.........	9
12e	... aux a'reg de Gueléa............	9
13e	... ⎱ à Gueléa en traversant les a'reg, où les chameaux enfoncent jusqu'aux jarrets.....	
14e	... ⎰	8
15e	... au puits appelé Mek'sa, on est entré dans le bassin de l'Oued Mia, dont nous donnerons plus bas la description.................	9
16e	... sur l'Oued Saret.............	10
17e	... sur l'Oued Chebaba...........	10
18e	... sur l'Oued Sedra............	11
19e	... sur l'Oued Mia ou Sekhouna........	10
20e	... sur l'Oued Sidi el H'adj Brahim........	8
21e	... sur l'Oued Djelguem...........	8
22e	... on traverse le Djebel Baten, et l'on marche dans la plaine jusqu'au pied d'un mamelon appelé Djerf el Djeda.................	8
23e	... à Insalah', en passant par les villages de Fougaret, Ezzoua et Gousten...............	8
	Récapitulation de Tak'dimt à Insalah'....	191

BASSIN DE L'OUED MIA.

Le bassin de l'Oued Mïa est formé, à l'est, par une succession de mamelons de sable qui, partant d'un monticule appelé Si Moh'ammed ou A'llel, court du nord au sud sur une longueur de trente ou trente-cinq lieues; au nord, à l'ouest et au sud par le Djebel Baten, qui est la continuation des a'reg de Gueléa, et qui court de l'est à l'ouest jusqu'à vingt-cinq lieues de Timimoun, tourne au sud en décrivant un arc de cercle dont la convexité regarde l'ouest, passe à quinze lieues, à peu près, de Insalah', et va mourir dans l'est à douze lieues de R'damès.

Cette montagne, rocheuse, élevée dans sa partie nord, s'affaisse par gradation en gagnant au sud et finit par des a'reg.

L'Oued Mïa, qui prend sa source sur le versant est du Djebel Baten, à vingt-cinq lieues de Timimoun, court de l'ouest à l'est en décrivant une courbe et va mourir dans les jardins d'Ouargla. Son lit s'élargit immensément en s'approchant de cette ville; torrentueux pendant l'hiver, l'été le met à sec.

Son nom, qui veut dire cent, lui vient, selon les Arabes, de ce qu'il reçoit cent affluents. Ce nombre est sans doute exagéré; nous n'avons pu en retrouver que quelques-uns.

AFFLUENTS DE GAUCHE.

1° L'Oued Saret, qui prend sa source au mamelon de Si Moh'ammed ou A'llel, coule du nord au sud, sur cinquante lieues de cours à peu près, et reçoit lui-même, sur sa rive droite, l'Oued Chebaba, qui descend du Djebel Baten, et a vingt-cinq lieues de cours environ;
2° L'Oued Sedra, qui descend du Djebel Baten, reçoit plusieurs affluents, et fournit quarante-cinq lieues de cours environ;
3° L'Oued Tebaloulet, qui descend du Djebel Baten, et a quarante-cinq lieurs de cours; il reçoit sur sa droite un affluent appelé Tilin Djamat.

AFFLUENTS DE DROITE.

1° L'Oued Sidi Brahim, de trente lieues de cours;
2° L'Oued Mouça Ben A'ich, de trente lieues de cours;
3° L'Oued Djelguem, de quarante lieues de cours

Tous trois descendent du Djebel Baten.

L'immense espace circonscrit par les montagnes qui forment le bassin de l'Oued Mïa est un pays de sables, stérile, raviné par les pluies de l'hiver et les petits torrents qui le sillonnent alors. Inhabité, à proprement parler, il est envahi, au printemps, par les tribus voisines qui viennent y faire paître leurs troupeaux et nécessairement traversé par les caravanes des marchands de l'ouest qui se rendent à Timimoun et Insalah'.

ROUTE DE EL BIOD A TIMIMOUN.
DIRECTION GÉNÉRALE DU NORD AU SUD-OUEST.

	Heures.
1ᵉʳ jour, à Tizemert, simple lieu de station dans la plaine.	9
2ᵉ ... sur l'Oued R'arbi.	9

L'Oued R'arbi descend des A'rbaouat et va se perdre dans les sables au pied des a'reg de Gueléa.

A trois ou quatre lieues ouest de l'Oued R'arbi se trouve un petit hameau d'une dizaine de maisons, appelé El Benout. Il est alimenté par une source nommée El Mengoub. Les Ouled Sidi Cheïkh R'araba y déposent leurs grains.

3ᵉ ... à Kebach ou Matzer, simple lieu de station. . . .	9
4ᵉ ... dans la plaine de H'abilat, à Terba, simple lieu de station.	9

En quittant Terba, on commence à trouver des mouvements de sables, peu élevés, mais très-nombreux : les Arabes les appellent K'oudiat.

5ᵉ ... à El Faïdja, simple lieu de station.	9
6ᵉ ... au pied des a'reg de Gueléa.	9
7ᵉ ... ⎫ on traverse les a'reg jusqu'au puits de Si	
8ᵉ ... ⎬ Moh'ammed Moul el Gandouz, situé dans la	
9ᵉ ... ⎭ plaine de A'mguiden.	11
10ᵉ ... au puits nommé H'assi el H'amar	12
11ᵉ ... à Timimoun.	12
TOTAL.	89

ROUTE DE METLILI A TIMIMOUN.
DIRECTION GÉNÉRALE DE L'EST A L'OUEST.

Nous sommes dans le pays de la grande tribu des Chamba ; avant de nous y engager, nous allons en étudier les habitants.

TRIBU DES CHAMBA.

Elle habite les environs de Ouargla, Metlili, Gueléa.

Ceux de Ouargla prennent les noms de Chambet bou Rouba. Voici leurs fractions :

> Ouled Ismaïl.
> Ouled Bou Bekker.
> Douï.
> Ouled Ferrodj.
> Ouled Bou Saïd.
> Ouled Zeït.

Ceux de Metlili prennent le nom de Berazga. Voici leurs fractions :

> Ouled H'anech.
> Ouled A'mer.
> Souaïah'.
> Ouled Ma'mer.
> El H'aouamer.
> Souïdiat.
> Ouled Brahim.

Ouled Mouça.
Ouled Sidi Zir'en.
El Cherfa.
Ouled A'llouch.
El Guemara.

Ceux de Gueléa prennent le nom de El Mad'i. Voici leurs fractions :

Ouled Zeït.
Ouled A'ïcha.
Ouled Ma'mer.
Ouled Ferredj.
Ouled Sid el H'adj Iah'ïa.

Les Chamba se disent originaires de la province d'Oran et, selon la chronique, sont issus d'une même famille ; elle campait dans le T'ell et se composait de sept frères. Le plus jeune, comme Benjamin, et peut-être pour la même raison, était détesté des six autres. Il se nommait Tamer ben Toullal ; le père de tous étant mort, Tamer, pour échapper aux vexations nouvelles qui allaient l'assaillir et qu'avait jusque-là modérées l'autorité du chef de la tente, partit un jour avec sa femme, ses petits enfants et quelques serviteurs, qui guidaient au hasard ses troupeaux vers le sud. Un demi-frère, nommé Trif, chassé comme lui par la haine jalouse de ses aînés, le rejoignit bientôt après, et tous deux vaguèrent dans la montagne et dans la plaine, cherchant un lieu propice où planter leurs tentes.

C'était l'été : le soleil avait desséché toutes les sources : les Oued n'étaient plus que des ravins sans eau : ces pauvres exilés, haletants de chaleur et de fatigue, allaient mourir de soif, hommes et troupeaux, quand Tamer vit revenir à lui sa levrette toute mouillée ; son instinct lui avait fait découvrir l'Oued Metlili ; elle y guida son maître et la petite caravane s'y établit. Tamer bâtit à l'ouest, Trif à l'est ; les deux familles prospérèrent, s'unirent par des mariages, multiplièrent, élevèrent une ville qui prit son nom de la source sur laquelle elle est située, et groupèrent leurs tentes sous ses murs. Pour perpétuer la mémoire de la levrette, qui s'appelait A'mba, la tribu nouvelle se donna le nom de Chamba.

Quoi qu'il en soit de cette tradition généalogique, il paraît constant que la tribu entière des Chamba était autrefois réunie sur le territoire de Metlili ; mais, soit qu'elle ait gagné en nombre et que des émigrations fussent devenues nécessaires, soit que des intérêts divers aient appelé quelques familles autour de Ouargla et de Gueléa, les trois grandes divisions que nous avons données se sont peu à peu établies près de ces trois villes.

Malgré cette séparation, toutes les fractions sont restées en bonne intelligence et se sont toujours prêté un mutuel appui dans les circonstances difficiles. Leurs ennemis communs sont les Beni Mzab, les Sa'id atba de Ouargla, les A'rba, les H'amian, les Doui Menia et les Touareg. Leurs guerres ne sont presque jamais que des coups de main, des r'azia ; mais ils pourraient, au besoin, mettre sur pied :

Ceux de Metlili, 50 chevaux et 1200 fantassins;

Ceux de Gueléa, 15 ou 20 chevaux et 300 fantassins;

Ceux de Ouargla, 50 chevaux et 1200 ou 1500 fantassins.

Comme tous les fantassins du désert, ceux des Chamba se transportent au point de l'expédition montés sur des chameaux.

Si un danger commun les menace, ou si une des trois grandes fractions est insultée et n'est pas assez forte pour venger son injure sans le secours des autres, toutes se réunissent en un lieu désigné et là, à la face du ciel, elles se jurent assistance sur le livre de Sidi A'bd Allah', par ce serment consacré : « Nous « mourrons ta mort, nous perdrons tes pertes, nous « ne renoncerons à la vengeance que si nos enfants, « nos biens sont perdus, et nos têtes frappées, » et ils partent pour des expéditions quelquefois très-lointaines, jusque chez les Touareg du Djebel H'oggar, ce qui paraît incroyable; mais ces gens-là, comme presque tous les habitants nomades du désert, sont par nature et par habitude infatigables; élancés, musculeux, d'une sobriété que peuvent satisfaire quelques dattes, un peu de farine délayée et roulée en boulettes dans le creux de la main, et deux tasses d'eau, l'une le matin l'autre le soir; d'une perspicacité qui rappelle celle des vieux Mohikans, la nuit, ils se guident par les étoiles, le jour par des points imperceptibles pour tout autre que pour eux, et, sans route frayée, ils vont ainsi dans les sables, sans jamais s'égarer, aussi loin que la guerre les appelle, et partout où il y a un marché important. « Dans nos combats, nous disait l'un d'eux, la femme, « nous ne la dépouillons jamais; l'ennemi mort, nous « ne lui coupons point la tête; l'ennemi blessé, nous « le respectons, et nous n'abandonnons jamais les « nôtres. » Ils passent, en effet, pour très-braves et très-hospitaliers.

La tribu entière vit, partie sous la tente et partie dans ses trois villes, sur le territoire desquelles elle est propriétaire de dattiers, de jardins, de vergers. Mais sa richesse principale consiste en immenses troupeaux de chameaux et de moutons. Naturellement portés aux excursions et au commerce, les Chamba courent les marchés.

De Temacin.
De R'damês.
Du Tidikelt, } dans le Touat.
De Timimoun,
Du pays des Ouled Sidi Cheïkh.
De A'ïn Mad'i.
De El A'r'ouat'.

Et cela, soit pour leur propre compte, soit qu'ils aient loué leurs chameaux aux marchands leurs voisins, ou qu'ils se soient chargés du transport des marchandises d'un lieu à un autre.

De leurs provenances à eux, ils portent sur ces marchés :

Des chameaux et des moutons engraissés pour la boucherie.

Du beurre de brebis.

De la laine.

Des bernous, } fabriqués par leurs femmes.
Des djellaba,

Des douros d'Espagne qu'ils thésaurisent, et dont ils se défont avec bénéfice.

Des dépouilles d'autruche, produit de leurs chasses, car ils sont grands chasseurs.

La tribu a d'ailleurs, sous la tente, son industrie : des forgerons y font des pioches, des couteaux, des faucilles, des instruments pour tondre les moutons, des fers à cheval, etc.; des armuriers y raccommodent les armes; toutes les femmes apprêtent les laines, les poils de chèvre et de chameau, et les tissent en h'aïk', bernous, tentes imperméables, etc., avec des métiers apportés des villes par le voyageur de la famille.

Sous la tente encore on fait, avec de l'alfa, ou avec des feuilles de dattiers, des nattes, des grands chapeaux, des cordes pour tirer l'eau des puits, pour attacher les chameaux et les chevaux, des sacs pour charger les bêtes de somme, etc. On fabrique le peu de poterie indispensable; on recouvre les selles en peau de chameaux; on fait des chaussures ou on les raccommode; des outres goudronnées à l'intérieur pour mettre l'eau et le lait; on prépare des peaux de boucs pour emporter les provisions de voyage, des seaux en cuir tanné de chèvre ou de brebis, etc. Ce que nous disons ici des

Chamba peut, au reste, s'appliquer à presque toutes le tribus.

On retrouve chez eux également cette légèreté de mœurs qui caractérise les peuplades du Sahara, et cette poésie native qui distingue les Arabes. « Ils aiment les « chants, la musique, les femmes, la poudre et, par- « dessus tout, l'indépendance. » Nous donnons cette phrase telle qu'elle nous a été donnée par dix d'entre eux.

A'bd el K'ader n'a jamais pu tirer aucun parti des Chamba, quoique presque toutes les tribus du désert eussent à peu près reconnu son autorité. Pendant qu'il tenait le siége devant A'ïn Mad'i, il fit sur eux une r'azia de 2500 chameaux; la soumission, ou au moins un semblant de soumission s'ensuivit; les principaux chefs vinrent trouver l'émir et lui faire de belles protestations de fidélité. Il rendit les chameaux; mais avec eux disparurent leurs maîtres qu'il n'a jamais revus.

METLILI.

Metlili est située sur un mamelon qui domine l'Oued Metlili. Sa muraille d'enceinte, en mauvaise maçonnerie, est crénelée, et ouverte par trois portes, Bab el Dah'raoui, Bab el Djara et Bab el A'rbi. Elle est entourée, excepté du côté de l'est, de jardins qui s'étendent à plus d'une demi-lieue. Elle a une mosquée, un marché qui s'appelle Souk' el K'eçoua (marché des habillements), et, en cas de siége, elle peut être suffisamment alimentée par ses puits.

Quoique très-voisine du district des Beni Mzab, c'est une ville tout arabe, dominée, commandée et en partie habitée par la fraction des Chamba Berazga appelée Cherfa. Ses autres habitants sont les Beni Merzoug, qui descendent des Nefzaoua, près de Nefta, et quelques Beni Mzab. Elle obéit à une djema' dont les membres sont tous Cherfa.

Sous ses murs et dans son territoire campent les autres fractions des Chamba qui forment la division dite des Berazga, et dont nous avons donné les noms plus haut.

Les gens de Metlili sont maintenant en assez bonnes relations avec les Beni Mzab; il n'en a pas été toujours ainsi. Leurs querelles ont été fréquentes, mais il semblerait qu'un événement arrivé il y a trente ou quarante ans ait été pour les Beni Mzab d'un enseignement si sévère qu'ils auraient renoncé depuis à toute manifestation hostile.

Les Chamba du dehors étaient en expédition; les Beni Mzab saisirent ce moment pour tomber sur Metlili, restée ainsi presque sans défense. Cependant ceux qui y étaient renfermés firent bonne contenance et se défendirent vaillamment, à l'abri derrière leurs murailles. L'ennemi, renonçant à enlever la ville d'assaut, crut pouvoir la prendre par la famine, et il se mit à en ravager les environs. Mais les guerriers de la tribu, prévenus par un courrier du danger que couraient leurs frères, revinrent tout à coup, cavaliers et fantassins, et tombèrent à l'improviste sur les Beni Mzab, en firent un si horrible carnage, que l'on dit encore proverbialement dans le pays : « L'année des Beni Mzab. »

Si nous en croyons la chronique, l'issue de ce combat décisif aurait été un moment incertaine; mais un saint marabout', nommé Sidi Bou K'acem, prit une poignée de sable et la jeta sur les Beni Mzab, en invoquant le nom de Dieu. Aussitôt un oiseau énorme, gros comme une autruche, parut en l'air, fondit à toute volée sur eux et les mit en fuite. Ce Bou K'acem est l'ancêtre du chambi qui nous fait ce conte; le brave homme croit fermement au miracle, ainsi que tous ses compatriotes.

Metlili est un centre de commerce qui s'approvisionne chez les Beni Mzab, le plus ordinairement, quelquefois à Tougourt, et même à Tunis, selon l'esprit d'aventure de ses marchands voyageurs.

Les jardins environnants sont peuplés de pigeons, de tourterelles, d'étourneaux, de moineaux, de cigognes, d'une espèce d'oiseau jaune dont nous n'avons pu savoir le nom, d'une autre encore que les Arabes appellent bou djerada, le père de la sauterelle, et qui semble avoir quelque rapport avec le corbeau.

On trouve dans le pays des gazelles, des lapins, des lièvres, des chacals, des porcs-épics, un animal qu'ils appellent deb et que nous n'avons pu reconnaître, el aroui, le beguar el ouach ; point de lion, point de tigre ; il est remarquable au reste, contrairement à l'opinion reçue, qu'on n'en trouve jamais dans le désert ; ils ne quittent point le T'ell.

		lieues
1ᵉʳ jour, en quittant Metlili, pour aller à Timimoun, on s'arrête sur l'Oued Mesk, au puits de Bel Guerinat............................		4
2ᵉ ... sur l'Oued Demeran.................		11
3ᵉ ... à Cha'bet Fat'ma, simple lieu de station.....		9
4ᵉ ... sur l'Oued Djedid..................		8
5ᵉ ... on rejoint les a'reg qui viennent de Gardaïa à un mamelon appelé Gara el Beïd'a.........		8
6ᵉ ... on suit les a'reg jusqu'à Gueléa...........		9

GUELÉA.

Gueléa est située sur une montagne élevée, rocheuse, de forme conique très-prononcée ; elle est construite tout entière de pierres taillées que les indigènes assurent être les débris d'une ville romaine. Aussi est-elle beaucoup mieux bâtie que les autres k'sour du Sahara. Elle compte deux cents maisons, à peu près, entourées par une muraille d'enceinte très-élevée, très-épaisse, très-solide, en larges pierres et crénelée. Elle n'a qu'une porte, ouverte du côté de l'ouest, et qui semble être celle de l'ancienne ville ; une énorme pierre taillée, que vingt hommes ne pourraient pas remuer, gît auprès ; nous n'avons pu savoir si on y voyait quelques inscriptions.

Un puits immense, d'une grande profondeur et bien bâti du haut en bas, fournit de l'eau en abondance aux habitants. On ne connaît point l'époque de sa construction. C'était évidemment là une station romaine.

La tradition raconte que Gueléa était autrefois habitée par des gens de sang mêlé, comme ceux du Touat, et qui parlaient le zenatïa. Ils s'appelaient Khefian ; ils en ont été chassés, sans doute, par les nouveaux venus, qui sont les Chambet el Mad'i.

Les uns vivent dans la ville, les autres campés dans les environs, sous la tente. Comme ceux de Metlili et de Ouargla, ils sont riches en troupeaux de moutons, de chameaux et de chèvres ; les chefs seuls ont des chevaux. Comme eux encore ils se sont faits les intermédiaires du commerce entre les points les plus éloignés.

D'immenses plantations de dattiers, des jardins et des vergers cerclent Gueléa, et sont arrosées par l'eau de puits nombreux, peu profonds, faciles à creuser et intarissables. C'est là une fortune territoriale que se partagent et les habitants de la ville et les habitants des tentes ; les uns et les autres sont propriétaires.

On prétend que Gueléa a été assiégée pendant sept ans par les Touareg, qui s'entêtaient à vouloir la prendre par la famine. Les provisions commençaient en effet à s'épuiser ; mais une ruse sauva les assiégés. Un matin les Touareg virent les murailles de la place tapissées de bernous blancs, fraîchement lavés, qui séchaient au soleil; donc elle ne manquait pas d'eau. La nuit suivante de grands feux allumés sur divers points l'éclaireraient tout entière; donc elle ne manquait pas de bois. Le lendemain ils trouvèrent sous les murailles, et presque aux portes de leur camp, des galettes de belle farine, des dattes, du kouskouçou, dernières ressources que les assiégés avaient sacrifiées pour faire croire à leur abondance; les Touareg y crurent, et se retirèrent. Il y a sans doute exagération dans ce conte symbolique, dont le véritable sens doit se réduire à ce fait, que, par sa position et les provisions qu'elle peut faire, Gueléa est imprenable pour des Arabes.

		lieues.
7ᵉ jour,	de Guelea on se rend à Si Moh'ammed ou A'llel, mamelon de sable.	6
8ᵉ ...	à A'reg Sedra.	9
9ᵉ ...	au puits appelé Jekna	9
19ᵉ ...	au puits de Si Moh'ammed Moul el Gandouz.	12
11ᵉ ...	au puits dit H'assi el H'amar.	12
12ᵉ ...	à Timimoun.	12
	TOTAL.	60
	Report de Metlili à Gueléa.	49
	Total de Metlili à Timimoun.	109

ROUTE DE GUELÉA A INSALAH',
PAR LE VERSANT OUEST DU DJEBEL BATEN.

		lieues.
1er jour, de Gueléa au mamelon de Sidi Moh'ammed ou A'llel.		6
2e ... 3e ... } dans les sables, sans eau.		22
4e ... au puits nommé H'assi Touareg.		11
5e ... dans les sables.		11
6e ... sur l'Oued Guetfaia, qui descend du Djebel Baten et coule vers l'ouest pour aller mourir dans les sables.		10
7e ... dans les sables.		10
8e ... à un village abandonné, envahi par les sables, mais où il y a des sources.		11
9e ... dans les sables.		10
10e ... à Insalah'.		10
TOTAL.		101

ROUTE DE METLILI A INSALAH'.
DIRECTION DE L'EST AU SUD-OUEST.

De Metlili à Insalah' on traverse un grand nombre de rivières, qui rendraient la route impraticable, pendant l'hiver, mais qui ne sont que des ravins pendant l'été.

Toutes ces rivières descendent d'une petite chaîne de mamelons de sable, située à l'ouest de Gardaïa, et qui s'appelle El Ga'da, coulent du nord au sud, et vont se perdre dans les sables d'une plaine immense, appelée

El H'amad; elle s'étend au nord-ouest de Ouargla; on n'y trouve pas un seul mouvement de terrain.

Une seule rivière fait exception à cette généralité, c'est l'Oued Mahiguen, qui descend du Djebel A'mour, coule du nord au sud, passe à Tadjerouna, coupe la chaîne de montagnes appelée El Khobta, fait alors un coude à l'ouest, s'encaisse entre cette chaîne et celle de El Ga'da, et, rencontrant des mamelons de sables dont le principal s'appelle El Or'ris, tourne brusquement au sud, pour aller se perdre dans les sables de Ouargla, sous le nom de El Loua.

	lieues.
1ᵉʳ jour, de Metlili sur l'Oued el Ga'a, à un puits du même nom.	8

On a traversé quatre rivières qui descendent toutes quatre du Ga'da, et qui sont :

1° L'Oued Metlili ; elle vient d'une source appelée Macin, et va mourir dans la plaine de El H'amad, à un endroit appelé El Remta. Elle reçoit, sur sa droite, trois affluents principaux, l'Oued Oudie Dieb, l'Oued el Guerfi, l'Oued Merabba ;

2° L'Oued Mesk ; elle est formée par une source appelée A'ïn Goufafa, et va, comme l'Oued Metlili, mourir à El Remta ;

3° L'Oued Nechouh', qui va mourir au même endroit ;

4° L'Oued el Gu'a ; elle descend d'un endroit appelé Mek'ta el Meguerna, sous le nom d'Oued el Ga'a, et va se perdre dans les sables sous celui d'Oued el T'ouïl.

A reporter. 8

	lieues.
Report....	8

2ᵉ jour, de l'Oued el Ga'a à l'Oued Bou A'li......... 10
    On a traversé l'Oued el Biod, l'Oued el Khiar, l'Oued el Fa'l, l'Oued Ter'ir, l'Oued Demran, l'Oued el Loua, qui est l'Oued Mahiguen, dont nous avons parlé, et enfin l'Oued Bou A'li.

3ᵉ ... à un puits comblé, nommé H'assi Neuhuemar.... 8
    On a traversé l'Oued Sadana et l'Oued Zirara qui descendent d'une chaine d'a'reg appelée Mezerag.

4ᵉ ... au pied d'un mamelon de sable, près d'un puits sans eau.................................... 8
    On a traversé l'Oued Djedid et l'Oued Khoua, qui descendent aussi des a'reg Mezerag.

5ᵉ ... au milieu des a'reg, à un puits appelé Meushkerdan..................................... 8

6ᵉ ... à un endroit appelé Ras el A'reg............. 8

7ᵉ ... à un puits entouré de palmiers, appelé Meksa..... 8

8ᵉ ... sur l'Oued Chebaba, près d'un puits.......... 10

9ᵉ ... à un mamelon de sable appelé Oudie Seder.... 9
    On a traversé l'Oued Oudie Seder.

10ᵉ ... sur l'Oued Sid el H'adj Brahim, près d'un puits appelé Tin Kerman..................... 11
    On a traversé l'Oued Tebaloulet et l'Oued Mia.

11ᵉ ... sur l'Oued Mouça Ben A'ich............... 10

12ᵉ ... on traverse le Djebel Baten et on s'arrête sur l'Oued el Biod...................................... 9

13ᵉ ... à un puits appelé H'assi el Mengar.......... 7

14ᵉ ... à Insalah'............................... 6

                       Total....... 120

TOUAREG.

Il est difficile de circonscrire exactement le territoire habité par les Touareg. La vie exceptionnelle que mènent ces pillards nomades échappe à toute appréciation géographique un peu certaine; nous les retrouvons partout dans cet immense périmètre cerclé par une ligne qui, du Tidikelt dans le Touat, descend à Timbek'tou, longe le Niger de l'ouest à l'est, et remonte par le Fezzan jusqu'à R'damés, le point extrême de la province de Tripoli. C'est là le véritable désert, l'océan de sables, dont les Touareg se sont faits les pirates.

Un grand archipel montagneux égaré dans le centre à peu près de cette immensité, et qu'on appelle le Djebel Hoggar, est le nid, le refuge habituel des véritables Touareg, des Touareg H'arar, ou de race, comme on les appelle. Cependant quelques fractions de leur grande tribu ont fait élection de domicile plus près de notre Sahara. Ainsi :

> Les Mouïdir dans le Djebel Sekmareu.
> Les A'zeguer dans le Djebel R'at.
> Les Foukas dans le Djebel Foukas.

Beaucoup d'autres, sans doute, nous sont inconnus.

Si nous gagnons le sud, nous trouvons campés en avant de Timbek'tou, les :

> Faradj,
> Annaoua,
> Ouled Ah'med,

Agbaïl,
Tallaoui,

qui tiennent cette ville en état de blocus perpétuel. Jalonnés dans le désert, les uns au nord, les autres au centre, d'autres au sud, ils gardent les portes du Sahara et celles du Soudan, prélevant sur les caravanes un droit de sortie, un droit de voyage, un droit d'entrée, et si quelqu'une passe en contrebande, elle est impitoyablement pillée.

Quelle est l'origine de ce peuple singulier morcelé ainsi en tant de bandes, si distantes les unes des autres, et qui toutes, dans le nord au moins, révèlent par leurs traits, par leurs mœurs, par leur langage, une race commune? Nous renonçons, quant à nous, à résoudre cette question, et nous nous bornerons à résumer les notes éparses que nous ont fournies cent Arabes qui tous avaient vu les Touareg, avaient commercé avec eux, ou voyagé sous leur sauvegarde.

Les Touareg prétendent descendre des Turcs; nous croyons inutile de discuter cette opinion accréditée sans doute par leur amour-propre, car ils affectent de mépriser les Arabes qu'ils traitent en peuple vaincu. Quoi qu'il en soit, ils sont grands, forts, minces et de couleur blanche, même ceux qui campent sous Timbek'tou. Cependant les fractions que l'on retrouve autour des autres villes du Soudan sont de sang mêlé; leurs yeux sont généralement très-beaux, leurs dents très-belles; ils portent de grandes moustaches à la mapière des Turcs, et, sur le sommet de la tête, une touffe de cheveux qu'ils ne coupent jamais, et qui, chez certains d'entre eux, devient si longue, qu'ils sont obligés de la tresser. Le tour de leur tête est rasé; tous ont des boucles d'oreilles. Leur costume consiste en une grande robe qui ressemble à la djellaba ou a'abaïa des Kabyles, et qu'ils appellent djeba; elle est très-large, très-ample, et faite de bandes réunies de cette étoffe noire étroite appelée saïe, qui vient du Soudan, et dont nous avons déjà parlé. Sous la djeba, ils portent un pantalon qui a quelques rapports avec celui des Européens, mais qui se soutient sur les hanches à l'aide d'un cordon passé dans une coulisse; une ceinture en laine leur presse la taille. Pour coiffure, ils ont une chachïa très-élevée, fixée à leur tête par une pièce d'étoffe roulée en façon de turban, et dont un des bouts passé dans toute sa largeur sur leur figure n'en laisse voir que les yeux; « car, disent-ils, des gens nobles ne doivent pas se « montrer. » Les chefs seuls portent des bernous.

Presque tous, riches ou pauvres, ont les pieds nus; si on leur en demande la raison : c'est que, répondent-ils, nous n'allons jamais à pieds. Ceux d'entre eux pourtant qui, faute d'un chameau, sont obligés de marcher dans les sables, portent des espèces d'espadrilles liées à la jambe par des cordons.

Leurs armes sont : une lance très-longue, dont le large fer est taillé en losange, un sabre large et long, à deux tranchants, un couteau fourré dans une gaine en cuir appliquée sous l'avant-bras où elle est fixée par un cordon, de manière à ce que le manche de l'instrument qui vient s'arrêter au creux de la main, soit toujours facile à saisir et ne gêne en rien les mouvements; un grand bouclier en morceaux de peau d'éléphant, consolidés par des clous, et dont ils se servent avec beaucoup d'adresse, complète cet arsenal portatif. Les chefs et les plus riches seulement ont des fusils dont quelques-uns sont à deux coups.

Très-sobres au besoin, ils resteront deux ou trois jours sans boire ni manger plutôt que de manquer un coup de main; mais très-gloutons à l'occasion, ils se dédommagent largement après la r'azia.

Leur nourriture habituelle est le lait, les dattes, la viande de mouton et de chameau et, par exception, des galettes de farine ou du kouskouçou; car ils n'ont que peu ou point de blé, et celui seulement qu'ils pillent.

Ils sont riches en troupeaux de chameaux et de cette espèce de moutons, dont nous avons déjà parlé, qui n'ont point de laine, mais un poil très-court, et qui se distinguent par une queue énorme.

Les Touareg parlent le targuïa. Cette langue semble avoir certain rapport avec le zenatïa; car, si nous en croyons les habitants du Touat, ils comprennent les Touareg et s'en font comprendre.

Leurs femmes vont la figure découverte; elles sont très-belles et très-blanches : « blanches comme une « chrétienne. » Quelques-unes ont les yeux bleus, et c'est, dans la tribu, un genre de beauté fort admiré; toutes sont très-sensuelles et très-faciles. Leur costume consiste en un pantalon en saie noire, une robe large de même étoffe et de même couleur, et une espèce de coiffe dont nous n'avons pu saisir la description. Les plus riches se chargent de bijoux; les autres n'ont pour tout ornement que des bracelets en corne aux avant-bras. Hommes et femmes portent au cou des colliers de talismans.

Leur religion est la musulmane; mais ils prient peu, ne jeûnent point, ne font point les ablutions ordonnées. Ils ne saignent point les animaux comme le veut la loi; ils leur coupent tout bonnement la tête d'un coup de sabre. Aux jours des grandes fêtes de l'islamisme, au lieu de faire des prières, ils se réjouissent par des combats simulés, par des essais de petite guerre, qu'ils mettent en pratique à la première occasion. Il n'ont, en un mot, de musulmans que le titre, et il serait difficile qu'il en fût autrement au milieu de la vie sans cesse agitée qu'ils mènent. Ce mépris du Koran et la terreur qu'ils inspirent aux Arabes n'ont pas peu contribué sans doute à exagérer leur détestable réputation. Sous les tentes du T'ell, on parle des Touareg comme autrefois, chez nous, on parlait du Turc.

Il n'y a, au reste, qu'une voix sur leur compte: « Quels sont leurs ennemis, demandions-nous à un « Touati? Ils n'ont pas d'amis, nous répondit-il. » Un

autre nous disait : « Je n'ai rien vu de bon chez eux
« que leur beauté et leurs chameaux. Braves, rusés, pa-
« tients, comme tous les animaux de proie, ne vous
« fiez jamais à eux ; ils sont de mauvaise parole. Si vous
« recevez l'hospitalité chez l'un d'eux, vous n'avez rien
« à craindre de lui, sous sa tente, ni quand vous serez
« parti ; mais il préviendra ses amis qui vous tueront,
« et ils partageront vos dépouilles. »

Si nous nous dégageons de tous ces préjugés, nous trouvons chez ces peuplades des vertus de famille qui révèlent de grandes qualités instinctives. Ainsi la polygamie y est très-rare et tout à fait exceptionnelle. La dignité de la race s'y perpétue sans mélange d'alliances étrangères, même avec les Arabes, que les Touareg méprisent et dont ils se disent les seigneurs. Le deuil des morts aimés ou vénérés se porte religieusement et longtemps, et, pendant ce temps de douleur, les amis et les parents du mort laissent croître leur barbe et ne peuvent pas se marier.

Concluons-en que là, comme partout, le bien est à côté du mal, et que la nécessité seule, peut-être, a compromis une nature sûrement meilleure que ne le disent les Arabes.

L'immense montagne appelée Djebel Hoggar, le refuge principal des Touareg du nord, forme une espèce de quadrilatère. Presque tous ses pics sont boisés de grands arbres ; ses ravins tourmentés et rocailleux sont autant de torrents à la saison des pluies ; il y fait alors un froid humide contre lequel ces frileux habitants du désert luttent de précautions en s'enveloppant de vêtements de laine, espèce de bernous doublés en peaux de chèvres. Ils vivent alors en famille sous leurs tentes circulaires, faites en peaux tannées qui leur viennent du pays des nègres. Leur seule distraction est la pipe dont abusent les hommes et dont usent largement les femmes.

Au printemps, ils reprennent le désert.

C'est également au printemps que les caravanes se mettent en mouvement. Elles savent d'avance que les Touareg les guetteront au passage; aussi le chef des plus prudentes s'entendra-t-il avec le chef le plus voisin des bandes errantes, qui lui donnera quelques cavaliers sous la sauvegarde desquels la caravane continuera sa route, changeant de protecteurs d'espaces en espaces, et payant à tous, jusqu'à destination et selon l'importance de ses marchandises, un impôt forcé que l'amour-propre des Arabes déguise sous le nom de cadeau en échange d'une protection. Nous avons dit ailleurs ce qui arrive aux caravanes qui cherchent à s'en affranchir. Les plus grandes cependant passent hardiment, fortes de leur nombre; mais, alors, de douanier, le Targui se fait brigand ou voleur, et la met encore à contribution.

Dès que les espions ont éventé l'immense convoi, ils le suivent à la piste, de loin, prudemment, en se cachant dans les plis des vagues de sable, pendant que d'autres sont allés donner l'éveil à leur bande commune. Elle arrive sur ses rapides mah'ari, ses chameaux de course, se disperse dans l'espace, et quand la nuit sera venue, quand la caravane se reposera, sur la foi de ses sentinelles, des fatigues de la journée, les voleurs s'en rapprocheront; chacun laissant son chameau à la garde d'un complice et à quelque distance. Les plus adroits s'avanceront en rampant, lentement, sans bruit; et le lendemain, dix, quinze, vingt chameaux, plus ou moins, mais toujours les plus chargés, manqueront au départ de la caravane. Ces tentatives hardies sont fréquentes, non-seulement dans le désert, mais dans nos camps à nous. Les Arabes, comme les Touareg, sont venus bien souvent voler les chevaux de nos officiers et des faisceaux entiers de fusils, jusque sous les yeux des sentinelles.

Les grandes expéditions, soit sur le pays des nègres, soit sur le Tidikelt ou sur les Chamba, ou sur une caravane qu'on sait être en marche, sont décidées dans un conseil tenu par les chefs.

Tous ceux qui doivent partager les dangers et les bénéfices de l'entreprise partent, quelquefois au nombre de quinze cents ou deux mille hommes, montés sur leurs meilleurs mah'ari. La selle d'expédition est placée entre la bosse de l'animal et son garrot; la palette de derrière en est large et très-élevée, beaucoup plus que le pommeau de devant, et souvent ornée de franges en soie de diverses couleurs. Le cavalier y est comme dans un fauteuil, les jambes croisées, armé de sa lance, de son sabre et de son bouclier; il guide son chameau avec une seule rêne attachée sur le nez de l'animal par une espèce de caveçon, et parcourt ainsi des distances effrayantes, vingt-cinq à trente lieues par jour, sans se fatiguer.

Chacun ayant sa provision d'eau et de dattes, la bande entière se met en marche à jour convenu, ou plutôt à nuit convenue; car, pour éviter les chaleurs du soleil et l'éclat des sables, elle ne voyage que de nuit en se guidant sur les étoiles. A quatre ou cinq lieues du coup à faire, tous mettent pied à terre, font coucher leurs chameaux qu'ils laissent à la garde des plus fatigués d'entre eux et des malades. Si c'est une caravane qu'ils veulent attaquer et qu'elle ne soit pas trop forte, ils se jettent sur elle en hurlant un effroyable cri de guerre; ils entrent dedans à coups de sabres et de lances; non point qu'ils frappent au hasard cependant; l'expérience leur a appris à frapper leurs ennemis aux jambes: chaque coup de leur large sabre met un homme à bas. Quand le carnage est fini, le pillage commence : à chacun sa part désignée par les chefs. Les vaincus, morts ou blessés, ils les laissent là sans les mutiler, sans leur couper la tête, mais dans l'agonie du désespoir, au milieu du désert!

Si la caravane est trop forte, ils la suivent à quelques lieues, s'arrêtant quand elle s'arrête, et faisant épier ses mouvements par des espions que les Arabes appellent chouaf; quand la discipline s'y relâchera, quand, sur le point d'arriver à destination, elle se croira quitte de tout danger, de toute surprise, et se gardera moins bien, ils tomberont sur elle.

Ce qui semble incroyable, c'est que ces brigands redoutés et si généralement détestés dans le Sahara, fréquentent ouvertement et souvent isolément les marchés du Tidikelt, de Agabli, de A'oulef, de R'damès, où ils apportent du pays des nègres des esclaves, de la poudre d'or, des défenses d'éléphants, des peaux tannées pour faire des tentes, des espadrilles dont les semelles sont inusables, des saïe, du poivre rouge, des dépouilles d'autruches, une espèce de fruit que l'on appelle daoudaoua, produit par un arbre du même nom, que l'on pétrit en galette et qui, séché au soleil, a, dit-on, goût de viande.

Les Touareg du sud font, sur la lisière du pays des nègres, le même métier à peu près que leurs germains du nord sur la lisière du Sahara. On les appelle Sergou à Timbek'tou et Kilouan dans le Bernou et à H'aouça. Ces derniers sont de sang très-mêlé, ainsi que nous l'avons dit. Le pays qu'ils habitent leur fournit en quantité du blé et du millet; leurs troupeaux leur donnent du lait, du beurre, du fromage; leurs arbres beaucoup de fruits. Matériellement plus heureux que ceux du nord, ils sont, dit-on, plus humains, plus hospitaliers, moins pillards. Aucune caravane cependant n'entre dans le Soudan, sans leur avoir payé un droit de passage, ou sans s'exposer à être ravagée. Les Sergou et les Kilouan combattent avec le sabre et avec des flèches qu'ils portent dans un carquois pendu à leur côté; elles sont empoisonnées : le seul remède à leur blessure est d'enlever la partie lésée. Ils n'ont point de fusils.

Nous avons dit plus haut qu'ils tenaient les villes du Soudan, et particulièrement Timbek'tou, en état de blocus perpétuel; campés à quelques lieues dans les terres, sous leurs tentes en peaux, et toujours en grand nombre, ils dominent le pays, et font la chasse aux nègres sur les bords du Niger, dans les champs, dans les jardins, jusqu'aux portes des villes, les enlèvent et les vendent aux caravanes. Nous tenons ces détails d'un nègre enlevé par eux et maintenant domestique à la direction centrale des affaires arabes. Ils nous ont été confirmés par le k'aïd des nègres d'Alger. Ils font, au reste, un commerce régulier sur tous les marchés du Soudan, où ils portent les produits de leurs chasses, des peaux, de la poudre d'or, etc., et où ils s'approvisionnent d'une infinité d'objets qu'ils revendent aux caravanes. « Car, nous disait un nègre, les marchés du « pays sont très-riches; tu y trouverais tout, excepté « ton père et ta mère. »

TABLE DES MATIÈRES.

Dédicace. v
Mode de transcription des mots arabes en caractères français. XIII
Aperçu général. 1

PARTIE ORIENTALE.

Route d'Alger a Ouargla. 15
    El Ar'ouat'. 18
    Tadjemout. 27
    El H'aouita. 29
    El Assafia. 30
    K's'ir el H'aïran. 31
    A'ïn Mad'i. 32
    Tadjrouna. 44
    Tribu des Arba'. 45
    Tribu des A'razlia. 49
    Tribu des Ouled Sidi At'allah. 50
Suite de la route d'Alger a Ouargla. 51
Circonscription de Beni Mzab. 52
    Gardaia. 59
    Mellika. 62
    Bou Noura. 63
    Beni Isguem. . . . . Ib.
    El A'tef. 64
    Berrian. . . . . Ib.
    Guerrara. 65
Suite de la route d'Alger a Ouargla. 71
    Ouargla. 72

TABLE DES MATIÈRES.

El Rouissat.	80
El H'edjadja et A'in A mer.	*Ib.*
Sidi Khouiled.	81
Ngouça.	88
ROUTE D'ALGER A TOUGOURT.	91
Bou Sa'da.	92
ROUTE DE L'EST.	98
Msila.	99
Mdoukal.	101
2ᵉ ROUTE DE BOU SA'DA A BISKRA, DIRECTION SUD-EST.	102
Biskra et les Ziban.	103
Tribu des Hel ben Ali.	110
Tribu des Cherfa.	117
Tribu des G'amera.	118
Tribu des Dreïdes.	120
Tougourt.	121
ROUTE DE BISKRA A EL AR'OUAT'.	143
Bassin de l'Oued Djedi.	*Ib.*
Route de Biskra à El Ar'ouat'.	147
Ouled Djellal.	149
Sidi Khaled.	150
Demed.	152
Djebel Sah'ri.	153
ROUTE DE BOU SA'DA A DEMED, DIRECTION DU NORD AU SUD-OUEST.	154
ROUTE DE BOU SA'DA A EL AR'OUAT', PAR LE MILIEU DU DJEBEL SAH'RI.	155
ROUTE DE BOU SA'DA A EL AR'OUAT', PAR CHAREF EN LONGEANT LA MONTAGNE.	*Ib.*
ROUTE DE BOU SA'DA A SIDI KHALED, DIRECTION DU NORD AU SUD.	157
ROUTE DE CHAREF A DEMED, DIRECTION DU NORD AU SUD.	158
Tribu des Ouled Na'il.	*Ib.*
ROUTE DE BISKRA A TEBESSA, DIRECTION DE L'OUEST A L'EST.	163
Tebessa.	164

TABLE DES MATIÈRES.

Route de Souf a R'damés, direction générale du nord au sud-est, au milieu des sables. 166
    R'damés.................................. 168
ROUTE DE TOUGOURT A GARDAIA, direction de l'ouest a l'est................................ 175
    El A'lia................................... 176
    Route de Tougourt a El Ar'ouat', direction du sud au nord-ouest........................... 177
    Dzioua................................... Ib.
    Route de Tougourt a Demed, direction du sud au nord-ouest............................... 178
    Route de Tougourt a Sidi Khaled, direction du sud au nord................................... 179
    Route de Sidi Khaled a Gardaia, direction du nord au sud-ouest.............................. 180
    Route de Sidi Khaled a Guerrara, direction nord au sud................................... 181
    Route de Demed a Gardaia, direction nord au sud-ouest................................... Ib.
    Route de Biskra a Gardaia, direction générale de l'est au sud-ouest.......................... 182
ROUTE DE TOUGOURT A OUARGLA, sud-ouest..... 183
    Bou Djenan............................... Ib.
    Temarin.................................. 184
    Blidet A'mer.............................. 187
    Route de Tougourt a K'efsa, en passant par Souf et Nefta................................. 188
    District de Souf........................... 189
    1re route de Souf a Nefta, (suite de la route de Tougourt a K'efsa)........................ 194
    2me route de Souf a Nefta, (suite de la route de Tougourt a K'efsa)........................ Ib.
    Nefta.................................... 195
    Touzer................................... 202
    Kessa.................................... 204

PARTIE OCCIDENTALE.

ROUTE D'ALGER A INSALAH', DIRECTION GÉNÉRALE DU NORD AU SUD-OUEST...................................	209
Djebel A'mour...............................	210
Villages et rivières du versant sud de l'est à l'ouest...................................	213
SUITE DE LA ROUTE D'ALGER A INSALAH'.............	218
Bou A'lam..................................	Ib.
Stiten.....................................	219
Mecheria..................................	Ib.
El R'açoul.................................	220
Brizina....................................	221
Tribu des El Ar'ouat K's'ar.................	222
Sid El H'ady Ed Din.......................	223
El A'biad Mta'Sidi Cheikh...................	225
El Biad Chergui...........................	228
Tribu des Ouled Sidi Cheikh................	229
SUITE DE LA ROUTE D'ALGER A INSALAH'.............	240
A'rbaouat..................................	241
Chellala El Gueblia (du sud)................	Ib.
Chellala El Dah'raouia (du nord)............	242
A'sla......................................	245
Bou Semr'oun.............................	Ib.
T'iout.....................................	248
A'in Sefra.................................	249
Seficifa....................................	250
Mer'erar El Fouk'ania......................	251
Mer'erar El Tah'atania.....................	Ib.
Ich..	252
Tribu des H'amian.........................	255
SUITE DE LA ROUTE D'ALGER A INSALAH', DISTRICT DE FIGUIG...................................	260
Tribu des Doui Menia ou Zegdou............	270

TABLE DES MATIÈRES. 339

Suite de la route d'Alger a Insalah'.	273
Pays de Touat.	275
Circonscription de Mah'Arza.	279
— — Gourara.	282
— — A'ouguerout.	289
— — Touat.	290
— — Tidikelt.	291
Route directe d'Alger a Insalah', direction générale du nord au sud-ouest.	303
Bassin de l'Oued Mia.	305
Route d'El Biad a Timimoun, direction générale du nord au sud-ouest.	307
Route de Metlili a Timimoun, direction générale de l'est à l'ouest.	
Tribu des Chamba.	308
Metlili.	314
Gueléa.	317
Route de Gueléa a Insalah', par le versant ouest du Djebel Baten.	320
Route de Metlili a Insalah', direction de l'ouest au sud-ouest.	
Touareg.	323

www.ingramcontent.com/pod-product-compliance
Lightning Source LLC
Chambersburg PA
CBHW060321170426
43202CB00014B/2627